教育部人文社会科学研究规划基金项目资助：报刊舆论与中国近代化进程
（编号：11YJA860012）

报刊舆论与
中国近代化进程

刘兴豪 著

BAOKAN YULUN YU ZHONGGUO JINDAIHUA JINCHENG

光明日报出版社

图书在版编目（CIP）数据

报刊舆论与中国近代化进程 / 刘兴豪著. — 北京：
光明日报出版社, 2016.7

ISBN 978—7—5194—1140—4

Ⅰ.①报… Ⅱ.①刘… Ⅲ.①报刊—舆论—关系—近
代化—研究—中国 Ⅳ.①G219.295②K250.7

中国版本图书馆CIP数据核字（2016）第143638号

报刊舆论与中国近代化进程

著　者： 刘兴豪	
责任编辑： 李壬杰	**责任校对：** 邓永飞
封面设计： 人文在线	**责任印制：** 曹　净

出版发行： 光明日报出版社

地　址： 北京市东城区珠市口东大街5号，100062

电　话： 010-67017249（咨询），67078870（发行），67019571（邮购）

传　真： 010-67078227，67078255

网　址： http://book. gmw. cn

E－mail： gmcbs@gmw. cn　　Lirenjie111@126. com

法律顾问： 北京德恒律师事务所龚柳方律师

印　刷： 北京市媛明印刷厂

装　订： 北京市媛明印刷厂

本书如有破损、缺页、装订错误，请与本社联系调换

开　本： 710mm×1000mm	1/16		
字　数： 263千字	**印　张：** 15.25		
版　次： 2016年8月第1版	**印　次：** 2016年8月第1次印刷		
书　号： ISBN 978—7—5194—1140—4			

定　价： 45.00

目 录/contents

第一章　绪论

一、问题的提出

"自古圣贤乐闻诽谤之言，听舆人之论。"[1]（"舆人之论"即众人的议论）是指古人对舆论监督的重视和自觉接受。但从整体上看，由于历史上各专制王朝大都实行文化专制制度，加上缺乏必要的和先进的舆论传播媒介，故中国传统社会中并不存在近现代意义上的通过社会舆论来影响国家权力运作的舆论监督体制。鸦片战争之后，随着在华外报的发展和近代西方新闻思想的传入，国人开始对报刊等大众传播工具舆论监督作用有了初步的认识，近代的报刊也逐渐发展成为一种重要的来自国家权力系统外部的舆论监督力量。

在舆论观方面，被誉为"舆论之骄子"梁启超认为"夫舆论者何？多数人意见之公表于外者也"，[2]少数人发表的意见，是不能形成舆论的，即使是多数人持有意见而不发表，也不能形成舆论。梁启超还认为在社会生活中，舆论是至高无上的，"舆论者，天地间最大之势力，未有能御之者也。……舆论一成，则虽有雷霆万钧之威，亦敛莫敢发。""凡政治必藉舆论之拥护而始能存立"；[3]甚至"吹嘘单凭报纸舆论的所谓'黑血革命'就能代替武装暴力的'红血革命'来改变社会制度等等"。[4]而对于制造舆论的机关——报馆："舆论之所自出，虽不一途，而报馆则其造之之机关之最有力者也。"

---

[1]　（唐）房玄龄等：《晋书·王沉传》，上海古籍出版社，中华书局，1974 年版，第 2132 页。

[2]　徐培汀：《20 世纪中国新闻学与传播学》（新闻史学史卷），复旦大学出版社，2001 年版，第 70 页。

[3]　梁启超：《梁启超全集》，北京出版社，1999 年版，第 382 页。

[4]　梁启超：《饮冰室合集》文集（第 3 册）。转引自胡太春：《中国近代新闻思想史》，山西教育出版社，1987 年版，第 137 页。

他甚至还引用了日本著名新闻学者松本君平的言论来为之歌功颂德："彼如豫言者，驱国民之运命；彼如裁判官，断国民之疑狱；彼如大立法家，制定律令；彼如大哲学家，教育国民；彼如大圣贤，弹劾国民之罪恶；彼如救世主，察国民之无告苦痛而与以救济之途。"①梁启超阐明报刊必须为中国近代政治变革服务的职责，视报刊为治国之利器，"报馆者国家之耳目也，喉舌也，人群之镜也，文坛之王也，将来之灯也，现在之粮也"，"欧美各国之大报馆，其一言一论，动为全世界人之所注视，所耸听。何以故?彼政府采其议为政策焉，彼国民奉其言以为精神焉。"②赞美之词溢于言表，强调"报馆者，非政府之臣属，而与政府立与平等地位者也"③。虽然梁氏有"片面夸大报纸的舆论作用"④的嫌疑，但从一个侧面也反映出报馆及报刊舆论"不仅影响和改变着人们的思想观念，而且还会引发或者导致改变社会面貌的重大社会行动，尤其是居于社会主导地位的舆论尤为明显"⑤。列宁曾说过"报刊是集体的组织者"，也就是说在整个近代报业的兴起过程中，社会和报刊之间的发展是相辅相成的。

近代中国，报刊既是信息传播的物质载体，也是促使传播者与受众得以交流的中介和纽带，更是形成、复制、扩散和放大社会舆论的社会工具。⑥因此，它不仅仅是一种客观物质形态，也是传播者与传播载体紧密结合后的产物，更是反映社会内在要求、引领社会变化发展的利器；往往能通过聚集舆论而把人们粘聚在一起，促进相互间的认知沟通和情感交流，强化人们对特定事件的认同感和特定社会的归属感。报刊舆论，一方面反映大众的需求，反映社会关注的热点；另一方面，报刊舆论对于民众关注点也起着很大的引导作用。

可见，报刊是一种重要的大众传播媒介，是近代中国社会和思想文化的一支重要变革力量，也是近代社会表达政治意向、传播思想文化和社会信息的重要工具，在近代中国政治、经济发展和社会、文化变迁中扮演着十分重

---

① 梁启超：《本馆第一百册祝辞并论报馆之责任及本馆之经历》《清议报》第一百期，1901 年 12 月 21 日。

② 梁启超：《本馆第 100 册祝辞并论报馆之责任及本馆之经历》，《清议报》第 100 期，1901 年 12 月 21 日。

③ 梁启超：《敬告我同业诸君》，《饮冰室合集》，中华书局 1982 年版文集，第 4 册。

④ 徐培汀：《20 世纪中国新闻学与传播学》(新闻史学史卷)，复旦大学出版社，2001 年版，第 70 页。

⑤ 马乾乐、程渭主编：《舆论学概论》，山西人民出版社，1991 年版，第 8 页。

⑥ 蒋晓丽：《传者与传媒》，《湘潭大学社会科学学报》2003 年第 5 期，第 146 页。

要的角色。因此，透过近代社会改革运动中的媒介嬗变，可以清晰地看到，作为一种重要的推进力量，传播媒介与时代思潮相扶相济，社会思潮有时甚至可以促使传播媒介跨越客观社会环境和物质条件的制约，急速跃进。

一句话，报刊业的发展直接影响社会的发展和进步，社会政治运动同样影响报刊业的发展。民国学者梁漱溟先生曾对这一相互作用进行了总结："以办报发起和推进社会运动，又还转以社会运动发展报纸；把报纸与搞社会运动结合起来而相互推进。……再说明白些：社会运动当然是从其社会存在着问题而来的。有些先知、先觉把问题看出得早而切求其解决，就提出一条要走的路号召于大众，而报纸恰是作此号召的利器。身在问题中的众人响应了这种号召，便形成一种运动。报纸以运动招来读者，以读者推进运动。①"

尽管如此，我们不能凭此就在报刊舆论与社会进展之间简单地划上等号，需要论证的是两者之间所存在的某种关联性。而且，在近代社会转型带来的政治动荡中，报刊媒介在政治缝隙中存在更多的发展空间，更容易在公共领域形成有力量的话语权，甚至一度成为时代精神的风向标。使得对该问题的分析和讨论显得尤为必要。

那么，近代报刊传播了哪些舆论？怎样进行传播？报刊舆论在中国近代化进程起到了什么积极与消极的作用？它们之间的互动关系怎样？解决问题的答案是否可以从报刊舆论中找到一些蛛丝马迹？让我们带着这些疑问，进入本著作探讨的论题。

二、选题的缘起、范围和意义

对中国近代化问题的探讨，一篇硕士毕业论文《魏源与中国近代化》可谓打下了初步的基础。而将中国近代化问题与报刊史联系起来进行共同的研究，始于研究方向的改变，由政治思想史改为新闻史研究，并将中国近代报刊史作为研究对象。对近代报刊研究，可以从其发展史的向度进行，但难以摆脱以往研究者往往用大量的篇幅叙述近代报刊的发展过程，而缺少内容分析的窠臼。当然，报刊内容纷繁复杂，包括政治、经济、文化、社会生活、甚至广告等等，如果对其进行全面研究，不仅资料难以搜集，而且难以驾驭。本课题单将报刊的政治内容（最明显的表现就是报刊舆论）纳入了中

---

① 梁漱溟：《记彭翼仲先生》，《忆往谈旧录》中国文史出版社 1987 年版，第 70 页。

心议题，这就需要与中国近代化运动相联系，而且它们之间还存在着某种天然的联系。中国近代化的最早启动，始于两次鸦片战争与太平天国革命之后——由清朝政府中的洋务派发起的洋务运动时期，而中国近代报刊也正是产生、发展、壮大于这一时期。两者都产生于中国半殖民地半封建的社会背景之下，也同样经历了曲折艰难的发展历程，又都带有社会意识形态方面的性质。

但经过一段时间的资料查阅，发现该课题的研究范畴较为庞大，就列出所要查找对中国近代化进程产生过影响的近代报刊不下百余种，由于本课题研究的时代较今相距甚远，中间又经过多次战争的洗劫，许多报刊遭到毁坏或流入海外，加大了查找原始资料的难度。同样，中国近代化的时间跨度较大，所涉内容也比较复杂，不易归纳和总结。众所周知，中国近代化进程中出现了几个重要的历史发展阶段，其中包括鸦片战争前后、洋务运动、维新运动、辛亥革命、新文化运动。因此，我将课题确定为探讨报刊与中国近代化进程之间的关系，力图从报刊舆论的角度来考察中国近代社会的变迁，注重报刊舆论对中国近代各种思想的宣扬，对各个运动的关注、所起的作用及对当时社会造成的影响。最后将课题定格在"报刊舆论与中国近代化进程研究"。

为了使近代报刊、中国近代化运动的研究趋于完整，为中国近代化问题的探讨构建一个富于创见性的宏观阐释系统。这也是本课题研究的出发点和归宿。

由于有关中国近代化问题涉及如何阐述中国近代史的基本线索，有助于对近代中国发展趋向的认识与把握，进而从较深的层面拓展中国近代史的研究领域并为当前的现代化事业提供历史的资鉴，因而中国近代化问题值得重视。

从报刊舆论的角度去探讨近代报刊与中国近代化进程之间关系，并进行全面研究的著作至今还没有，只是在一些著作和论文中偶尔涉及某个侧面。因此，加强该课题的研究，从较深的层面拓展中国近代史的研究领域。本著作通过研究报刊舆论对中国近代化进程中的五个重要发展阶段（鸦片战争前后、洋务运动、维新运动、辛亥革命、新文化运动）产生的社会动力及阻力，以揭示报刊舆论与近代社会变迁的内在联系，从而摆脱不少学者从经济、政治、文化、外交、军事等方面来研究中国近代化或现代化问题的窠臼，推动中国近代史、中国新闻史尤其是中国近代报刊史的研究，以进一步深化新闻学与历史学等学科之间日益融合的趋势。

当今社会，报刊作为一种传统媒介，仍然在政治生活、社会生活、文化生活中发挥着重要的舆论导向作用。报刊舆论往往能够形成公众注目的议题，引起舆论热点，同社会主义政治、经济、文化的发展紧密联系，交互作用。加强该课题研究，不仅可以揭示出近代报刊舆论与中国早期现代化之间的相互推动力，深刻认识报刊舆论与社会进展之间的关系及其规律，总结经验教训；而且对解决"如何正确利用报刊舆论导向作用为构建和谐社会服务"的重大问题具有十分重要意义。

三、研究回顾与评述

对中国近代报刊史的研究，在新中国成立以前，研究成果不多，只是在新闻通史中把它作为一个重要历史时期的报刊进行介绍。如1924年汪英宾的《中国本土报刊的兴起》（The Rise of the Native Press in China），1927年戈公振的《中国报学史》，1933年白瑞华的《中国的报刊1800——1912》（The Chinese periodical press），1936年林语堂的《中国报刊和舆论史》（A History of the Press and Public Opinion in China）。这些可谓是中国新闻史研究最初的成果，奠定了中国新闻史研究的基石。但不可否认的是，正由于中国新闻史研究还处于初级阶段，其中的缺陷和不足是显而易见的，就拿旧中国最权威的新闻史专著戈公振的《中国报学史》来说，"书名与实际内容是有矛盾的"。[1]

新中国成立后，特别是二十世纪八十年代以来，对近代报刊的研究成为新闻史学界关注的课题之一，到九十年代就成为研究的热门，高潮迭起，成绩斐然。其中，有关通史、断代史研究、个案研究、专题史研究、地方新闻史研究，不断将其纳入研究视野，成为新闻史研究一道亮丽的风景。

在新闻事业通史和断代史研究中，如：方汉奇先生的《中国近代报刊史》（上、下）（山西人民出版社1981年版），方汉奇先生主编的《中国新闻事业史》（中国人民大学出版社2004年版），丁淦林先生的《中国新闻事业史》（高等教育出版社2002年版），杨光辉先生等的《中国近代报刊发展概况》（新华出版社1986年版），卓南生先生的《中国近代报业发展史1815—1874》（中国社会科学出版社2002年版），赖光临先生的《中国新闻传播史》（三民书局1983年版），李龙牧先生的《中国新闻事业史稿》（上海人民出版社1985年版），黄瑚先生的《中国新闻事业发展史》（复旦大学

---

[1]　徐培汀：《20世纪中国新闻学与传播学》（新闻史学史卷），复旦大学出版社，2001年版，第246页。

出版社2001年版），陈玉申《晚清报业史》（山东画报出版社2003年版）都是这方面的典型代表。这些著作的一个突出特点就是将近代报刊发展划分为几个历史时期，然后具体介绍每个时期创办了哪些报刊，勾勒了中国近代报业发展的特征。思路清晰，观点明确，具有很高的学术价值和使用价值。但美中不足是，这些论著大都只是对报刊作一些概括性的评说，缺乏对报刊舆论的研究，尤未涉及报刊舆论与中国近代化进程之间关系的命题。

在个案研究中，主要集中在对《大公报》和《万国公报》研究。主要有周雨的《大公报史》（江苏古籍出版社1993年版），吴廷俊的《新记〈大公报〉史稿》（武汉出版社1994年版），贾晓慧的《〈大公报〉新论》（天津人民出版社2002年版），王芝深、刘自立的《1949年以前的〈大公报〉》（山东画报出版社2002年版），任桐的《徘徊于民本与民主之间一〈大公报〉政治改良言论述评（1927–1937）》（生活·读书·新知三联书店2004年版）；梁元生的《林乐知在华事业与〈万国公报〉》（中文大学出版社1978年版）、汤志钧《维新·保皇·知新报》（上海社会科学院出版社2000年版）、杨代春《〈万国公报〉与晚清中西文化交流》（湖南人民出版社2002年版）、王林的《西学与变法——〈万国公报〉研究》（齐鲁书社2004年版）等。其他如：李磊的《〈述报〉研究》（兰州大学出版社2002年版）；程曼丽的《〈蜜蜂华报〉研究》（澳门基金会资助出版），首开近代在华外报研究的先河。另外还有一些硕士、博士毕业论文，如：陈旸的《〈万国公报〉与晚清教育变革》，刘君的《维新运动时期的〈申报〉舆论》，夏静的《〈清议报〉研究》、方慧琪的《〈时务报〉的舆论变化与近代政治权势纷争》、葛兰桢的《广州报刊在辛亥革命中的地位与作用》、李娜的《〈民报〉与近代中国民主革命思想的传播》、杨芳的《〈新青年〉在五四新文化运动中的作用》等。这些论著、论文只论及某种报刊及其舆论对中国近代化进程中的某一阶段产生了影响，缺乏整体性和全面性的考察。

对报人与近代报刊舆论的研究，主要成果形式为一些论文：如李里峰的《汪康年与近代报刊舆论》、李存朴的《论王韬舆论意识的形成及其外交舆论观》、饶怀民的《辛亥革命时期湘籍志士的舆论宣传》、石钟扬的《陈独秀创办〈新青年〉之前的办报经历》等注重探讨报人从事新闻报刊活动的基本情况，剖析他们对报刊舆论的认识，而对报刊舆论与社会发展互动作用缺少分析。

在专题研究中，从报刊的视角更多地投向维新运动时期，如王天根的《晚清报刊与维新舆论建构》（合肥工业大学出版社2008年版），在救亡图存的社会语境下揭示媒介功能的拓展与政治舆论转向的关系。徐松荣的《维新派与近代报刊》（山西古籍出版社1998年版），以四个时期：维新时期（1895-1898）、启蒙时期（1898-1903）、立宪时期（1904-1911）和民国时期（1912-1922）为主线，对维新派的办报活动及其新闻报刊思想，进行了全面系统的研究与著述，但该著着重对历史事实的阐述，在理论上还有待加强。闾小波的《中国早期现代化中的传播媒介》（上海三联书店1995年版）。以维新变法时期影响最大的政论报刊—梁启超和汪康年主办的《时务报》为切入点，探讨了大众传媒在中国早期现代化进程中所起的"能动的倍增器"作用。旨在探讨当时先进人物的思想是如何通过大众传媒转化成改造社会的物质力量，进而推动中国早期现代化进程的。由于该著是以《时务报》为考察对象，理所当然对近代其他报刊论述很少，对近代化进程中的其余各阶段的研究极为薄弱，或根本不予考虑。

在地方新闻史中，如马光仁先生主编的《上海新闻史（1850-1949）》（复旦大学出版社1996年版），秦绍德先生的《上海近代报刊史论》（复旦大学出版社1993年版），李谷城先生的《香港中文报业发展史》（上海古籍出版社2005），刘望龄主编的《黑血·金鼓—辛亥前后湖北报刊史事长编》（湖北教育出版社1991年版）；李谷城的《香港报业百年沧桑》（香港明报出版社2000年版）；倪波等主编的《江苏报刊编辑史》（江苏人民出版社1993年版）；张守宇的《东北新闻史（1899-1949）》（黑龙江人民出版社2001年版）；彭继良的《广西新闻事业史（1897-1949）》（广西人民出版社1998年版）；邓毅、李祖勃的《岭南近代报刊史》（广东人民出版社1998年版）；梁群球主编的《广州报业》（中山大学出版社1992年版）；张赫玲主编的《中国地方报业史志汇编》（上、中、下）（新华出版社1999年版）等。这类研究将具体报刊置于时代背景下，以把握其新闻传播的历史作用，在史料的挖掘及梳理上有不可忽视的价值。但这种研究只将视角投向某个区域，缺乏横向和纵向研究内容，而使丰富多彩的新闻史有可能被简单化，不利于整体上把握。

另一个研究方向是将清末报刊纳入专门史研究领域。如胡太春先生的《中国近代新闻思想史》（山西人民出版社1987年版）、《中国报业经营管理史》（山西教育出版社1999年版），姚福申先生的《中国编辑史》（修订本）（复旦大学出版社2004年版）等。这类著作论述了近代报刊所体现出来的各种独特性，形成对新闻自身发展规律的历史分析，但对报刊与社会的互动关系与作用缺少分析。

　　众所周知，对中国近代化问题的研究，一直是史学界研究的热点，也取得了颇为丰厚的学术研究成果，主要探讨了近代化的内涵、近代化的类型、近代化与争取民族独立的关系、近代化的层次、近代化与社会转型、与近代化有关的事件和人物的评价等问题。著作有：徐泰来的《中国近代史记》（湖南人民出版1989年版）、罗荣渠的《现代化新论——世界与中国的现代化进程》（商务印书馆2004年版）、许纪霖的《中国现代化史》（学林出版社2006）、孔令仁、李德征主编的《中国近代化与洋务运动》（山东大学出版社1992年版）、林家有的《孙中山的革命观——兼论辛亥革命对中国近代化的影响》（广东人民出版社1996年版）等；论文有：刘大年的《当前近代史研究中的几个理论问题》、李文海的《对中国近代化历史进程的一点看法》、罗荣渠的《论现代化的世界进程》、王翔的《论中国近代化的三个层次》、孙占元的《近代中国社会发展脉络纵论》、金冲及的《中国近代的革命和改革》、虞和平的《辛亥革命与中国经济近代化的社会动员》等。但是，对中国近代化的研究，史学界很少把"眼球"投向近代报刊及其舆论，进而将两者结合起来。可以这么说，从报刊舆论的角度去探讨中国近代化进程的专著还没有，即使有个别史学研究者将近代报刊纳入其视野，无非只是对运动中的某种报刊作简要式的说明，并未做深入的探讨，都没有将各自研究对象置于中国近代社会进展的历史背景下进行讨论，缺乏纵向和整体研究内容。

四、指导思想、研究方法和创新之处

1. 指导思想

　　进行报刊史研究，存在着一个主线问题。从客观事物来说，它是特定空间和时间内的发展趋向；从作者来说，就是观察这种趋势的视角。报刊发展的趋势有多个方面，人们可以从不同的角度去观察它们。所以，反映同一空间和时间内报刊发展的论著，可以有不同的主线。主线一旦被确定，它便成为贯穿论著的中心思想，将研究对象的各个部分紧密地联结在一起，使之成为一个体系，从而使读者认识该空间与时间内的报刊发展的本质。本著作以报刊舆论与政治运动之间的关系为主线，用报刊舆论的视角来描述、分析和评价清末报刊舆论与中国近代化进程之间的互动关系。

　　关于"舆论"一词，学术界莫衷一是，见仁见智。因为不同的学者往往从自己不同的角度去思考、用不同的内容去规定，结果会有各种各样的解释。但总的说来，舆论是一种特殊的社会意识。这里仅列举几种有代表性的观点。我国舆论学研究者刘建明教授认为：“舆论在本质上是多数人的意见”。舆论应当能够再现社会集合意识和整体知觉，是“具有权威性的多数人的共同意见”。①

从事舆论调查研究的喻国明教授认为：“舆论是社会或社会群体中对近期发生的、为人们普遍关心的某一争议的社会问题的共同意见”②

孟小平教授认为：“舆论是公众对其关心的人物、事件、现象、问题和观念的信念、态度和意见的总和，具有一定的一致性、强烈程度和持续性，并对有关事态的发展产生影响”。③

舆论学研究领域著述颇丰的陈力丹教授认为：“舆论是公众关于现实社会以及社会中的各种现象、问题所表达的信念、态度、意见和情绪表现的总和，具有相对的一致性、强烈程度和持续性，对社会发展及有关事态的进程产生影响。其中混杂着理智和非理智的成份”④。将舆论概念引入到政治领域中进行探讨的著名学者还有马乾乐教授等，他们认为“舆论是再现社会集合意识并对社会某一事态有影响力的多数人倾向性意见。”⑤

报刊和各种新闻工具都是舆论机关、舆论工具。这一论断来源于马克思的论述。马克思在谈到法兰西阶级斗争时说：“报刊是广泛的无名的社会舆论工具，是作为纸币流通于社会的。”基于这一点，马克思认为报刊的适当使命就是形成舆论，他写道，报刊最适当的使命就是向公众介绍当前的形势，研究变革的条件，讨论改良的方法，形成共同的舆论，给共同意志指出一个正确的方向。⑥

张友渔在《报纸与舆论之构成》一文中，阐述了马克思主义的新闻舆论观。他指出，报纸是代表舆论，指导舆论的，乃至构成舆论的。所谓代表舆论是说和已经存在的舆论是一致的，报纸还要构成和它一致的舆论，二者之间的交互影响、交互作用，都不外是要把报纸和舆论打成一片，也就不外是“要拿报纸构成舆论”。他指出：“大众好像是田地，报纸好像是耕农，舆论好像是耕农在田地里所种植、所收获的谷物。没有田地固然没有谷物，没

① 刘建明：《基础舆论学》，中国人民大学出版社，1988年版，第153页。
② 喻国明：《中国民意研究》，中国人民大学出版社，1993年版，第277页。
③ 孟小平：《揭示公共关系的奥秘—舆论学》，中国新闻出版社，1989年版，第36页。
④ 陈力丹：《舆论学—舆论导向研究》，中国广播电视出版社，1999年版，第11页。
⑤ 马乾乐、程渭主编：《舆论学概论》，山西人民出版社1991年版，第13页。
⑥ 刘建明：《基础舆论学》，中国人民大学出版社，1988年版，第22页。

有耕农，谷物也不能很容易地长成。"①这一比喻，生动、形象地揭示了报纸与舆论的相互关系。②

报刊舆论和舆论是一对既相互联系又相互区别的概念。舆论一词更多地被限定在"公众舆论"，而报刊舆论则更多的是指"通过报刊所表达的社会舆论"这一层面，是公众舆论的一种特殊的、经过平衡化、特殊处理的表达形式。③两者最大的区别在于舆论表达的不同层次，即传播途径的不同。公众舆论是一种人际传播或者是组织传播，而报刊舆论则是一种大众传播。

大众传播媒介在一个国家的现代化过程中，是能够发挥巨大作用的。有人甚至认为，传播不仅是形成社会与文化的要件，更是一切社会行为的动力。美国传播学者丹尼尔·勒纳也认为：大众传播在发展中充当了伟大的"倍增器"的作用，是能够把社会发展所需要的知识和态度传播得更快更远的一种工具④。韦尔伯·施拉姆则认为，大众传媒在历史上对国家发展具有特殊的重要性，它们是伟大的增殖者，可使人类信息增殖到前所未有的程度⑤。这一切表明，作为社会上层建筑部门之一的新闻传播事业与社会发展进程、特别是思想观念的转变进程有着密不可分的关系。一方面，大众传媒利用自身的特殊优势，传播信息，教育国民，组织群众，引导舆论，在新旧理念的碰撞中促进社会的向前发展；另一方面，由于大众传媒主要从事的是精神文化生产，它是社会文化、社会意识的最敏感的神经。客观世界的发展变化不可避免地在媒体上得到体现，社会的大氛围和先进的社会文化、社会意识也必然影响和制约着大众传播事业的发展。五四运动前的百年中国，近代报刊与中国近代化意识都经历了从萌芽到发展的历程，它们相互促进、相互补充和相互制约。在那个风云激荡的年代，这种交互关系形成了当时意识形态领域的主旋律。对它们之间的关系进行探讨，实际上就是探讨特定历史条件下中国先进文化的方向与社会发展关系的课题。

在以上理论和思想的指导下，本著作具体探讨报刊及舆论与中国近代化进程之间的互动关系。

2.研究方法

本著作将在清楚叙述史实的基础上，加强理论分析，从报刊舆论的视

---

① 张友渔：《报人生涯三十年》，重庆出版社，1982年版，第130页。

② 刘建明：《基础舆论学》，中国人民大学出版社，1988年版，第33页。

③ 王雄：《新闻舆论研究》，新华出版社，2002年版，第13页。

④ 韦尔伯·施拉姆：《大众传播媒介与社会发展》，华夏出版社，1990.第47页。

⑤ 韦尔伯·施拉姆：《大众传播媒介与社会发展》，华夏出版社，1990.第95页。

角分析中国近代化运动中的史实，从分析两者之间的关系过程中总结经验教训，概括出理论性结论，抽象出新的观点。

进行报刊舆论史研究，总会离不开对各种报刊论说的分析。因此，要想得出结论性的东西，首先要揭示出各种论说的一致性和差异性，继而把这些积累起来，再进行归纳和总结。

新闻史是属于一门多学科互相渗透的交叉学科，因此在进行新闻史研究的时候，除主要运用新闻学、史学研究方法之外，还要借鉴其它学科如舆论学、社会学、政治学的理论和方法，只有这样，才有可能较为准确反映历史的本来面貌。本著作力求将新闻史、政治史、社会史结合起来，从互动关系中探讨报刊舆论与中国近代化运动之间内在规律性。并通过这种互动关系的分析，从另一向度让我们重新审视和认识中国近代化进程中的成败及其经验教训。

本著作还将采用实证分析法。即对传播内容的计量分析和传播主体的材料统计分析。实证分析法的运用与内容分析法有关。就历史研究而言，研究者不可能对所有的传播内容进行处理和精确把握，只能以抽样的方式获得特定时期报刊及其相关数据进而加以归纳，由此把握其中的规律和趋势。

3.创新之处

完成本著作研究，我觉得创新之处在以下两方面：

①方汉奇先生说过："新闻史是历史的科学。研究新闻史，离不开各时期的阶级斗争史、政治运动史和政党史，离不开各时期的生产斗争史和经济发展史。""由于新闻事业的特殊性，新闻史的研究和各时期的政治史、经济史都有着紧密的联系。"这就容易造成中国新闻史的研究上出现本体论的缺失。本课题力图弥补这一不足，从舆论的角度探讨媒介与社会演变之间关系，深入探索中国新闻业的根本性质和自身的特殊规律。

②本著作力图摆脱以往研究者进行报刊史研究，往往用大量的篇幅叙述报刊的发展过程，而缺少理论性分析的窠臼，打破传统的从政治、经济方面去探讨影响中国早期现代化的论述视角，以报刊舆论与政治运动之间的关系为主线将这些纷繁复杂的内容贯穿起来，使之成为一个有机的整体，并从报刊舆论的视角对维新运动的成败得失作出恰如其分的判断。

五、研究难点、重点与思路

1.重点：本著作重点有三：一是报刊舆论对中国近代化进程的推动力研究，通过该项研究可以发现报刊舆论不仅对中国近代化具有启动之功，而且将中国近代化进程由表及里、由浅入深，从物质层面推入制度层面，再深入到思想文化领域。二是报刊舆论的局限性对中国近代化进程的阻力研究，通过该项研究可以发现报刊舆论的局限性对中国近代化进程起着消极影响。三是在中国近代化进程中，时代需要呼唤新的媒介出现，借此完成了两者之间的互动关系的研究。

2.难点：一是近代报刊种类繁多，所涉内容比较复杂，不易归纳和总结。但我们借助于内容分析法和实证分析法，先以抽样的方式获得特定时期报刊的相关数据，并进行分类，将各种论说的一致性和差异性揭示出来，继而把这些积累起来，把握其中的规律和趋势，再进行归纳和总结。二是本课题时间跨度较大，不易控制。但我们采用"蚕食"分段研究的方法将近代化进程分为五个阶段，各个突破，再综合、总结。

3.研究思路：（1）研究资料的利用　本课题将占有两种常用文献：一是历史文献，二是现有研究成果。历史文献主要有如下类别：（一）近代报刊的原件或影印件或缩微胶片，（二）近代报人所著的文集、笔记资料，（三）今人所编的文献、文史资料。现有研究成果主要是指今人所著的论著和论文。

（2）研究体系的构建　本著作立足中国近代化五个重要阶段，以近代报刊文献资料为依据，将近代报刊舆论与社会变迁结合起来研究近代中国社会，揭示出中国近代社会的特征及其规律，构建一个富于创见性的研究框架和内容体系。

第二章　外报舆论与中国近代社会思想

鸦片战争前后，外国人在中国创办的报刊传播了西方文明，不断将西方的声、光、化、电等自然科学知识和一些社会政治制度、法律制度移植进来，给沉浸在"天朝上国"迷梦之中的中国人带来了新的知识和信息，开拓了国人的视野，让国人耳目一新，中国维持了几千年的封建传统思想开始从根本上发生动摇，中国人固有的思想、信仰和价值观念发生转变，促进了中国近代的思想解放。诚如董丛林所言："报刊是近代社会资讯传播的主要途径之一，教方出版多种新型书刊，接触的对象既广且众，其资讯传播对于打破中国社会传统的闭塞状况，创造一个资讯流通的社会环境和氛围，启导民众的社会参与意识，自有裨益。并有助于中国人了解西方和世界大势，从而更新观念，激发对新思潮、新风尚和新价值取向的追求。"①

第一节　《东西洋考》与近代国人"睁眼看世界"

1833年，普鲁士传教士郭士立在广州创办了第一份中文近代报刊——《东西洋考每月统记传》（以下简称《东西洋考》）。《东西洋考》通过传输西方文化，科学技术，消除中国人的高傲与视其他民族为蛮夷的排外观念，改变中国人的"西洋观"；通过对西方各种知识的介绍，开阔了国人的眼界，认识到中国并非文明的唯一国度，西方文明不仅历史悠久而且在许多方面远胜于中国，是值得中国人学习的。

---

① 董丛林：《龙与上帝：基督教与中国传统文化》三联书店，1992 年版，第 111 页。

一、《东西洋考》改变了国人的"西洋观"

自18世纪实行闭关锁国及禁教政策以来，清王朝便几乎断绝了与外界的联系，悠然于"天朝上国"的迷梦之中，中国人对西方文化普遍缺乏最起码的了解和认识。中国人在面对西方文化时表现的过于强势，如同对待周边的"蛮""夷"一样，将其一概视为化外陋俗，甚至连西方的先进科技也被视为"奇技淫巧"。当时在华传教士，面对清政府的"闭关锁国"及中国人的自视清高，他们选择了通过办报活动来"走进"中国人。于是乎他们的报刊成为当时中国人开眼看世界的一扇窗，尤其是19世纪中文宗教报刊对西方政治、经济、文化、科技、军事等诸方面的介绍，为当时先进的中国人带来了西方文明的清新之风。《东西洋考》一创刊就肩负着这样的重任。1833年6月23日，郭士立就宣布了他关于该刊的办刊宗旨和出版计划：

"当文明几乎在地球各处超越无知和谬误取得飞速进步时——甚至偏执顽固的印度人也在用他们自己的语言出版了若干种期刊——只有中国人在历史的岁月中却一如既往，依然故我。虽然我们与他们有着长期的接触与交往，他们仍以天下第一自居，并将所有其他民族为'蛮夷'。这种极度的妄自尊大严重影响到广州的外国居民的利益以及与中国人的交往。本月刊现由广州和澳门的外国人社区提供赞助，其出版意图，是要清除中国人那种高傲和唯我独尊的民族意识，让他们知晓我们的艺术、科学和准则。有鉴于此本刊将避谈政治，也不在任何论题上以粗鲁的言词激惹他们，而采取较为巧妙的方法表明我们确实不是'蛮夷'，编者更属意于陈述事实，使中国人确信他们仍有许多东西要向我们学习。同时我们也知道外国人与地方衙门保持关系的意义，编者尽力赢得他们的友善，并抱最大的希望使这种努力最终获得成功。"①

其办刊宗旨表述得非常清楚：本刊将西方国家的强大与成就介绍给中国读者，破除中国人民愚昧、迷信的状态，扭转中国人对自身文化优越感的错觉，改变中国人对西方人的形象，并通过接触到世界上先进的工艺、科技和其他知识，在思想观念上接受西方文明，崇拜西方文明，进而依赖西方文明。

为了改变中国人的"西洋观"，郭士立在《东西洋考》创刊号的序言中曾大量引用儒家语录，强调"多闻""好学"："子曰：多闻阙疑，慎言

---

① 爱汉者等编，黄时鉴整理：《东西洋考每月统记传》，中华书局影印本，1997年版，第10页。

其余，则寡尤。多见阙怠殆，慎行其余，则寡悔。言寡尤，行寡悔，禄在其中矣。亦曰：多闻，择其善者而从之，故必遍观而详核也。"并强调外国人的友谊，强调四海之内皆兄弟。"夫诚恐因远人（指办刊者）以汉话阐发文艺，人多奇巧（蹊跷）。却可恨该人（指怀疑办刊之人）不思宗族国民之犹水之有分派，木之有分枝，虽远近异势，疏密异形，要其水源则一。故人之待其宗族、列国民须以友恤也。必如身之有四肢百体，务使血脉相通，而疴痒相关。万性虽性刚柔缓急，音声不同，却万民出祖宗一人之身。子曰：四海之内皆兄弟也，是圣人之言不可弃之言者也，其结外中之绸缪。倘子视外国与中国人当兄弟也，请善读者仰体焉，不轻忽远人之文矣。"①在序言的最后，他希望："合四海为一家，联万姓为一体，中外异视。"②如此，《东西洋考》在一定程度上达到了改变中国人的"西洋观"目的。

二、《东西洋考》所传播的西方民主政治令近代国人无比羡慕与向往。

对于欧美的政治制度，《东西洋考》也多有涉猎。戊戌七月号（1838年）的《北亚美利加办国政之会》，对美国的政治制度进行了介绍。戊戌三月号的《自由之理》一文，介绍了英国的司法制度。文中写道："在英国，上自国主公侯，下而士民凡庶，不论何人，犯罪一例惩治，不论男女老幼、尊贵卑贱，从重究治，稍不宽贷。……至于枭宪，其奉禄甚厚，不敢收陋规，人视之如见其肺肝，真可谓十目所视，十手所指"。如果国主徇私枉法，庶民可以运用司法制度来保护自己的权益。"自帝君至于庶人，各品必凛遵国之律例。所设之例，必为益众者，诸凡必定知其益处。……此国之宪，不能稍恃强倚势，肆意横行焉，设使国主任情偏执，籍势舞权，庶民恃其律例，可以即防范，倘律例不定人之罪，国主也弗能定案判决矣。"③在介绍个人权利之时就指出："欲守此自主之理，大开言路，任言无碍，各语其意，各著其志。至于国政之法度，可以议论慷慨，若官员错了，抑官行苛政，酷于猛虎，明然谏责，致申训诫警，如此寡皮漏肉，破衣露体，不可逞志忘形焉。且崇上帝各有意见，国民若操自主之理，不敢禁神道，而容诸凡

---

① 方汉奇：《中国新闻事业通史（第一卷）》，中国人民大学出版社1996年版，第254页。
② 《序》《东西洋考每月统记传》癸巳六月号（1833年）。
③ 爱汉者等编，黄时鉴整理：《东西洋考每月统记传》中华书局影印本，1997年版，第19页。

各随所见焉.虽攻异端，然不从严究治其徒也。"①文字表达了西方个人权利理念中所包含的言论自由、宗教信仰自由。

戊戌四、五、六月号连续登载的两篇《英吉利国政公会》，突出、集中地介绍了英国的两院体制。英国"国政之公会（即议会），为两间房，一曰爵房（即贵族院），一曰乡坤房（即平民院）。"公会握有重权，未经其讨论决定，不得立法。对法律，"公会未废之，国主不驰法也。变通增减、因时制宜之处，惟公会所办理。然王可以或屏弃、或允从也。"爵房的成员，主要由公侯等世爵和各级主教构成，权力很大；而乡坤则由民推升，不可捉，不可监禁，享有特权（他们即使犯罪，也由公会来审判）。他们钓民之誉，得民之志而兴，失民之志而废，是"民之办理主"，故敢作敢为矣。总之，公会对国王与大臣的制约：国王要施行仁政，公会同意国王之意就施行，否则，公会可以驳斥。对英国"国政公会"这一政治体制的宣扬，让中国人了解到封建专制制度之外的另一种。

《东西洋考》用中文向中国人介绍英美两国的政治制度，对于中国知识分子了解世界、开阔眼界、解放思想起到了很好的启蒙作用。

徐继畬的《瀛寰志略》（1848年）在述及"英吉利三岛"时，特别介绍了英国的两院制度、"公会所"（即议会），参考了《东西洋考》于道光戊戌年（1838年）四、五、六月连载的《英吉利国政公会》。他还注意到"乡绅房"（即下议院）的作用就是联系王、爵房（即上议院）以及民众。他说："都城有公会所，内分两所，一曰爵房（贵族院），一曰乡绅房（平民院）。爵房者，有爵位贵人及耶稣教师处之；乡绅房者，由庶民推择有才识学术者处之。国有大事，王谕相，相告爵房，聚众公议，参以条例，决其可否，复转告乡绅房，必乡绅大众允诺而后行，否则寝其事勿论。其民间有利病欲兴除者，先陈说于乡绅房，乡绅酌复上之爵房。爵房酌议，可行则上之相而闻于王，否则报罢。民间有控诉者，亦赴乡绅房具状。乡绅斟酌拟批，上之爵房核定。乡绅有罪，令众乡绅议治之，不与庶民同囚禁。大约刑赏、征伐、条例诸事，有爵者主议；增减课税，筹办帑饷，则全由乡绅主议。此制欧罗巴诸国皆从同，不独英吉利也。"②在述及美国时，他详细地介绍了美国的民主制度，包括民主制度的建立，参众两院的设置，州长、总统的选举，投票的规则与方法，任期的规定，等等。在1844年的《瀛寰考略》手稿

---

① 爱汉者等编，黄时鉴整理：《东西洋考每月统记传》中华书局影印本，1997年版，第19页。

② 徐继畬：《瀛寰志略》上海书店出版社2001年版，第235页。

中，徐继畬已写道："兀兴腾既得米利坚之地，与众议曰：得国而传子孙，是私也，牧民之任，宜择有德者为之。分其地为二十六部，每部以正统领一、副统领一，以四年为任满，集部众议之，众皆曰贤，则再留四年（八年之后，不准再留），否则推其副者为正，副或不协人望，则别行推择。乡邑之长，各以所推书姓名投瓯中，毕则启瓯，视所推独多者立之，或官吏，或庶民，不拘资格。退位之统领，依然与齐民齿，无所异也。二十六部正统领之中，又推一总统领，居于京城，专主会盟、战伐之事，各部皆听命。其推择之法，与推择各部统领同，亦以四年为任满，再任则八年。"①

　　美国的总统领和各州统领均不得据天下为已有，而以天下为公，既不终身留任，更不得世袭，全由百姓选举产生，限年退位，退位以后与百姓平等，所有这些，显然与中国的封建君主专制成为鲜明的对照。

　　在对美国首位总统华盛顿的介绍中："兀兴腾，异人也，起事勇于胜、广、割据雄于曹、刘，既已提三尺剑，开疆万里，乃不膺位号，不传子孙，而创为推举之法，几于天下为公，骎骎乎三代之遗意。其治国崇让善俗，不尚武功，亦迥与诸国异。余尝见其像，气貌毅绝伦。呜呼，可不谓人杰矣哉！"②他又在《瀛寰志略》卷九《北亚墨利加米利坚合众国》的卷末，徐继畬又加了一段对华盛顿的赞语："米利坚合众国以为国，幅员万里，不设王侯之号，不循世及之规，公器付之公论，创古今未有之局，一何奇也。泰西古今人物，能不以华盛顿为称首哉！"

　　总之，在这本书里，徐继畬对欧美各国社会制度的赞赏，体现其早期的西方民主思想。

　　林则徐组织幕僚编成《四洲志》。该书第一次向中国人披露了西方政治制度的一些信息。书中对英国国土、议会及行政部门的权利关系作了简明的介绍，并对美国政情的介绍更为具体一些，内容涉及总统、议会及司法部门各自的权限，及三大部门的产生办法。该书对美国能迅速崛起为一个强国表示出由衷的赞叹："数百年来，育奈士迭（即美国）遂成富强之国。组建国家之勃起，全由部民之勤奋。故虽不立国土，仅设总领，而国政操之舆论，所言必施行，有害必上闻，事简政速，令行禁止，与贤辟所治无异。此又变

---

①　徐继畬：《瀛环考略》卷下，台北文海出版社 1974 年版，第 209 页。

②　徐继畬：《瀛环志略》上海书店出版社 2001 年版，第 270 页。

封建郡县官家之局而白称世界者。"①

魏源的《海国图志》谈及英国的政事时指出英国国家大事，均需经巴厘满即议会议允，不是国王独裁。"国有大事，王及官民俱至巴厘满衙门公议乃行"。②凡条例更改，职官增设，税饷、货币增减等关涉国计民生这事，都是由国王颁行议会，由议会交各具体部门执行。各官承行之事，得失勤怠，每年都由议会在年终审查，然后决定各官黜陟。议会对于来自民间的意见，实行"大众可则可之，大众否则否之"的办法。百姓对于政府，享有监督权利，各种意见可刊于逐日印行的新闻纸上，各官宪政事有失，百姓可以议论批评。"英国字母最少，翻译中国《四书》《五经》及各著述，又刊印逐日新闻纸，以论国政。如各官宪政事有失，许百姓议之，故人恐受责于清议也。"③魏源从"清议"（上下沟通的方式）的角度来理解西方政治制度。认为帝王如果关注百姓之疾苦，关心百姓之愿之盼之忧，与百姓息息相通，国运才能昌隆矣！否则国家的命运就十分危险了。他在《古微堂集》中形象地比喻说，国家好比一个人的全身，帝王如首脑，宰相如手足，大臣如喉舌，把老百姓比喻成国家呼吸的鼻子。人之"九窍、百骸、四肢之存亡，视乎鼻息，口可以终日闭而鼻不可一息。"所以古代圣人"取于臣也略而取于民也详"，"彻膳之宰，进善之旌，诽谤之术，敢谏之鼓，师箴，瞍赋，蒙诵，百工谏，庶人传语，士传言，遒人木铎以徇于路，登其歌谣，审其诅祝，察其谤议，于以明目达聪，"一句话，千方百计地听取人民的意见。他认为，国家昌盛的重要标志就是人民有意见敢于公开、直接地提出，"言在都俞"，如果有话不敢说，放在肚里，那就危险了："言在腹臆，其世可知矣"。④；同时，他对中国封建君主专制进行了激烈地攻击，称封建帝王是集天下势、利、名于一身的最自私的人："治天下之具，其非势、利、名乎！井田，利乎；封建，势乎；学校，名乎！圣人以其势、利、名公天下，身忧天下之忧而无天下之乐，故寨裳去之，而樽俎揖让兴焉。后世以其势、利、名私一身，穷天下之乐而不知忧天下之忧，故慢藏守之，而奸雄觊夺兴焉"。⑤

---

① 中央研究院近代史研究所编：《近代中国对西方及列强认识资料汇编》（第一辑）（第一分册），1972 年版，第 206 页。
② 夏邦：《晚清法制变革的历史考察》华东师范大学出版社 2008 年版，第 150 页。
③ 魏源：《海国图志》岳麓书社 2011 年版，第 333 页。
④ 魏源：《默觚下·治篇十二》，《魏源集》中华书局 1976 年版，第 67~68 页。
⑤ 魏源：《默觚下·治篇三》，《魏源集》中华书局 1976 年版，第 43~44 页。

正因为魏源思想深处对封建专制探深不满，所以他才对西方民主制度赞不绝口。魏源在《海国图志》中介绍和评论了美国的民主共和制度："弥利坚国非有雄才枭杰之王也。涣散二十七部落，涣散数十万黔首，……而公举一大酋总摄之，非惟不世及，且不四载即受代，一变古今官家之局，而人心翕然，可不谓公乎?议事听讼，选官举贤，皆自下始，众可可之，众否否之，众好好之，众恶恶之，三占从二，舍独循同，即在下预议之人，亦先由公举，可不谓周乎?"①可以看出，魏源高度评价和赞赏美国的民主共和制度是既"公"且"周"，即认为其优点是废除了世袭制和终身制，打破了封建的家天下的局面，议员和总统皆自下而上由民众选举，议会的议事尊重多数的意见。还有梁廷楠编撰的《合省国说》中也持相同观点。

《东西洋考》中对欧美各国政体的介绍，让中国当时上流知识分子看到了西方君主的权力应该受到制约，以龚自珍为代表的经世思想家们把批判的矛头指向了君主专制统治，指出君主至高无上的绝对权威是清王朝走向衰败的重要原因之一。

但由于那时的士族大夫的思想都禁锢在儒家重民思想的范围中，所以他们对英美政治的了解还是有限的，也没有引进"民主"这概括近代西方政治制度的重要概念，但是他们已经关注到西方民主政治制度的一些重要特征，并把它介绍给了国人。

三、《东西洋考》对地理历史知识的传播引发先进中国人"睁眼看世界"。

地理知识上，《东西洋考》专门开辟了一个地理专栏，其宗旨是："盖怀文、抱质、广见、博闻者鲜矣。海洋穷极幽远，自日出之国，以至穷极岛，凡身之所经目之所睹，无不广询博咨熟悉端委，弟欲补之，缀辑成地理之篇，由是可明知岛屿之远近，外国之形势，风俗之怪奇，沙礁之险，埠头之繁，好湾泊所等事，及物产贸易海关之则例，皆晰说加综核，各极周详，俾君子有所采择。"②据统计，《东西洋考》"迄至戊戌九月号，共载有35篇世界地理文章"③。这些文章主要有：《东南州岛屿等形势纲目》《南洋州》

---

① 魏源：《海国图志》岳麓书社 2011 年版，第 346 页。
② 《地理》《东西洋考每月统记传》丁酉八月号（1837 年）。
③ 爱汉者等编，黄时鉴整理：《东西洋考每月统记传》，中华书局影印本，1997 年版，第 17 页。

《苏门答剌大州屿等总论》《欧罗巴列国之民寻新地论》《葡萄牙国志略》《法兰西国志略》《荷兰国志略》《瑞典国志略》《大尼国志略》等等，介绍东南亚、南亚和欧洲各国，甚至有南方大洲（南极）、比多（埃及）、亚非利加浪山（好望角）、北亚米利亚（北美）等，还有东南亚和南洋、中国、俄罗斯等地的地图，如：《东南洋并南洋图》《大清一统天下全图》《俄罗斯国通天下全图》《北痕都斯坦全图》，内容堪称"包普天下"。

历史知识上，编纂者从创刊号起，就设有《东西史记和合》栏目，采用中西历史对比排印的版式，上半部叙述中国历史，下半部叙述同时代的西方历史，以中西历史上的重大事件、文明程度、创造发明进行比较，东西对照。通过东西方文明的对比，指出古希腊罗马有几千年的历史，也是古代文明的发源地之一，并非只有中国才是文明古国。[①]并在文前有一段类似"编者按"的话，按其意思，"较量东西史记和合"是要"善读者看各国有其聪明睿智人，孰为好学察之，及视万国当一家也。"[②]麦都思本人也说得很明白："我之所以动笔写下这些文章，主要是针对中国人妄自尊大的习惯。中国人惯于吹嘘他们上古以来的历史，对欧洲相对较短的文化传统嗤之以鼻，并暗自嘲讽我们没有人和有关公元前的历史记载。因此，我努力按照年代排列，介绍了各个主要时期的重大成果和事件，以此来向他们证明，我们拥有一套完整的编年史，比他们的更为可信，更为古老。[③]"

丁酉七月号（1837年），《东西洋考》刊出《史记和合纲鉴》，文前作出了说明："自盘古至尧舜之时，自亚坦到挪亚，东西记庶乎相合，盖诸宗族之本源为一而已。盖前后异势，疏密异刑，各族继私风俗，故史记也不同，但诸国之体，如身之有四肢，血脉相通，而痌痒相关。兹史记之和合，结其联络，及通疏远焉。[④]"

《东西洋考》重视世界地理知识，对中国的先进知识分子如魏源、梁廷楠、徐继畬等产生了不同程度上的影响，其中魏源所受的影响最大。他们最早了解西学、吸收西学，进而最早介绍西学、倡导西学，中国人终于"睁眼看世界"了。《东西洋考》对林则徐组织编译的《四洲志》、魏源的《海

---

① 爱汉者等编，黄时鉴整理：《东西洋考每月统计传》中华书局，1997年版，第16页。

② 爱汉者等编，黄时鉴整理：《东西洋考每月统记传》中华书局，1997年版，第4页。

③ 转引自（美）雷孜智著，尹文涓译：《千禧年的感召—美国第一位来华新教传教士裨治文传》广西师范大学出版社2008年版，第103–104页。

④ 《史记和合纲鉴》，《东西洋考每月统纪传》，丁酉七月号（1837年）。

国图志》，梁廷楠的《海国四说》，徐继畬的《瀛寰志略》等有很大的帮助，是中国学术界第一批全新的世界地理学著作。正如梁启超在《清代学术概论》说："鸦片战役以后，志人扼腕切齿，引为大辱奇戚，思所以自偷拔，经世致用观念之复活，炎炎不可抑。又海禁既开，所谓'西学'者逐渐输入，始则工艺……学者若生息于漆室之中，不知室外更何所有……环顾室中，则皆沉黑积秽，于是对外求索日炽"。[①]

魏源编纂的《海国图志》"是当时国人自编最为详备的世界史地参考书"。"……海国沿革图，地球正背面图，亚细亚、利未亚、欧罗巴、亚美利加四大洲的各国图76幅；《海国图志》全书以71卷的篇幅，分别介绍了当时世界各主要国家和地区的地理情况……　其中引用《东西洋考》共13期，文章达24篇，有28处引用《东西洋考》的文字。《海国图志》在卷五第17页、卷十九第8页、卷四一第19页、卷六O第31页，引录《东西洋考》原文中，多次述及道光十年至道光十四年的事件，即1830年至1834年的事。引录比例，超过《海国图志》总引录的十分之一，所引多数是与地理有关的文章。

梁廷楠的《海国四说》（1846年）有很高的学术价值。四说分为《耶稣教难人电国说》《合省国说》《兰仑偶说》和《粤道贡国说》。其中《合省国说》卷一按文中，两处引述《东西洋考》："道光甲午，西洋人自称爱汉者，所刻《东西洋考每月统纪传》中有《列国地方总论》……"（引述约600字），"西人《东西洋考每月统纪传》云……"（引述亚墨利加之事，200字），而著作中的其它部分文字，也不乏《东西洋考》的影响。

徐继畬的《瀛寰志略》（1848年），是一本比较全面概述介绍世界历史、地理知识的著作，全书共分十卷，以图为纲，比较准确、完整而又简洁扼要地叙述了世界四大洲（亚细亚、欧罗巴、阿非利加、亚墨利加）及其所属各个地区，各个国家的地理方位和历史沿革等。在出版后半个世纪中，成为中国人了解世界地理的最重要的工具书和教科书。如该著作在卷七述及"英吉利三岛"时，《瀛寰志略》卷四述及欧罗巴时，几乎全部引录了《东西洋考》戊戌年五月年所载《欧罗巴列国版图》一文，只将一些国名的音译用字作了改动。

《东西洋考》对地理及历史科学知识的传入，洗涤着中国愚昧的尘垢，更新了中国人的世界地理知识，开始放眼世界，改变了国人对世界本身及中

---

① 李白坚、宋原放等：《中外出版史》北京师范大学出版社，1993年版，第121页。

国在世界中所处地位即"中国的世界秩序"（注："中国者，中央之国也"这是美国著名汉学家费正清所说的"中国的世界秩序"。）的认识，客观上有着重要的启蒙作用，并借由鸦片战争所引起的危机意识，在改变"世界秩序"观念的同时进一步探索国家革新图强之路。

四、《东西洋考》所传播的西方自由贸易理论让国人认识到对外贸易对一国经济发展的重要性

丁酉年（1837年）十二月号在《东西洋考》篇首发表的《通商》一文，"通商之理，乃自然而然者也，禁止通商，如水底捞月矣，故明君治国，必竭力尽心，以务广其通商也"；"且国而禁其买卖，民成蛮狄矣，使有愿治之君，教化庶民，而不开其通商之道，以广其财源之路，欲其国之攸宁者，是犹缘木以求鱼者也"；"国有约束之条，则通商者难，……约束严而征税必重，则富户之贾，不敢出大本钱，恐易涉于嫌疑"；"惟容商贾任意而贸易，此之谓放纵也，薄其税敛，开口准商船赴诸埠头，不专设洋行，而允各人买卖，任其自主以经营也……故此诸邦准由商人自主赴市交易，生意繁盛，而国家亦长享太平之福，而兴旺焉"。①黄时鉴评论说："这是一篇重商主义的贸易自由论说"，这是第一次向中国系统地介绍自由贸易理论，"对于以农立国已久，且固守闭关心态的中国人来说，无疑是新说新论。②这是第一次向中国系统地介绍自由贸易理论。③让国人看到了西方通商贸易的优越性，认识到商业在国计民生中的重要地位。1838年《东西洋考》甚至还开辟"贸易"专栏，该栏目主要登载有关中西贸易的好处、针对当时一些中国人因白银大量外流提出的"贸易损国论"进行批驳的文章。如戊戌三月号一篇文章说："至于纹银载出载入，不可管束。设使银起价，所载入者繁多，落价，所载出者不胜数，此乃自然之理，则不可查禁也。倘载出银者，亦获利矣，此乃永定不可变之法也④。"

如出一辙，魏源身受启发，主张发展对外贸易。他认为正常的对外贸易，对中国有莫大的好处。其一，可以使中国在对外贸易中获得大量的白

---

① 《通商》《东西洋考每月统记传》，丁酉十二月号（1838年）。

② 爱汉者等编，黄时鉴整理：《东西洋考每月统记传》中华书局影印本，1997年版，第19页。

③ 卫玲：《<东西洋考每月统记传>的经济学编辑特色》《河北农业大学学报》2005年第4期，第70页。

④ 《东西洋考每月统记传》，戊戌三月号（1838年）。

银，有助于解决当时的银贵钱贱的问题，并能增加国家财政收入，有利于国计民生。他曾以1837年广东海关贸易情况为例算过一笔账，在《海国图志》中说：这年英国购出广东货3181.6万元，进口货物1447.8万元，加上美国和其他各国的贸易差额，应补中国白银1494.5万元。①可实际上没有一两白银进账，为何？是因不平等鸦片贸易。魏源感叹说："使无鸦片之毒，则外洋之银有入无出，中国银且日贱，利可胜述哉！"②其二，从对外贸易中可以获取对自己有用的东西。魏源最重视进口洋船、洋炮、洋枪、火器等，认为只要通过对外通商，就可以"不旋踵间，西洋之长技尽成中国之长技"。其三，开展对外贸易对于禁烟活动大有裨益。他赞扬了林则徐在广东禁烟期间推行的禁烟与正当贸易双轨制的政策所取得的成效，"禁烟新令初颁，各国遵令……惟恐卸货之不早，鹜利之不先。"因此，魏源认为，与各国进行正当的对外贸易，有利于经济发展和国家富强。正如他所说"吾不停贸易以自修自强③。"

五、《东西洋考》对新技术、新发明的报道引起了国人的关注。

《东西洋考》介绍了一些西方先进的发明创造，刊登了大量的介绍实用知识的文章，如《火蒸车》《孟买用炊气船》《水内匠笼图说》《推农务之会》《救五绝》《气舟》等。这些文章介绍了蒸汽机、轮船、火车以及耕作方法、急救方法等。如1834年5月号上对蒸汽机的结构与工作原理作了介绍，并附以示意图。此外还介绍了热气球、潜水员器具等西方先进的发明。这些实用知识反映了西方近代科学成就，又是当时中国社会所急需的，由此来消除中国人的"蛮夷"观念和排外的心理，进而拉近两者之间的情感距离。

梁廷楠的《海国四说》中《兰仑偶说》，主要是记英国之事，其卷四中详细介绍了轮船、火车和蒸汽机的工作原理。其述轮船、火车："以或蒸水，作舟车轮转机动，行驶如风。舟曰火轮船，初但以邮递书信，后则随兵舶，为惊人开路之用，然火热不便设炮。火蒸车用以运载货物，不假人马之力，而驰行特速，可省运费。然必夷平险路，凡山石碍轮之物，不得少留。又铸铁为辙迹，按运道之远近而铁迹随之，工费甚巨。"这些文字被公认为

① （清）魏源：《海国图志》卷二，岳麓书社2011年版，《筹海篇·议款》第37页。
② （清）魏源：《道光洋艘征抚记》《魏源集》（上册）中华书局1976年版，第187页。
③ （清）魏源：《道光洋艘征抚记》《魏源集》（上册）中华书局1976年版，第187页。

"中国近代科技史上重要资料"。他对轮船、火车的译名"火蒸车""火轮船",被称为中文中最初的译名。其实,这样的中文名称,早于梁著10年前就出现于《东西洋考》中了。梁文中引"西人"关于蒸汽机的两份图解文字,详细介绍水受热成汽、汽缸、活塞工作,到如何发动、牵引舟车行驶,均作了详细说明。正与《东西洋考》道光甲午年(1834年)五月号上"火水汽所感动机关"一文文字极相近,其中说明图形各部位的标记,均与《东西洋考》出于一辙,其说明顺序也几近相同。只是梁廷楠的著作中没有有刻印附图,使"图解"类文字竟无图可解,若比照《东西洋考》的附图,就一清二楚了。可以推断,《东西洋考》之文,是中文中最早的介绍蒸汽机的文字。又如《东西洋考》中介绍蒸汽机的文字,《海国图志》卷85亦予引用,并转刻了《东西洋考》上的原理图。徐继畬的《瀛环志略》在介绍欧美的科技奇巧时,"长于制器,金木之工,精巧不可思议;运用水火,尤为奇妙……测量海道,处处知其深浅,不失尺寸"①。

下面以《东西洋考》内容分类统计为依据,当进一步说明:

表2—1 《东西洋考》内容分类统计

内容分类		所属栏目	篇数	图	共计	比例
宗　教		序(论)	15		35	11.48%
		煞语	7			
		说教	13			
西　学	历史	东西史记和合	12		170	55.74%
		史	19			
		史记	8			
	地理		50	4		
	天文		15	1		
	经济		11			
	政治		17			
	科技		7			
	文化		19			
	动物		7			

① 徐继畬.《瀛环志略》,上海书店出版社2001年版,第167页。

续表

内容分类	所属栏目	篇数	图	共计	比例
新闻（包括市价表、贸易）		89		89	29.18%
杂文		7		7	2.30%
广告		4	4		1.31%
共计			305		

资料来源: 薛爱红: "19世纪中文宗教报刊与中国近代社会思潮"中国硕博士毕业论文全文数据库，2012年内蒙古大学，第15—16页。

从上表可以看出，《东西洋考》的特点是纯粹宗教性的内容已退居次要地位，"宗教内容大为减少，科技文化知识增加了许多。"[1]其中，西学内容占了55.74%，新闻内容占了29.18%。可以说，它的创刊宗旨已经发生了改变，不再以阐发基督教义为主要任务，而是把"宣传西方文化，改变中国人对西方人的形象，当为最重要的事项了"。[2]虽然西学的传播只是教会"科学辅教"的一个传教手段，但这些被披上宗教外衣的科学知识，对于19世纪的中国来说，仍然显得弥足珍贵。在与西方接触的过程中，中国也开始从自我封闭逐步过渡到较为开放的层面，在了解、学习西方的同时，也让西方世界了解和认识了中国。

总之，《东西洋考》介绍了各种西方的知识（科技、经济、动物、人物、文学、政治、教化等内容），开阔了国人的眼界，认识到中国并非文明的唯一国度，西方文明不仅历史悠久而且在许多方面远胜于中国，让中国人认识到自身的落后，并愿意向西方学习，主动打开紧闭的国门。

第二节　《遐迩贯珍》与西学思想的萌芽

鸦片战争后，西方殖民者的坚船利炮撞开了中国的大门，外国人在中国取得了许多特权，办刊权就是其中之一，率先利用这个特权的还是一向重视

---

[1]　方汉奇，张之华主编：《中国新闻事业简史》中国人民大学出版社1995年版，第48页。

[2]　[新加坡]卓南生：《中国近代报业发展史: 1815–1874》（增订版）中国社会科学出版社2002年版，第47页。

"文字播道"工作的传教士。由于传教士传教活动的种种限制被逐步解除，大批传教士踏海东来。据统计，1844年在华的基督教传教士仅有31人，1860年增至100余人，1877年上升到470余人，到世纪末达到1500余人①。活动区域则从中国香港、澳门、广州及南洋等地迅速向上海等内地城市扩张。传教士和教会所办刊物也急剧增加，1840年前不过10家，1860年发展到32家，1890年则增至76家②。教会报刊与西学的密切关系在于：它既是"西学东渐"的产物，又是"西学东渐"的传播载体，是近代西方科技知识传入中国的重要途径。西学知识是教会报刊的重要内容。

一、《遐迩贯珍》继续介绍西方文明

以《遐迩贯珍》为代表的外报继续作为承载西学的重要工具，成为国人认识、了解西方的一个重要窗口，其创刊号的《序言》揭示了该宗旨，说："中国虽有此俊秀繁庶，其古昔盛时，教化隆美，久已超越济伦，何其悠忽至今，列邦间有蒸蒸日上之势，而中国且将降格以从焉，是可欤己"，由于中国一直以天朝上国自居，不思进取，不思对外通商，不开眼看世界，在历史发展的洪流中已经渐渐落伍，比之原来被他国仰望的"上国"，早已变成了需要仰视他国的"下国"。由于国力不济，致使人民遭殃："中国值荒年，惟靠本土，千万苍生，饥困者纷纷坐毙"、"中国黄河，每岁动决为灾，群黎遭溺"。由于自大自满情绪的普遍存在，不思进取，造成近代工业、科技的落后："列邦纷与火船，遇风水俱逆，每一时可行八十余里，而中国一无所有，亦无人解造"、"泰西各国俱有火车，人货并载，每一时可行三百六十余里，而中国至速，仅属骑乘，每时可驰二十余里，其平常行旅，每时不过十余里耳"；"泰西各国，创造电器秘机，凡有所欲言，瞬息可达数千里，而中国从未闻此"。与中国相反，西方各国在近代科技发展迅速，经济发展迅猛，"日进月盛"。本着四海内皆兄弟的情谊，列邦愿意互通有无，相助相济。③

这一创办宗旨在1854年12月刊发的《遐迩贯珍小记》及1855年5月刊发的《遐迩贯珍告止序》中更清楚明白地表达了同样的思想：

---

① 袁军、哈艳秋：《中国新闻事业史教程》中国播电视出版社，2001年版，第117页。

② 顾长声：《传教士与近代中国》上海人民出版社，1981年版，第31页。

③ 《序言》《遐迩贯珍》1853年第1号。

"造是书之由，非欲藉此以邀利也，盖欲人人得究事物之巅末，而知其是非，并得识世事之变迁，而增其闻见，无非以为华夏格物致知之一助。……吾亦博采山川人物，鸟兽图画，胪列于其内也。"①

"然刊之者，原非为名利起见，不过欲使读是书者，虽不出户庭，而于天地之故，万物之情，皆得显然呈露于心目。刊传以来，读者开卷获益，谅亦不乏人矣。"②

《遐迩贯珍》在办刊思路上仍然以介绍西方文明成就为主，内容相当广泛，囊括了政治、经济、科技等多个方面，涉及13个学科的知识，并大大增加了科学（包括动植物学、医学、技术、交通、人类学等）方面的内容，文章篇数最多，共35篇，占文章总数（共117篇）的29.9%。③从《遐迩贯珍》传播的内容范围来看，西方的重大科学发现，如地圆说、彗星、月蚀以及科技发明如温度计、火车、轮船等都有所介绍。世界各大洲的分布与风土人情，地理上的地貌、地表情况，数学中的微积分，动植物种类，人体器官、脏腑功用等方面的基础知识也比较全面。如在《地形论》中提到的"地圆说"，指出亘古以来中国人所执的"天圆地方说"的谬误，根据西方人在海边的观察："追三百年前，西方博士泛舟遍查，用意推求，始知地形实非平坦而方，乃圆若橙子然。此则确凿有据，可考而知者。其说殆有四焉。夫若物之平也，宜莫如水。今若有人于风平浪静之日，立于海岸观望海水，必见水面略圆，诚非平坦。设有巨港，阔七八里，人侧其首，低近水面以看对岸，则对岸沿海之舟揖庐舍皆不可见，只见高山乔木而已。此无他，水面之圆凸掩目故也。"④1856年第2号《地质略论》中"管子虽微窥而不能详辨，此理终属未明，西土察地理之士，深求其故，凡地面平野，及山麓，海滨壑谷，内有磐石泥沙，形质固不一矣'夕。显示出西方地理学者的高超。

1855年第11号《心经论》："中土医学，分寸尺以属脏腑部位，三指弯下竟作数样脉理，诅知脉形于血，血源于心，周身脉管，流行贯通，并无有专属一经之理，凡切脉一道，不过辨其浮沉迟数，以定寒热虚实而已，若庸医诊脉，绝见血无望闻问切工夫，妄谓据脉定症，诚有如医镜所云者。""西国有显微镜显之，血内有二物……"《心经论》所描述的心脏与

① 《遐迩贯珍·小记》，《遐迩贯珍》1854年第十二号。
② 《遐迩贯珍告止序》，《遐迩贯珍》1855年第五号。
③ 邵志择：《近代中国报刊思想的起源与转折》浙江大学出版社2011年版，第26页。
④ 《遐迩贯珍》1853年9月，第2号，第6页。

血管都由"显微镜显之"而得出，论段尤其强调了西国的医术高明、先进，中国的望闻问切，根本不能作为诊断的根本，显示出对中国传统医术的鄙夷。

1853年第3号《彗星说》中说，"彗星之轨道，西国天文之士已能推测而知"，"西国天文之学，幽奥而难知，精深而莫测"。并介绍了有关彗星的科学知识："别有数星，或现或隐往来不定，如客之传释而过，故总名客星。斯星也，或有白光如匹练，或只见一星大异于常，经数夕而没。无白光者则曰客星，有白光而光短不耀者曰李星，光稍大者曰彗星，其光竟天者曰长星。其星有首，或小如行星，或大如皓月。形有大小，故光有明暗，白光之形状不同。约略观之，光熊熊然若尾扫天，故俗呼扫帚星。余尝细察之，知其星之来，与日相向，光在后如尾，星之去与日相背，光在前若须。盖彗星环日而行，有数十年一见，数百年一见，千余年一见者。"①破除人们对于彗星不祥的迷信："此星之出，中外共观，遐迩同观，不止在一州一国也。果其为灾氛之预兆，兵灾之先机，岂有只应于中国而不应于外邦者耶?是则余所不解。一昨壬寅之岁，西人屯兵于江。至秋而盟成，以结和好而息战争.其冬余屋四明.明年春初，彗星见，余与此邦士民无不目击。当此之时，间阎骚然震动，以为复有灾侵，必兴兵革。乃至今而相安无事，何其言之不验耶?"②又在《地球转而成日夜论》（1853年第5号）中提到的地球不是静止不动而是时刻转动的，并且就是由于这种转动才形成昼夜，等等，这在当时封建专制、迷信盛行的中国大地上传递着一种振聋发聩的全新的观念。

对自然科学的介绍还有：《火船械制述略》（1853年第2号）、《玻璃论》（1856年第2号）、《继造玻璃论》（1856年第3号）分别介绍了蒸汽机原理及在轮船上的应用、玻璃制造的历史和工艺流程;《泰西种豆奇法》（1855年第7号）刊载了治疗天花的种痘法，又于1855年第8号中刊载《泰西医士施豆浆论》，说明中医也可按已介绍的种痘方法到固定地点的西医处取痘种接种;《粤省公司原始》（1854年第3，4号）《补灾救患普行良法》（1854年第1号）分别介绍了公司的起源及保险业的概况。

总之，《遐迩贯珍》将西方科技、天文、医学等方面的知识呈现在国人的面前，这极大地促进了科学技术知识在中国的普及，使中国的开明知识分子意识到了自己的落后，努力寻找救亡图存的道路，逐渐从被动的挨打到主

---

① 《遐迩贯珍》1853 年 10 月，第 3 号，第 4 页。
② 《遐迩贯珍》1853 年 10 月，第 3 号，第 4-5 页。

动的接受西方先进的科学知识以强大自我、抵抗外敌。

《遐迩贯珍》很重视对欧美政治制度的介绍，有《英国政治制度》、《花旗国政治制度》等。1853年第三号刊登的《英国政治制度》一文，对英国君主立宪制度包括君主、议会、立法、司法、选举、审判等作了详细介绍，阐述了英国君主、公侯院（上院）、绅士院（下院）和宰辅的权限及相互关系。文中写道：英国"凡创例之举，必归君及公侯、绅士二院，三者皆允合，始能创立"。英国君主决定国家大事，"须听宰辅佐论参评"，"不能任意独行"，"不能逾乎法之外"。"国中政治，悉统持于内阁"，但公侯院有权"议处宰辅"。这样，"一则能防闲在上之侵虐，一则能消弭众庶愚顽之把持"。文章最后写道："虽此政制，或未能得美备万全，然屡欲更求逾于此者，竟不可多得。所愿中土人，能同由斯道，而共沾斯益。"文章还表达了君民平等的思想："要之君民原属一体，同置上帝之前，初无贵贱上下之分，即以身后论之，君亦不能保其血肉之躯，与金石同固，倏而朽敝，与众何异焉，君亦犹乎人耳。"[①]1854年第二号的《花旗国政治制度》一文，比较详细地介绍了美国国主（总统）和选举院（众议院）、辅赞院（参议院）的产生办法及权限，立法、行政、司法三权分立，联邦及各州组织，并对英美两国政治制度作了不同之处比较后写道："惟两国之本，皆同一志向，盖欲免使一人独尊，或一党团结，得以独执大权，迈出于众庶黔黎之上，诚以季世人心，皆有同具之隐衷，使之一旦得操漫无限制之大权，而能措施尽合于善者，实为罕观耳。"从而得出："（英美两国）政制大略相同，两国权柄皆由庶民所出。所秉权者，俱为国例所钳束。"[②]

1854年第一号的《补灾救患普行良法》介绍了英美国家的生命保险和火灾保险制度，希望中国能效法此种制度。

另外，《遐迩贯珍》还刊登了不少有关社会科学的文章。如：《西学括论》《西国通商述概》《琉球杂记述略》《香港纪略》《西方四教流传中国论》《日本日记》《英伦国史总略》《人类五种小论》《天下火车路程论》《马礼逊传》《马可顿流西西罗纪略》等等。

《遐迩贯珍》对西方各国政治制度、历史、地理的介绍，开阔了中国人的视野，对于中国了解世界并真正了解自己具有指引作用。正如日本学者松浦章所言："虽然《遐迩贯珍》所刊登的文章涉及的方面五花八门，不过确

---

① 《遐迩贯珍》1853年10月，第3号，第8页。
② 《遐迩贯珍》1854年2月，第2号，第1页。

实有向中国迅速传达19世纪中叶的世界信息的意图。"①

二、近代国人向西方学习的萌芽

大众传播效果的培养理论认为，得到受众内心肯定的内容也会在潜移默化中改变着受众的某些观念及行为方式，再次发展，便会逐渐形成一股改变社会思潮的力量。因此，"传播媒介对社会的任何影响最终都是通过其受众来实现。受众受到传播媒介感染后，先是转变思想认识，进而转变行为方式"②。在近代中国，受众对信息的接受存在一个由"被动"向"主动"的转变，即被动的接受信息到主动的向西方学习的转变。

另者，昔日不屑一顾的"夷狄之帮"竟然征服了堂堂"天朝上国"，这一残酷的现实迫使经世士大夫去认识西方诸国，去探讨"天朝"何以战败的原因和抵抗外国侵略、报仇雪耻的办法。他们敏锐地感受到侵略者的坚船利炮不可以用"夷夏之防"观念应付得了的，于是有"师夷长技以制夷"的耿耿之想，开始将文化的发展放到中国近代化进程的大环境下来讨论，努力探索向西方学习的道路，中国社会逐渐兴起一股"西学"之风。正如梁启超在《清代学术概论》说："鸦片战役以后，志人扼腕切齿，引为大辱奇戚，思所以自偷拔，经世致用观念之复活，炎炎不可抑。又海禁既开，所谓'西学'者逐渐输入，始则工艺……学者若生息于漆室之中，不知室外更何所有……环顾室中，则皆沉黑积秽，于是对外求索日炽"。③

毋庸置疑，一批中国近代地主阶级知识分子最先成为了解西方、学习西方的开风气者。林则徐在领导广东禁烟期间，便"日日使人刺探西事，翻译西书"，通过了解西方进而发出了向西方学习的先声，带头迈出了向西方学习的坚定步伐，开启了中国从中世纪走向近代之端。当林的事业遭受打击时，其好友魏源挺身而出，将林的未竟事业继承下来并发扬光大，出色地完成了《海国图志》的编撰和增订工作。这部长达90万字的巨著是中国近代第一部系统介绍全球各地、近代世界的煌煌巨著，书中明确提出了向西方学习的第一个完整的口号——"师夷长技以制夷"，成为一种鲜明的时代精神，

---

①　（日本）松浦章：《序说：<遐迩贯珍>的世界》，载沈国威、内田庆市、松浦章编著：《遐迩贯珍：附解题·索引》上海辞书出版社2005年版，第8页。

②　闾小波：《中国早期现代中的传播媒介》，上海三联书店1995年版，第210页。

③　李白坚、宋原放等：《中外出版史》北京师范大学出版社，1993年版，第121页。

启迪着近代国人向西方学习的自觉追求。"师夷"的内容是什么？魏源认为，其内容最初为军事和物质方面，侧重于军事方面的战略战术和物质方面的购置制造新式枪炮，即魏源所说的"夷之长技有三：一战舰，二火器，三养兵练兵之法。"前两项是物，也就是坚船利炮。最初，魏源是主张向外国购买船炮的，他说："造炮不如购炮，造舟不如购舟"，① "其制莫精于西夷，其用莫习于西夷，与其制之内地，不如购之外夷"。②往后，魏源的认识有所深化，思想有了发展，明确主张设厂自造，他提出："请于广东虎门外之沙角、大角二处制造船厂一，火器局一，行取法兰西、弥利坚二国各来夷目一二人，分携西洋工匠至粤，司造器械，并延西洋柁师司教行船演炮之法，如钦天监夷官之例，而选闽粤巧匠精兵以习之。工匠习其铸造，精兵习其驾驶、攻击"。③所谓养兵练兵之法是方法、战略战术，实质上是指人，指的是有律、有勇有谋的人。即要求兵不在多而在于精，要有战斗力，要"去虚伍，汰冗滥，补精锐。"魏源认为西方在军事方面的长处不仅是船炮，而且还由于军队的素质好，其原因在于"严纪律，赡之厚，选之精，练之勤，御之整"。在这一点上，魏源建议清军师法之，以提高战斗力。魏源除主张制造军器外，进一步提出了国防生产和民用生产相结合的思想，他说："战舰有尽，而出鬻之船无尽"，"造炮有数，而出鬻器械无数"，"凡有益民用者，皆可于此造之"。④从所述"军国之便"与"有益民用"来看，魏源所说的"师夷长技"绝不限于军械，而是要军工、民用皆能"师其所长"。总之，要达到"尽收外国之羽翼为中国制羽翼，尽转外国之长技为中国之长技"⑤的目的。

　　稍后，便有最早对西方政教积极讨论者冯桂芬，看到了中西之间的更大差距，除了"船坚炮利不如夷，有进无退不如夷"外，还有"人无弃才不如夷，地无遗利不如夷，君民不隔不如夷，名实必符不如夷"。他通过比较分析，提出了处理中西学关系的原则："以中国之伦常名教为原本，辅以富国强兵之术"⑥。还有，中国第一位驻英法公使郭嵩焘也是一位较早的西学倡议者。

①　魏源：《军储篇四》，《圣武记》（卷十四）中华书局 1984 年版，第 563 页。
②　魏源：《军储篇四》，《圣武记》（卷十四）中华书局 1984 年版，第 564 页。
③　魏源：《海国图志》卷二，《筹海篇三·议战》岳麓书社 2011 年版，第 27 页。
④　魏源：《海国图志》卷二，《筹海篇三·议战》岳麓书社 2011 年版，第 30 页。
⑤　魏源：《道光洋艘征抚记·下》《魏源集》上册，中华书局 1976 年版，第 206 页。
⑥　冯桂芬：《校邠庐抗议·采西学议》《冯桂芬马建忠集》，辽宁人民出版社 1994 年版，第 84 页。

墨海书馆时期的"海派"知识分子对墨海书馆感兴趣并不是因基督教，而是西方的新知识。①他们与西方传教士密切接触的过程中，也逐渐了解了西方的科学技术，对于西方的知识处于不断积累的过程之中。王韬、郑观应等人与传教士理雅各、傅兰雅、林乐知等有广泛接触，"蒙向与中外达人哲士游，每于酒酣耳热之余，侧闻诸论，多关安危大计，且时阅中外日报，所论安内攘外之道，有触于怀，随笔札记，历年既久，成若干篇。"②并与传教士合译了许多西方科学著作：如管小异与合信合译《西医略论》《内科亲说》《妇婴新说》，李善兰与伟烈亚力合译《几何原本》后九卷及《植物学》《代微积拾级》等著作，张福嘻与艾约瑟合译《光论》《重学》，蒋剑人与慕维廉合译《大英国志》。因此，王韬在亲历西方科学和"奇技淫巧"之后，在咸丰八年十二月二十二日的日记中自信地声称："予在西馆十年矣，于格致之学，略有所闻。"③并对西方的科学技术赞赏有加："西人于学有实际，天文历算，愈出愈精，利民几何之学，不足数也。"④

王韬身处上海，在墨海书馆工作了13年，得以亲历西方科学和"奇技淫巧"，"窥其象纬舆图诸学"。⑤王韬初到上海时，就观摩了墨海书馆的活字印刷机器；曾去法国人李关郎家里去照相，赞其照相"眉目毕肖"；从合信那里了解到西方听诊器技术先进，"精妙奇辟"；发现一位美国邻居家里的缝纫机灵活奇巧，运转自如。

王韬在日记中记载了他和朋友对于西方科学技术的兴趣，如牛痘、照影法（摄影）、印刷机、电气秘机（有线电报）以及医术、天文历算等等，王韬等人对这些西方的科技是极为欣赏的。

第二次鸦片战争结束以后，朝廷开始改变对西方的认识，并有意识地引入西学。居中央枢要之职的奕䜣、文祥、桂良，握东南军政重权的曾国藩、左宗棠、李鸿章在被迫与西方人周旋交际的过程中，他们渐从对手的身上感触到另外一个世界，获得了中国传统历史经验所没有的新知识，思想因之而发生变化。尤其是在江苏及上海地区的官员在上海通商以后即已开始与西方

---

① 《解题——作为近代东西（欧、中、日）文化交流史研究史料的＜六合丛谈＞》，见《＜六合丛谈＞—附解题．索引》上海辞书出版社，2006年版，第35页。

② 郑观应：《盛世危言·自序》1894年版。

③ 方行：《王韬日记》中华书局1987年版，第69页。

④ 方行：《王韬日记》中华书局1987年版，第82页。

⑤ 王韬：《弢园老民自传》江苏人民出版社，1999年版，第30页。

人友好合作。江苏巡抚徐有壬因自己精通算学而访问墨海书馆的洋教士，并与李善兰、王韬等人结识；上海道台吴健彰因小刀会起义被外国人救出而与英国人合作，此后的历任道台也都与外人保持较为良好的关系。官方的态度对民间知识分子的影响在中国传统社会中是不言而喻的，这对像王韬这样较多接触西学的读书人意味着机会的来临。王韬在上海期间就试图利用自己对西方的了解向官员献计献策，以期用世，只不过当时的朝野还没有出现后来的洋务取向，王韬等人的西学知识处于自我压抑状态。但是我们知道，被压抑的知识积累虽不会立即显示其效应，可是一旦社会环境发生改变，原先积累的知识被社会认可甚或成为社会急需的资源，拥有这种知识的人就会将它们倾泻出来，王韬对西学的认识就属于这种情况。

第三节　《六合丛谈》与洋务思想的形成

《六合丛谈》创刊于1857年1月26日，由英国传教士亚历山大·伟烈亚力创办，是上海的第一家中文报刊，也是一份综合性报刊。其创刊的宗旨为"通中外之情"。他在《六合丛谈小引》中说"……今予著六合丛谈一书，亦欲通中外之情，载远近之事，尽古今之变。见闻所逮，命笔志之，月各一编，罔拘成例，务使穹苍之大，若在指掌，瀛海之遥，如同衽席。是以琐言皆登诸记载，异事不壅于流传也。是书中所言天算舆图，以及民间事实，纤细备载。"①因此，《六合丛谈》作为近代中期的报刊，更加全面的介绍西学，尤其是科学知识的传播，使中国人更好地了解西方，同时促使东西方的相互了解。

一、《六合丛谈》继续传播西学

伟烈亚力在创刊号《六合丛谈小引》中声称：西方人来华"然通商设教，仅在五口，而西人足迹未至者不知凡几，兼以言语各异，政化不同，安能使之尽明吾意哉?是以必须书籍以通其理，假文字以达其辞。"为此，《六合丛谈》西学内容的介绍更为全面与系统，尤其是对近代科学。他在创刊号发表的《小引》就是一篇介绍西方近代科学的学科规模和分类的重要文献，

---

① 《六合丛谈小引》《六合丛谈》第 1 卷第 1 号，1857 年 1 月 26 日。

内容涉及化学、察地之学（按即地质学）、测天之学、电气之学、重学、流质学（按即流体力学），以及听视诸学。①这些都是西方科学的最新发展，也是中国人首次听到的。其中说："比来西人学者精益求精，超前轶古，启名哲未解之奥，辟造化未泄之奇。请略举其纲：一为化学。言物各有质，自能变化。精识之士，条分缕析，知有六十四元，此物未成之质也。"

一为察地之学。地中泥沙与石，各有层累，积无数年岁而成。细为推究，皆分先后。人类未生之际，鸿蒙甫辟之时，观此朗如明鉴，此物已成之质也。

一为鸟兽草木之学。举一骨，即能辨析入微，知全体形状之殊异，植群卉，即能区别其类，知列国气候之不同。

一为测天之学。地球一行星耳，与他行星同。远地球者为定星，定星之外，则有星气。星气之说，昔以为天空之气，近以远镜窥之，始知系恒河沙数之定星所聚而成。今之谈天者，其法较密于古。……

一为电气之学。天、地、人、物之中，其气之精密流动者曰电气。发则为电，藏则隐含万物之内。昔人畏避之，以其能杀人也。今则聚为妙用，以代邮传，顷刻可通数百万里。

别有重学，流质数端，以及听视诸学，皆穷极毫芒，精研物理。

天文学方面，代表作是伟烈亚力与王韬合译的《西国天学源流》。它分8期连载（第1卷第5号、9号、10号、11号、12号、13号，第2卷第1号、2号），系统地介绍了从古代开始直到1846年西洋天文学的历史，阐述了西方宇宙观的演进史，特别是对日心地动学说的发展作了详细的介绍。

《六合丛谈》中有关数学的文章是第1卷第7号的《造表新法》、第2卷第2号的《新出算器》。《西国天学源流》还特别说明数学是跟其他科学有着紧密联系的学科。

至于力学，其代表作是伟烈亚力与王韬合译的《重学浅说》，连载于《六合丛谈》第2卷第1号和第2号。它介绍了力学之由来、力学之分类，并阐明重学与地球、重学与摄力（今译引力）之间的关系，研究重学的意义。被当时文人学子们视为至宝，当时的国人评价《重学浅说》称："意简词明，最省便览。"②

---

① 《六合丛谈》咸丰丁巳正月朔日第一号，沈国威编著：《六合丛谈—附题解·索引》上海辞书出版社 2006 年版，第 522 页。

② 王立群：《国早期口岸知识分子形成的文化特征》北京大学出版社 2009 年版，第 48 页。

地理是《六合丛谈》的显著内容，直到第1卷第8号，地理始终置于《六合丛谈》首要位置。而且，有关地理文章数量颇巨，主要有：《地球形势大率论》《释名》《水陆分界论》《洲岛论》《山原论》《地震火山论》《平原论》《洋海论》《潮汐平流波涛论》《湖河论》《地气论》等。第1卷第1号慕维廉对于地理有一个总的介绍："地理者，言地面形势，分质政二家。质家言地乃水土所成，及土之位置、广大、高低、形势大略，水之位置、广大、深浅、流动之理也。总之水土支干，气化不同，故禽兽草木随地而异，各有限界，此言地质者之至要也。政家详地之郡国省县，与各国界限、典籍、土产、贸易、户口、律例、教俗等事。"①文中所称的"质政二家"，正是如今地理学的两个主要分支学科自然地理学与人文地理学。

综上所述，《六合丛谈》是伦敦传教会在中国的出版机构墨海书馆的出版物，大力传播西学和西方文明，"对于我们探究晚清西学东渐源头重镇的墨海书馆和围绕它的西方传教士和中国士绅团体，《六合丛谈》提供了更丰富的历史信息，从中我们可以了解他们对于近代科学的认识，他们传播科学新知所付出的努力及其影响。"②

二、《六合丛谈》与洋务思想的构建

1.《六合丛谈》对西方文明传播成为洋务派"自强观"形成的重要思想来源。

近代洋务思想是十九世纪中期形成的一股以自强为目的、去谋求富国强兵的社会思想。它是伴随着西学东渐和对中国传统文化反思的过程中而发生，并由前期的开眼看世界和向西方学习等各种新思想汇集与升华而成的。在"师夷长技以制夷"口号的启迪下，一部分先进的地主阶级知识分子与当权者通过与洋人打交道的过程中感触最深的是其"船坚炮利"和"养兵练兵之法"，因而倡导学习西方首先从制器练兵开始。凑巧的是，《六合丛谈》积极传播西学，尤其对化学、力学的介绍（详见上述《六合丛谈》的内容介绍），一方面，使洋务派冲破了传统的夷夏观念，批判了清政府长期以来奉行的"闭关锁国"政策，提出了向西方学习的主张。他们认为凡有利于国计

---

① 《六合丛谈小引》《六合丛谈》第1卷第1号，1857年1月26日。
② 王扬宗《<六合丛谈>所介绍的西方科学知识及其在清末的影响》，载沈国威《六合丛谈：附解题·索引》，上海辞书出版社2006年版，第155—156页。

民生者，均属奇技而非淫巧，都是可供中国师法的。中国在诸多方面不如人，"人无弃材不如夷，地无遗利不如夷，君民不隔不如夷，名实必符不如夷"，"人自不如，尤可耻也，然可耻而有可为也。如耻之，莫如自强"①。自强之道，在于借鉴诸国富强之术，采西学，制洋器，"取外人之长技以成中国之长技"。"自强"一词便在官场流播开来，频繁使用，成为主流政治话语。如曾国藩讲："欲求自强之道，总以修政事、求贤才为急务"，李鸿章亦步亦趋道："知西来大势，识外国文明，想效法自强"，左宗棠也说："至我国自强之道，莫要于捐文法，用贤才"，时任浙江巡抚杨昌濬亦认定"自强之计，宜用夷人之器，师夷人之长"。可知无论是中央枢臣，抑或地方督抚，"自强"已是共识。这些主张不但倡言向西方学习，而且冲破了传统的夷夏观念。最为可贵的是，他们还阐发了在"师夷"的同时，应具备的竞争意识，自强之道在于"师其所能，夺其所恃"②。他们向西方学习"始则师而法之，继则比而齐之，终则驾而上之，自强之道，实在乎是。"③另一方面，《六合丛谈》对西学的介绍，恰好迎合了洋务派对西方技术的需求，有助于洋务派自己制造西方先进的枪炮船械。洋务派代表人物奕䜣说："治国之道，在乎自强，而审时度势，则自强以练兵为要，练兵又以制器为先"。④在这种"自强观"感召下，从十九世纪六十至九十年代，一场轰轰烈烈的以学习西方坚船利炮、科学技术为主要内容的洋务运动在近代中国全面铺开。洋务派先后创办了江南制造总局、金陵机器局、福州船政局、湖北枪炮厂、山东机器局等21个军火局厂，专门制造枪炮、轮船和各式火器，是中国向近代工业发展迈出了第一步。同时，为了解决制造洋器中所遇到的技术与人才问题，在设立新式学堂和派遣留学生的同时，洋务派还设立译书机构，翻译"西学"书籍。

2. 《六合丛谈》对近代科学重要性的论述为洋务派"求富观"形成奠定了基础。

韦廉臣的《格物穷理论》刊登在《六合丛谈》第1卷第6号，文章提出

---

① （清）冯桂芬：《校邠庐抗议·制洋器议》（下篇）。谢俊美：《醒狮丛书》中州古籍出版社1998年版，第198页。

② （清）李鸿章：《李鸿章全集·奏稿·筹议制造轮船未可裁撤折》（卷十九）海南出版社1997年版，第676页。

③ （清）冯桂芬：《校邠庐抗议·制洋器议》（下篇）。谢俊美：《醒狮丛书》中州古籍出版社1998年版，第199页。

④ 文庆　贾桢　宝鋆 等：《筹办夷务始末》（同治朝）卷25，光绪六年（1880年）六月。

了科学技术决定国家富强的论断。他说："国之强盛由于民，民之强盛由于心，心之强盛由于格物穷理。……精天文则能航海通商，察风理则能避飓，明重学则能造一切奇器，知电气则万里之外音信顷刻可通，故曰心之强盛由于格物穷理。"①文章还详细介绍了科学技术在农业、工业、交通、通讯等方面的应用，对西方社会生活、对人们衣食住行改变的巨大作用："昔以木犁犁田，今准重学理造一器，可代十二犁。昔以锄锄地，今造一器，可代三十人力。昔以镰获，今造一器，一日可割稻三十六亩。昔日之麦，打之，播之，磨之，一须人力，今造一器，能自打自播自磨。其机之轮，或籍火轮，或水或风，器有大小，可代三百至五百人工。……昔用牛马驾车，用帆橹行船，甚费且迟。今造火轮车路、火轮船，其速过于风，故视远若近。人货往来，便而且省。……故穷乡民农，米麦瓜果，运之城市卖之，转瞬可至。……我望中国亦仿此为之，上为之倡，下必乐从。如此十年，而国不富强者，无是理也。"②

在这里，韦廉臣阐述了科学技术在国富民强中所起的重要作用，认为只要中国人致力于"格致之学"，国家就会富强起来。李善兰、冯桂芬等知识分子很快就接受了传教士们传播的这一思想（如冯桂芬的"采西学"、"制洋器"的主张也是由此而来的），并影响到部分当权者（如：通过李善兰对曾国藩、冯桂芬对李鸿章的影响），使得这一思想后来成为洋务派"求富观"的重要思想来源。

1866年，李善兰在南京重刊他和艾约瑟（Joseph Edkins，1823 1905）在墨海书馆翻译的《重学》一书，他在序言中写道："……制器考天之理，皆寓于其中（指重学等科学）矣。呜呼!今欧罗巴各国日益 强盛，为中国边患，推原其故，制器精也；推原制器之精，算数明也。曾（国藩）、李（鸿章）二公有见于此，亟以此付梓。上好之下，下必有甚焉者。异日人人习算，制器日 精，以威海外各国，令震摄，奉朝贡，则是书之刻，其功岂浅 哉!"③

可见，对于近代科学的认识是曾国藩和李鸿章授意李善兰、华衡芳等人于1865年前后在南京重刊墨海书馆的几种数学和力学译著的原因。

李善兰则建议江苏巡抚徐有壬在各县书院中"别设历算一科"，认为如

---

① 韦廉臣：《格物穷理论》，《六合丛谈》第 1 卷第 6 号，1857 年 6 月 22 日。

② 韦廉臣：《格物穷理论》，《六合丛谈》第 1 卷第 6 号，1857 年 6 月 22 日。

③ 李善兰：《重学》自序。见阮元：《畴人传》（三编卷六）上海商务印书馆 1955 年版，第 841 页。

此"则西学不难大明"①。他们的思想对自强运动是有一定的影响的。例如，这些设立外语学校、翻译西书以及设立算学科的建议，在自强运动中都次第实施了。又如冯桂芬在《校邠庐抗议·采西学》篇中说："今欲采西学，宜于广东，上海设翻译公所，选近郡十五岁以下颖悟文童，聘内地名师课以经史等学，兼习算学（原注：一切西学皆从算学出，西人十岁外无不学算，今欲采西学，自不可不学算，或师西人，或师内地之知算者俱可）。闻英华书院、墨海书馆藏书甚多，又俄夷道光二十年所进书千余种，存方略馆，宜发院择其有理者译之，由是历算之术，而格致之理，而制器尚象之法，兼综条贯，轮船，火器之外，正非一端。"②

后来冯桂芬入李鸿章幕府，建议在上海设立同文馆，不但教学外语，还进行算学教育，成为清末官办新式科学教育的开端。

随着洋务运动的开展，军事工业所需的原料、燃料和交通运输等种种困难日益显露出来，以李鸿章为代表的洋务官僚对"自强"与"求富"关系的认识有了进一步的深化，他说："今日当务之急，兵为先，富以裕商为本"。③又说："欲自强必先裕饷，欲浚饷源，莫如振商务。"④他们所说的振兴商务，是指创办民用工业，即兴办工厂、矿山、近代交通运输、电讯等民用企业和发展国内外贸易。这就是洋务派的"求富"观。"求富"是为了解决"自强"遇到的种种困难，于是从七十年代开始，洋务派在航运、采矿、煤炭、冶炼、纺织、电讯等方面创办了约四十家近代企业，使社会上出现了一股投资兴办新式企业的热潮。如1872年上海成立的轮船招商局、1878年创办的开平矿务局等。这一切都离不开《六合丛谈》的传播功绩，因为《六合丛谈》及其编纂者所著、所译的书籍为洋务派求富之路提供了技术、信息引导。

3.《六合丛谈》积极传播西学促使了洋务派"变局观"的形成

第一次鸦片战争前后，以林则徐、魏源为代表的第一批先进的国人从亲身的经历与对战争失败原因的总结中，感受到中外在"器""技"方面的差距，遂提出了对内改革、对外开放的主张。到了第二次鸦片战争之后，随着《六合丛谈》等中文宗教报刊及介绍西学内容书籍的出版，越来越多的人了

---

① 王韬：《王韬日记》中华书局 1987 年版，第 87 页。
② 中国史学会主编：《戊戌变法》（一）上海人民出版社 1961 年版，第 26 页。
③ 王奎：《清末商部农工商部与社会经济转型研究》，华中师范大学 2007 年版，第 27 页。
④ （清）李鸿章撰、吴汝纶编：《李文忠公全书》奏稿卷 39，善本刻本。

解到西方的先进性，感受到西方强大的原因。就拿天文历法来说，王韬通过对中西古代日食、置闰等方面的考察，将中国的《尚书》《诗经》和西方的《旧约全书》进行比较，发现"古时中外历法亦有不异者"，且"汉以前多置闰月于岁终者，其法相同"。只是到了近代，中国历法因墨守成规，不能推陈出新，才在诸多方面都不如西方历法精确："而至于今，中法每不如西法之密，何哉?盖用心不专，率皆墨守成法，未能推陈出新。"

《六合丛谈》指出中国科学技术落后、国力不强的一个重要原因就是中国人把精力耗费在无用的八股文上，八股文禁锢了人才，改革科举势在必行。"我（注：韦廉臣）观中国人之智慧，不下西土，然而制造平庸，……中人乃以有用之心思，埋没于无用之八股。"①

"变局论"逐渐多了起来，为洋务派时局观的形成提供了丰富的素材。

洋务派提出了一系列具有时代特色的变局观。他们面对中国遇到了"数千年来未有之强敌"，预感到"数千年未有之变局"即将到来。这是包括当权的中央和地方洋务官僚如奕䜣、文祥、李鸿章、曾国藩等和不当权的洋务知识分子如王韬、郑观应、薛福成等在内的所有洋务派的基本共识。薛福成于1865年上书曾国藩，认为"方今中外之势，古今之变局也。"②李鸿章也认识到变革乃大势所趋，说："办洋务，制洋兵，若不变法而徒鹜空文，绝无实济。"③又说："数千年来未有之奇局，自应建数千年未有之奇业，若事事必拘守成法，恐日积于危弱终无以知自强。"④这些洋务论者基于对时局的认识，不约而同地提出了变局论，呼唤变法自强，宣称："即使孔子而生乎今日，其断不拘泥古昔而不为变通。"⑤李鸿章更是明确提出了中国"外须和戎，内须变法"⑥的主张。这些"变局"论的提出，标志着洋务派开始真正突破盲目自大的天朝上国的观念，以世界的眼光来观察中国所处的地位，并对中国面临的险恶形势有较为清醒的认识，初步具有了国家民族已经处于危急关头的危机感。这种"时局观"或者说是中国仁人志士强烈的爱国心及社会责任感已成为推行洋务运动的理论根据。

总之，《六合丛谈》作为中期的近代报刊，更加全面的介绍西学，尤其

---

① 韦廉臣：《格物穷理论》，《六合丛谈》第1卷，第6号，1857年6月22日。
② 薛福成：《上曾侯相书》，《薛福成选集》上海人民出版社1987年版，第22页。
③ （清）李鸿章撰、吴汝纶编：《李文忠公全书》奏稿卷24，善本刻本。
④ （清）李鸿章撰、吴汝纶编：《李文忠公全书》奏稿卷39，善本刻本。
⑤ （清）王韬《韬园文录外编》。谢俊美：《醒狮丛书》中州古籍出版社1998年版，第210页。
⑥ （清）李鸿章：《李文忠公全书》朋僚函稿（卷19）上海古籍出版社1995年版，第77页。

是自然科学、物理化学等内容的介绍，开阔了国人眼界，出现了洋务派，这些人从器物层面上寻求救亡图存的道路。

第四节 《万国公报》与维新思想的发展

在教会报刊中，办报历史最长、发行最广、影响最大的是《万国公报》。《万国公报》原名《教会新报》，周刊，1868年9月5日在上海创刊，主编是美国传教士林乐知。《教会新报》出版到第300期时，于1874年9月改名为《万国公报》，1883年7月休刊。

1889年，停刊达6年之久的《万国公报》复刊，成为广学会的机关报。《万国公报》刚创刊，"人鲜顾问，往往随处分增"，后销数逐年增加，由1876年的1800份，到1898年维新运动的高潮时销售量激增到3.8万份；再到1903年发行量创新高，达54396份，成为当时中国发行量最大的报刊[1]。

《万国公报》大力推广"西学"。《万国公报》在每期的扉页上印有"本刊是为推动与泰西各国有关的地理、历史、文明、政治、宗教、科学、艺术、工业及一般进步知识的期刊"的说明。[2]它以大量篇幅介绍西学。在自然科学方面，从《教会新报》起，辟有"格致近闻"栏目，连载"格物入门"、"格物探源（韦廉臣）"等材料，介绍近代自然科学通俗知识，包括声、光、化、电、天文、地理、博物、医学等，在一定程度上起到了普及科学知识的作用。改名后更加大了西学宣传的力度，扩充了内容，发表了《电报节略》《天文图说》《天文地理》《生命大律》《铁路略述》《美国学校志》《格致进化论》《格致新法》等大量专论文章，介绍了西方近代科学技术知识和成果。在社会科学方面，大量译载介绍西方各国政治、经济、文化的文章，包括对西方经济制度及经济学理论的介绍、对西方民主制度和民主思想的介绍以及对西方教育制度和教育理论的介绍，尤其注重世界上新学说的介绍。《万国公报》还对西方"神理之学（哲学）"进行介绍，主要集中于古希腊哲学和西方近代哲学。90年代，编辑《万国公报》的传教士借鼓吹变法之机以维护本国殖民利益的同时，却在客观上推动了维新思想的产生，

---

① 方汉奇：《中国近代报刊史》山西人民出版社1981年版，第29页。
② 方汉奇：《中国近代报刊史》山西人民出版社1981年版，第24页。

对变法之事更是大有帮助。那些批判时政、鼓吹变法的文章，使国人意识到中国的政治制度存在着严重的弊端，也成为康有为等人维新思想的重要理论来源，《万国公报》销量也在那时达到了最高点。

一、《万国公报》对维新思想的宣扬

《万国公报》所刊行的年代，正是中国社会处于大变革时期。在这场变革的潮流面前，在舆论上宣传变法的必要性和紧迫性，营造一种变法的氛围是很有必要的。

《万国办报》结合当时中国的形势，警告清政府，若依照守旧，"持此不变，数年之后，强邻环集，按图索骥，瓜剖豆分，虽有善者无从措手。昔之罗马雄邦，今之非洲三土，大梦未醒，垂手听割，可为殷鉴。"①又说："况今日者诚大异于古之时矣，且大异于古之势矣。……中国若犹是因循苟且泥于古法，而不知变通，我恐其泥于古者即所以病于今也。其何以与各西国相颉顽耶？且何以制服乎各西国耶？惟是所宜变者贵乎斟酌尽善，或于文事，或于武备，有不宜于今者不妨变通其法而已。"②1894年12月，林乐知在《万国公报》上撰文，认为中日两国几乎同时开始向西方学习，但结果却大为不同，其原因是中国浅尝辄止，日本却孜孜以求，"举凡电线、铁路、邮政、开矿、通商诸大政，皆泰西之所以尽善尽美者，日本则无不行之。又踵西法而立议院，许其民公举议员，以通上下之情，日民乃益复兴起。"③沈毓桂曾在《万国公报》撰文指出："居今之世，审今之事，度今之势，不必旧章之率由，自见维新之景象。……中国若犹是因循苟且，泥于古法而不识变通，我恐其泥古者即所以病于今，其何以与各国相颉顽耶？且何以制服各西国耶？"④如果中国再不思补救之法，"譬之血管被伤，终难痊愈，一遇荒岁，饿殍以千万计，尚可缓乎？"⑤尖锐地指出中国变法维新的迫切性。

---

① 狄考文等：《拟请创设总学堂议呈译署王大臣》，《万国公报》第100册，1897年5月，第27本，16858页。

② 《万国公报》六百四十卷，光绪七年四月二十四日。转引自李天刚编校：《万国公报文选》，三联书店1998年版，第230页。

③ 林乐知：《中日两国进止互歧论》，《万国公报》第87册，1896年4月，第25本，15962页。

④ 《万国公报》第640卷，1881年5月21日，第13本，第8111页。

⑤ 《近事要务序》，《万国公报》第664卷，1881年11月12日，第13本，第8432页。

此外还有不少文章历陈变法的必要性："自唐虞迄今，历数千年。天地犹是也，而时则非也；天地无异也，而势则不同矣。盖有合于古之时者，即有不合于今之时；有利于古之势者，即有不利于今之势。则际此时势，而欲其无往不合无往不利者，固属甚难。然亦何难之有？要在去其拘泥而已，善于变通而已。"①提出了进行变法的具体办法"效西法以求变通"。"盖天之大有造于我，而迫我以不得不仿效西法西人所欲为者，我当乘时次第为之，如开诸矿、筑铁路、建电线、兴机器、铸钱币、造大炮、制铁舰、练陆兵、整水师、改营制。一切振兴悉可与西国争长，则西国复何至藐我哉？"②又说："当今之世，欲谋富国之法，要贵乎审时度势，酌古准今，则效西法以善于变通而已。"③沈毓桂也认为"今日天下大势，孰有急于西学哉！而其有意于国计，亦孰有过于西学哉！"④同时，《万国公报》有些文章还指出中国有变法图强的希望，"前车之覆，后车之鉴也，前事不忘，后事之师也，及今而中国力图变计，犹可及也。当思以堂堂绝大中国，反厄于藐焉然日本一小邦，可耻孰甚焉。耻心生悔心，萌蹠厉奋发以求日进乎上，即此一战而迫我以不得不变。毋徒为泰西环伺诸国所轻，他日者转败为胜，因祸而为福，胥于此一变基之也。"⑤

甲午战后，在内忧外患的交困下，鼓吹变法、向西方学习的文章更多、更急切。李佳白说："中国与日本同处亚洲，往时，泰西各国均不以平等之礼相待，日本深以为耻，痛改旧俗，近年颇能自拔，与欧美立约，斠若画一，无畸轻畸重之嫌，岂有他哉？讲求新法，知之明而处之当也。"⑥中日起步是相同的，但日本迅速崛起，而中国凌夷至今，究其原因，在于日本勇于革故鼎新，中国则"但守祖宗之旧训，不谙经济之新猷"，对一切改革格格不入。"临民人者，尸居余气，一窍不通"，其所谓"恪守祖宗成法"，所谓"成例不准更张，西事不可则效"。⑦为此，《万国公报》为中国开出致富

---

① 《泥古变今论》，《万国公报》第640卷，1881年5月21日，第13本，第8111页。

② 《采郭侍郎论》，《万国公报》第611卷，1880年10月23日，第13本，第7610页。

③ 金琥：《富国要策》，《万国公报》第644卷，1881年6月18日，第13本，第8178页。

④ 《论西学为当务之急》，《万国公报》第28册，1891年5月，第19本，第11980页。

⑤ 王韬：《中东战纪本末序》，《万国公报》第89册，1896年6月，第25本，第16065页。

⑥ 《中国能化旧为新乃能以新存旧论》，《万国公报》第97册，1897年2月，第26本，第16641页。

⑦ 《险语对中》，《万国公报》第84册，1896年1月，第25本，第15727–15730页

致强的药方是："日本之强,基于西学,西学之美善,得于美国之通人。"①
又说:"诚欲谋致富之策,莫如阴收利权。欲收利权,莫如做行新法。采西
邦之新学,广中土之利源,未始非致富救时之一策也。诚欲谋致强之策,莫
如广储人才。欲储人才,莫如做兴新学。譬之一身元气充足,外邪自无由而
入,未始非致强救时之一策也。"②沈毓桂更是大声疾呼:"非尽祛积习,大
兴新法,必不能使此日之中国,转危为安,化弱为强,变穷为富也。"③

具体来说,《万国公报》的变法主张涉及政治、经济、教育等方面。

政治上,针对当时政治腐败的现状,进行了抨击,指责中国的官吏只知
发号施令,假公济私,"文官不知治,武官不知战",所以中国的吏治必然
败坏,政治危机也就不可避免。为此,提出整饬吏治、裁汰冗员、清仕途、
严法纪的主张。"中国冗员太多,正员职掌又太多,而俸禄则皆太少。今宜
分正员之职掌,以予冗员,其无所事事及不关紧要者,则汰之。④"办法就是
"请朝廷于制禄之后,即日严申禁令,若有不肖官吏,贪得俸禄之外之财,
一经发觉,财产先籍没入官,身婴重刑,再罚令其几世子孙,不得为官为
吏。此律一定,苟非丧心病狂之人,断不肯甘冒不韪,以贻累世之殃矣。"
另一整饬之法就是"通上下之情"。《万国公报》注意到了⑤中国政治制度
的现实是官民不通,矛盾必然存在。认为君主专制是导致中国贫弱的原因之
一。"堂廉过高,上下不能相通"⑥,为使"民有隐衷,必期上达", 实现
"上下之情通,官民之力合",他们主张设立诸如商务局、农务局等民间
"议局",这些主张已经触及设立议院、实行君主立宪这一政治改革的核心
问题。林乐知在《中西关系略论》中说:"天生民而立之君,君民一体,上
下宜通也。倘君处深宫,民居草野,不相联络,以致国贫民弱,所中饱者惟
居官人耳。官一中饱,上下交困,如身不能使臂,臂不能使指,何以为国
乎?是君与臣与民当熟思上下相联之要法可也。"⑦因此,中国"欲通君臣官

① 转引自汤志钧:《戊戌变法史》(修订本),上海社会科学院,2003年版,第611页。
② 《万国公报》七十五册,光绪二十一年三月。转引自李天刚编校:《万国公报文选》三联书店
1998年版,第332页。
③ 《中国亟宜变通新法论》,《万国公报》第73册,1895年2月,第24本,第15003页。
④ 林乐知:《险语对》,《万国公报》第87册,1896年4月,第25本,第15955页。
⑤ 李佳白:《改政急便条议》,《万国公报》第90册,1896年7月,第25本,第16136页。
⑥ 李佳白:《探本穷源论》,《万国公报》第89册,1896年6月,第25本,第16075页。
⑦ 林乐知:《中西关系略论》,《万国公报》第356卷,第3本,第1529页。

民之气，必自设议院始"①。

经济上，提出了一系列的经济改革主张。主要内容有中外通商、开矿产、垦荒田、造机器、保商贾、鼓励发明、保护专利等。《万国公报》大力宣传中外通商不仅有益于西国，也有利于中国。以海关为例，"中国未通泰西，海关所收之税亦有成数可稽。自与西通商以来，洋货进口，土货出口，不知凡几，所完之税，何止巨万，一切紧要大款皆仰赖洋关焉。"②《万国公报》还认为，"天地自然之利，孰有大于矿务者哉。历考泰西诸国所由殷富者，得开矿之利也"。"今日中国之所由致富，所由自强者，亦岂待于外求哉，开矿其第一急务矣"。③《万国公报》认为使用机器不仅可以增加收入，"一手一足之工，仅糊其口，今用机器，则一人可作十人之事，一日能成十日之工，获利既多，家给人足"；而且可以提供更多的就业机会，"若购置灵巧机器，所制货物，自必加多，其价必廉，价廉则易于销售，如是更须添雇工匠，较前时未用机器之先，所用工匠尤多也"④。《万国公报》要求政府鼓励发明、保护专利。"如有人创一新法，试之而果利于用，官宜给以文凭，任专利薮"⑤。"即有能取西人之法，在中国创立各类机器等局，国家亦设法保护，使其生意竖立兴盛"⑥。

在教育改革上，《万国公报》提出了以下几方面的建议：

1. 改科举，增科目。

《万国公报》指出了八股取士的科举制度对知识分子的禁锢摧残，"中国开科取士，立意甚良，而惟以文章试贴为专长，其策论则空衍了事也。无殊拘士之手足而不能运动，锢士之心思而不能灵活，蔽士之耳目而无所见闻矣；"⑦并提出了尖锐批评，"举天下之人才，一限于科目之内。入是科者，虽椳杌必官之，出是科者，虽周公孔子必弃之"⑧，"病国病民，莫八股为

---

① 宋恕：《上合肥傅相书》，《万国公报》第 101 册，1897 年 6 月，第 27 本，第 16933 页。

② 许滢：《中西通商之益》，《万国公报》第 699 卷。转引自王林：《〈万国公报〉的变法主张述评》，《学术研究》2004 年第 4 期，第 110 页。

③ 沈毓桂：《兴矿利说》，《万国公报》第 8 册，1889 年 9 月，第 16 本，第 10593 页。

④ [英] 艾约瑟：《论机器之益》，《万国公报》第 67 册，1894 年 8 月，第 23 本，14574 页。

⑤ 林乐知：《险语对》，《万国公报》第 87 册，1896 年 4 月，第 25 本，15955 页。

⑥ 刘寿山：《富中国要策》，《万国公报》第 64 册，1894 年 5 月，第 23 本，第 14399 页。

⑦ 《万国公报》第 358 卷。转引自张桂兰：《〈万国公报〉对晚清科举考试的批判》，《巢湖学院学报》2005 年第 5 期，第 158 页。

⑧ 《养贤能论》，《万国公报》第 554 卷，1879 年 9 月 6 日，第 11 本，第 6631 页。

甚。以幼之所学为壮之所行，攻八股则所学非所行，所用非所学"①。因此，《万国公报》把废八股作为改科举的第一步，"为今计者，当废时文，而以实学"，"时文不废，人才不生，必去时文，尚实学，乃足以见天下之真才"，"时文不废，天下不治"。②《万国公报》又说："多设科目以取士，有如天文之学、舆地之学、历算之学、格致制造之学、水陆兵法止血、枪炮舟船驾驶测量之学、筑垒建路之学、开矿治河之学、中西交涉之学、刑名钱名之学、经史掌故之学。共设文武十二科，听人择其一科而习之，习之既精，即以所学应试"。③

2. **兴学堂**

《万国公报》大力宣扬兴学的重要性。它认为中国"欲救其弊，非自强不可。国欲强，必先富，欲国之富，必先富民，欲民之富，必先开民智。民由愚而智，斯由贫而富，国自转弱为强，立竿见影，如响应声。然民非能自智也，惟上者有以愈其愚，愈愚维何，莫先于兴学"④。至于如何兴学？《万国公报》设计了一套从小学、中学到大学的教育体制，"教育英才，必须在各省下至府州县以迄于各庄，先分立蒙学馆，使各处幼童赴学"。在此基础上，"别立三种学堂，与科甲进身者同论，以期鼓励人才而免向隅。此三学者，其一曰中学堂，可在各省各府立之，以备学成附考进学之路；其二曰大学堂，可在各省会立之，以备学成乡试之路；其三曰总学堂，立于京城之内，以备学成会试殿试之路。"并主张在京师设一总学堂，"以备学成会试殿试之路"⑤，为群学之总汇，并为通国之表率，"京师既建总学堂，外省各府厅州县不能不建蒙学堂、中学堂暨大学堂"。⑥

3. **办报馆、译西书**

李提摩太在《富晋新规》中就建议"设报馆将各学要义并各国有益新闻机艺，订为月报发刻"。在《新政策》中，他又把立报馆作为"通上下"的首选，"欲强国必须富民，欲富民必须变法。中国苟行新政，可以立致富强，而欲使中国官民，皆知新政之益，非广行日报不为功，非得通达时务

---

① 《养贤能论》，《万国公报》第 555 卷，1879 年 9 月 13 日，第 11 本，第 6647 页。
② 王韬：《原士》，《万国公报》第 25 册，1891 年 2 月，第 18 本，第 11780—11781 页。
③ 《中国亟宜变通新法论》，《万国公报》第 73 册，1895 年 2 月，第 24 本，第 15004 页。
④ 狄考文等：《拟请创设总学堂议呈译署王大臣》，《万国公报》第 100 册，1897 年 5 月，第 27 本，第 16858—16859 页。
⑤ 李佳白：《创设学校议》，《万国公报》第 84 册，1896 年 1 月，第 25 本，第 15734 页。
⑥ 狄考文等：《拟请京师创设总学堂议》，《万国公报》第 101 册，1897 年 6 月，第 27 本，第 16903 页。

之人，主持报事，以开耳目，则行之者一，泥之者百矣。"其次就是译西书，"各国新学，均有专书，应先设局筹款，延聘通人，将西学由浅而深，由约而博，由粗而精，广为翻译，俾不识西文者，亦可深通西学，则译书其要图也。"

但需要指出的是，李提摩太、林乐知等在《万国公报》中宣扬维新思想，是企图把变法运动引导到对帝国主义有利的方向中去，是帝国主义对中国肆行文化侵略的工具。他们"推动"变法的目的，与维新报刊的主旨"要求发展资本主义，要求挽救瓜分危机"是不同的。

第一，他们披着宗教的外衣，企图麻醉中国人民。李佳白曾有《上中朝政府书》谓："变通新法"，要"教民知本"，而"教民知本"的大纲是"畏天命、正人心、端学术"①，"畏天命"，就得信基督教，以便"知本"。

第二，不准中国真正的改革，而要使中国在"精神"上服从西方。他们表面上支持变法，叫"中国精求他国现行良法"，但只是"愿华人明西方之理，不愿华人仿西方之制"；认为中国不能"如泰西君民共主．致多纷更也"，仍应君主专制，"宜尊君权而建皇极"。②连君主立宪的资本主义制度都不允许在中国实行，说：自今"斐（非）洲已矣！美洲为上，亚洲为下"③。

第三，将中国任意宰割，以遂美国的扩张企图。他们说："定国保民之法"，为"不尚武功，专讲和谊，先立确实和约，彼此遵守。两国遇有不顺，必请他国公正之人调处其间。调处之议．无不服从"④。照此说来，中国不要设国防，遇到帝国主义侵略，不要抵制，听取"他国公正之人"进行"调处"，任其宰割。

第四，主张将西人安插其中，操纵变法并按他们的意图进行变革。李提摩太于1895年10月26日（九月初九日）谒见翁同龢，说是："政有四大端：曰教民，曰养民，曰安民，曰新民。教之卫以五常之德，推行于万国，养则与万国通其利，斯利大。安者弭兵，新者变法也。变法以兴铁路为第一义，

---

① 李佳白：《上中朝政府书》，《皇朝经世文三编卷二》。转引自汤志钧：《戊戌变法史论》群联出版社1955年版，第32页。

② 李佳白：《新命论》，《万国公报》第九五卷，光绪二十二年十一月。

③ 林乐知：《求新贵有达识说》，《万国公报》第一四五卷，光绪二十七年正月。

④ 林乐知：《治安新策》中之下。林乐知、蔡尔康等编：《中东战纪本末》卷八，（清末线装本）1896年出版。

练兵次之。中国须参用西员，并设西学科"。又上《新政策》。林乐知在甲午战后辑《中东战纪本末》，谓中国"宜敦聘西国贤臣，久处中国，假以岁月. 隆以宾师，请援照通于泰西已著明效大验之良法，参考向行于中国"①。

他们丑恶的本质在维新运动失败后就显露无遗。李提摩太宣称："有所渭康党者，粤人康有为实倡之，康有为虽知新法之善，而恐外人之吞噬，又忧古教之凌夷，于是有保国. 保教之说；又有一类人，亦虞中国之沦亡，亚洲之败坏，更预悲黄种之辱为奴隶，于是倡立保国、保洲、保种等会，类皆招集徒侣，厄言日出。"②他们诬蔑具有爱国意义的变法运动。

尽管西方传教士通过《万国公报》鼓吹变法维新是为了传教和外国殖民列强的利益，成为当时传教士干预和影响中国政局的政治宣传工具，但《万国公报》发出"不变法不能救中国"的警世危言，提倡向西方学习、革除中国的积弊陋习与愚昧保守等主张足以让国人石破天惊，"其以开风气、扩民智为标榜，在当时的中国也起到了广见闻，通上下的作用"。③以康有为、梁启超为代表的士大夫知识分子受其启发，掀起了维新风气，促进了改良派维新思想的产生，促进了中国的政治改革。

二、《万国公报》与维新思想的发展

纷纭复杂的国际形势，动荡不安的国内政局，都极大地刺激着以天下为己任的中国知识分子，他们抱救亡沉痛，向往维新，但自己未通西文，未履西土，要想了解国内外发生的大事，索求新知识，只有求助西方传教士及所刊所译的书报。在各种外报之中，《万国公报》起到了最为重要的作用。如日本明治维新运动发生后，在林乐知的《环球地球略述》④及韦廉臣的《日本初笔》《二笔》《三笔》⑤中都对此有许多溢美之词，并将"新政"成功的因素归纳为：法西师、重西学、助西教，以及能由上而下的彻底推行。说："近时其国（指日本）设西学院……所延请西士为之师者，皆耶稣之牧师也。"⑥这些介绍与言辞影响了康梁维新派在运动过程中曾一度倡导要以日本

---

① 转引自汤志钧：《戊戌变法史》（修订本）上海社会科学院 2003 年版，第 611 页。
② 转引自汤志钧：《戊戌变法史》（修订本）上海社会科学院 2003 年版，第 615 页。
③ 赖光临：《中国近代报人与报业》，台湾商务印书馆发行，中华民国六十九年版，第 21 页。
④ 林乐知：《环球地球略述》《万国公报》第 12 册，第 7187 页。
⑤ 韦廉臣：《日本载笔》《教会新报》第 3 册，第 1033 页。
⑥ 林乐知：《教会新报》第 4 册，第 1688 页。

明治维新为蓝本的意向。

《万国公报》刊行近40年，出版近千期，几乎每一期都有批评中国既贫又弱的现状、鼓吹变革的文章，涉及中外关系、革新政治、整顿陆海军，通商贸易、振兴商务、文化教育、社会风俗等诸多方面。特别是甲午战后，《万国公报》政治宣传的色彩更加强烈，对变法的鼓吹更加激烈（详见本节第一目），鼓吹中国"改革""变法"的文章大大增加，成为当时影响社会舆论最有力的刊物之一。对维新派较有影响的有李提摩太的《新政策》《泰西新史揽要序》《列国变通兴盛记》、《七国新学备要》，林乐知的《中西关系略论》、《文学兴国策序》，李佳自的《上中朝政府书》、《新命论》《改政急便条议》，花之安的《自西徂东》，山雅谷的《华官宜通西情说》，甘霖的《中国变新策》和福士达的《整顿中国条陈》等。在国人自办报刊出现第一次高潮之前，可以说，《万国公报》作为一种公开的大众传播媒体，长期承担了对变法必要性、紧迫性及变法内容的宣传任务，对维新思潮的形成具有推动之功，为维新运动的兴起起到了舆论先导作用。

康有为、梁启超、谭嗣同、唐才常等维新变法的领导者，无一不受其有关变法言论的影响。康有为在自编年谱中说，早在1883年就"购《万国公报》，大攻西学书，声、光、化、电、重学及各国史志，诸人游记皆涉焉。……是时绝意试事，专请问学，新知深思，妙悟精理，俯读仰思，日新大进"①。1895年，康有为在广州长兴里讲学时，"好浏览西学译本，凡上海广学会出版之书报，莫不尽量购置。"②并且康有为于1895年接连上清帝第二书、第三书、第四书的奏折中，力求变法的理论和富国养民教民之法，由内容到术语，都好似李提摩太所谓列国治民诸法的重述，明显地受到过《万国公报》的影响。例如康、梁于1895年4月8日"上清帝第三书"，主张"及时变法，富国养民，教士治兵，求人材而慎左右，通下情而图自强。"具体办法：一是富国：包括钞法、铁路、机器、轮舟、开矿、铸银、邮政等，二是养民：包括务农、勤工、惠商、恤穷等，三是教士：包括学校、选举、书藏、报馆、游学等，四是治兵：汰冗兵而合营勇、起民兵而合团练、练旗兵而振满蒙、募新制以精器械，广学堂而练将才、厚海军以威海外。"③从以上内容可以看出，康、梁的不外借西法以整顿中国内政的思想与《万国公

---

① 中国近代史资料丛刊：《戊戌变法》（四）神州国光社1953年版，第116页。
② 中国近代史资料丛刊：《戊戌变法》（四）神州国光社1953年版，第240页。
③ 张玉法：《清季立宪团体》中央研究院近代史研究所专刊（28），民国六十年，第173—174页。

报》中的许多文章如李提摩太的《养民四要》、《列国变通兴盛记》、艾约瑟的《富国养民策》等多相类似。正如李提摩太所说："我惊奇地发现，他把我以前所做的各项建议，几乎全都缩写在这篇文章里，我们的见解如此相同"。①

连光绪皇帝也阅读《万国公报》。他决心革故鼎新，实行变法，也受过广学会译著的影响。在康有为进呈给他的书籍中就有《泰西新史揽要》、《列国变通兴盛记》和林乐知的《列国岁计政要》等书。梁启超说，对于康有为进呈的西书，光绪置于御案，"日加披览，于万国之故更明，变法之志更决"。②据统计，在光绪皇帝参阅的西书中，仅从广学会订购的书籍就有89种，在变法期间，该报还为他特别推出《帝王初学》，向光绪皇帝灌输西学和维新思想。这些对百日维新的各种措施都带来了直接影响，提供了可用的具体模式。帝党翁同龢、孙家鼎、文廷式等也不同程度受到广学会刊物和书籍的影响③。

《时务报》的主笔梁启超、经理汪康年以及主要撰稿人，关于西学西政的知识，起初都来自《万国公报》和江南制造局、广学会的西人译著，因而刊物创办初期的言论，从内容到风格，都时时流露剥取《万国公报》的痕迹，也不奇怪。《时务报》初期的言论取向，与《万国公报》如出一辙，也恰好反证在晚清的自改革思潮中，《万国公报》曾经起过的先导作用。④

光绪二十年（1894），梁启超赴京师后，于翌年结交李提摩太，并出任李的华文秘书，无疑与李来往密切，耳濡目染李提摩太的维新变法主张，有机会大量阅读广学会书籍及报刊《万国公报》，还写了很多评论。据说梁启超在《时务报》初期发表一系列的宣传变法的言论不少是"剽窃"《万国公报》文章，由于没有注明转载，也曾引起林乐知及《万国公报》同人颇多不满。同时他在《西学书目表》中，选录广学会书籍二十二种，认为最佳者为李提摩太的《泰西新史揽要》及林乐知的《万国公报》。⑤且对《万国公报》进行了重点介绍："癸未甲申间，西人教会创《万国公报》，后因事中止，

---

① 中国近代史资料丛刊：《戊戌变法》（四）神州国光社 1953 年版，第 219 页。

② 中国近代史资料丛刊：《戊戌变法》（一）神州国光社 1953 年版，第 313 页。

③ 周辉湘：《论＜万国公报＞对维新变法的舆论影响》，《安徽史学》2005 年第 3 期，第 23 页。

④ 李天纲编校：《万国公报文选》（导言）三联书店 1998 年版，第 25 页。

⑤ 梁元生：《林乐知在华事业与＜万国公报＞》香港中文大学出版社 1978 年版，第 141 页。

至乙丑后复开至今，亦每月一本，中译西报颇多，欲觇时事者必读焉。"①
他又说："通论中国时局之书，最先者林乐知之东方时局论、中西关系略
说。"②他在《读西学书法》一文中，对西方传教士的著作充满赞誉："欲
知各国近今情况，则制造局所译《西国近事汇编》最可读；癸未、甲申间，
西人教会始创《万国公报》；通论中国时局之书，最先者林乐知之《东方时
局略论》《中西关系略论》。近李提摩太之《时事新论》《西铎》《新政
策》；西史之属，其专史有《大英国志》《俄史辑译》《米利坚志》《联邦
志略》等。通史有《万国史记》《万国通鉴》等。《泰西新史揽要》，述百
年以来欧美各国变法自强之迹，西史中最佳之书"。③

谭嗣同在《上欧阳中鹄书》中，谈及开算学馆时，主张馆中要公置《万
国公报》等各种报纸，在谈到如何推行维新变法时说："尤要者，除购读译
出诸西书外，宜广阅各种新闻纸，如《申报》《沪报》《汉报》《万国公
报》之属。"④在《浏阳兴算记》一文中，他又说："初年宜宽筹数千钱，为
买《申报》《汉报》《万国公报》诸新闻纸之用。"⑤唐才常在《湘学报》上
发表的文章，经常参考《万国公报》提供的材料。如《各国政教公理总论》
一文说："若法于安南西贡，政繁赋重，民不堪命；意于阿皮西尼亚，剖其
国，役其民，卒为所败，大损国权（事详丙申《万国公报》），足为恃权不
恃理者戒。"⑥黄遵宪则"取《万国公报》及制造局所出之书尽读之"⑦把眼
光逐渐转向了世界。

由此可见，《万国公报》在中国初期西化过程中，显然担任了一重要媒
介角色。康有为评价说："报开两月，舆论渐明，初则骇之，继亦渐知新法
之益。吾复挟书游说，日出与士大夫讲辨，并告以开会之故，明者日众"⑧。
1905年9月《万国公报》复刊后出满二百册，林乐知的华人助手范伟说，刊物

---

① 梁启超：《读西学书法》。中国近代史资料丛刊：《戊戌变法》（一），神州国光社，1953年版，
第456页。

② 中国近代史资料丛刊：《戊戌变法》（四）神州国光社1953年版，第455页。

③ 中国近代史资料丛刊：《戊戌变法》（一）神州国光社1953年版，第455页。

④ 谭嗣同：《上欧阳中鹄书》，《谭嗣同全集》（增订本）上册，中华书局，1981年版，第166页。

⑤ 谭嗣同：《浏阳兴算记》，《谭嗣同全集》（增订本）上册，中华书局，1981年版，第176页。

⑥ 湖南省哲学社会科学研究所编：《唐才常集》，中华书局，1980年版，第12页。

⑦ 钱仲联：《黄公度先生年谱》，《人境庐诗草笺注（附录二）》，上海古籍出版社1981年版，
第1174页。

⑧ 《康南海自编年谱》（光绪二十一年），《戊戌变法》（第四册），神州国光社，1953年版，第
133页。

的历程就是中国学界开风气的历程；学人由易入难，从知西艺到知西政，进而知西教，都同公报及广学会译书有密切关系。①连光绪皇帝也购阅《万国公报》，该报还为其特别推出《帝王初学》，向光绪皇帝灌输西学和维新思想。到1898年，《万国公报》的发行量高达3.8万多份②，大大高于同时期维新派所办报刊中发行量最大的《时务报》的发行量，这足见其对当时中国社会的影响力③。再以它们各自改革主张的相似性为例，作进一步说明：

维新派的教育改革主张明显受到了《万国公报》的影响。康有为在《请开学校折》中明确指出："近者日本胜我，亦非其将相兵士能胜我也。其国遍设各学，才艺足用，实能胜我。"并请皇帝下诏，"遍令省府县乡兴学，乡立小学，令民七岁以上皆入学，县立中学，其省府能立专科高等学、大学，各量其力。皆立图书仪器馆。京师议立大学堂数年矣，宜督促早成立"④。梁启超也认为"变法之本，在育人才，人才之兴，在开学校，学校之立，在变科举"⑤。梁设计的变科举的方案有上中下三策，其上策是："远法三代，近采泰西，合科举于学校。自京师以迄州县，以次立大学、小学，聚天下之才，教而后用之。入小学者比诸生，入大学者比举人，大学学成比进士。"⑥这同《万国公报》所宣传的在京师各省府州县分设总学堂、大学堂、中学堂、蒙学馆，各级学校的学生"与科甲进身者同论"，基本一致。梁改科举的中策是："多设诸科，与今日帖括一科并行。"这同《万国公报》宣传的"不必尽废旧制也，留备一格可矣。今但当多设科目以取士"⑦又如出一辙。由此可见，维新派对教育重要性的认识，以及它们所提出的教育改革建议，都明显地受到过《万国公报》的影响。另外，京师大学堂的设立也与《万国公报》的倡导有关。1896年1月，《万国公报》刊登了李佳白的《创设学校议》一文，李在此文中建议清政府除在各地设蒙学馆、中学堂、大学堂外，"复与京师之内，设一总学堂，延纳各等优长学问之人，并处其

① 李天纲编校：《万国公报文选》（导言），三联书店，1998年版，第18—19页。

② 方汉奇主编：《中国新闻事业通史》（第一卷），中国人民大学出版社，1992年版，第353页。

③ 刘晓多：《近代来华传教士创办报刊的活动及其影响》，《山东大学学报》（哲社版），1999年第2期，第32页。

④ 汤志钧编：《康有为政论集》（上册），中华书局，1981年版，第306—307页。

⑤ 梁启超：《变法通议》，《饮冰室合集·文集之一》，中华书局，1936年版，第10页。

⑥ 梁启超：《变法通议》，《饮冰室合集·文集之一》，中华书局，1936年版，第28页。

⑦ 《中国亟宜变通新法论》，《万国公报》，第73册，1895年2月，第24本，第15004页。

中"。①1897年5月和6月，《万国公报》连载了狄考文、李佳白、林乐知、花之安等联名呈译署王大臣的《拟请京师创设总学堂议》。同年8月，《万国公报》又刊登了李佳白的《拟请京师创设总学堂议》。李就如何创设总学堂提出八点具体建议，并认为："若总学堂既设，由中及外，由远及近，人才辈出，国势日强，西国将尊之敬之爱之畏之不暇，安有轻视哉！"②此后，《万国公报》先后刊登过《总理衙门会同筹议京师大学堂章程》（116册，117册）、孙家鼐的《奏陈筹办大学堂大概情形折》（119册），《京师大学堂条规》（120册）、《京师大学堂禁药》（121册），这些都反映出《万国公报》对清政府设立京师大学堂是积极倡导、大力支持的。

维新派的经济改革主张也明显受到了《万国公报》的影响。康有为在《公车上书》中所提出的富国之法有六，即钞法、铁路、机器轮舟、开矿、铸银、邮政；养民之法有四，即务农、劝工、惠商、恤穷。而这些内容与《万国公报》一再宣传的富国养民新法相吻合。李提摩太早于1892年1月在《万国公报》第36册上刊登《救世教益》。文中列举了西国养民新法二十一条，其中包括通商、开矿、修铁路、造机器、设信局报馆、行钞法等内容。李认为西国商务发达，除国家帮助商贾外，还有以下诸法：一、商贾立会；二、商贾学塾；三、设五洲各货比较厂。这又与康有为在《公车上书》中提出的惠商之法："令各直省设立商会、商学、比较厂"基本一致。正如李提摩太所说"我惊奇地发现，他把我以前所做的各项建议，几乎全都缩写在这篇文章里，我们的见解如此相同。"③

总之，《万国公报》刊载了大量西学和时事，使它成为当时中国知识分子了解西学和国内外大事的主要媒体，曾为维新派人士提供了新思维的素材，也为变法打下了一定的思想基础，无疑这一切都加速和促成了维新运动的开展。这种推动作用也是显而易见的。著名历史学家范文澜评价说："一八八九年，广学会发行《万国公报》，林乐知主笔，多载时事论文及中外重大政治法令，变法成为一种运动，《万国公报》是有力的推动者。"④研究近代上海城市史的学者也对《万国公报》的影响给予很高的评价："近代早期改良派及各种鼓吹变法的知识分子，几乎人人都受过《万国公报》

---

① 李佳白：《创设学校议》，《万国公报》，第84册，1896年1月，第25本，15735页。
② 《万国公报》，第103册，1897年8月，第27本，第17049页。
③ 中国近代史料丛刊：《戊戌变法》（四），神州国光社，1953年版，第219页。
④ 范文澜编：《中国近代史》，人民出版社，1955年版，第296页。

的影响。包括王韬、郑观应、康有为、梁启超、谭嗣同、宋恕……可以毫不夸张地说，1895年以前，对中国维新思想影响最大的报刊，首推《万国公报》。"①

小结：近代传媒既是中西文化相互碰撞的产物，也是中西文化传播的中介。这也是教会报刊在"西学东渐"中所充当历史"不自觉的工具"②的一个集中体现，原本那些零碎、浅显的西学知识，却起到了启蒙中国知识分子思想的作用。可见，外报无论他们有怎样的企图，采用了什么样的方式，在客观上还是推动了中国社会的进步。

1.随着外报在中国的发展，介绍宗教的内容慢慢减少，取而代之的是越来越多的天文、地理、医疗、工业、农业、科技以及西方国家的社会制度和民主思想等方面的内容，正是这些外报的宣传，启蒙了中国的思想界，使得"中国思想变动之剧烈，别派之复杂，较之春秋战国只有增加，而无逊色"③，适应了近代中国向西方学习的潮流，从而充当了促进中国社会变革的"不自觉的工具"④。对于处在变革时期的晚清社会，任何一点新鲜的思想气息都有可以引起士人思想的震动。近代许多著名思想家如王韬、康有为、梁启超等人先进思想的启蒙都与传教士报刊的西学介绍有关。中国资产阶级的先进代表改良派和其后的革命派都把西学视为谋求民族振兴和祖国富强的精神武器，利用自己的报刊进行了更加广泛和深入的西学宣传，开拓了国人的视野，新兴中国资产阶级知识分子的参政意识、民主意识逐步增强。在外报影响下产生的资产阶级舆论，对封建专制制度形成了猛烈的冲击，加速了具有资产阶级性质的社会变革的进程。

2.外报以其自身的实践和所刊言论，将西方近代报刊的观念传入中国，使中国人认识了报刊的功能，产生了自办报刊的强烈愿望。中国古代报纸，无论是官报还是民报，都是以官文书为主，编报人自己没有发表意见的权力和机会。外报的创办，使中国人对报纸的看法有了一个观念的更新。这批由办报人自己编辑稿件、表达自己思想和意志的外报，以其崭新的姿态出现在中国人的面前。特别是外报上刊登的论述近代报纸的性质、作用的文章，如

---

① 张仲礼编：《近代上海城市研究》，上海人民出版社，1990年版，第929页。
② 《小列颠在印度的统治》，《马克思恩格斯全集》（第二卷），人民出版社1972年版，第68页。
③ 郭湛波：《近五十年中国思想史》，山东人民出版社1997年版，第8页。
④ 《不列颠在印度的统治》，《马克思恩格斯全集》（第2卷）人民出版社1958年版，第68页。

《申报》1873年8月17日刊载的《论各国新报之设》，更为详细论述了近代报刊的作用："各国新报之设，凡朝廷之立一政也，此处之新闻纸，或言其无益；彼处之新闻纸或言其有损，朝廷即行更改。必待各处新闻纸言其尽善尽美而后为。""朝廷立政，小民纵欲有言，未免君民分隔，诸多不便。一登于新闻纸内，则下情立即上达。至于闾阎行制器，或远隔重洋，或另在他图，信函相商，多劳往返，一登新闻纸内，则千里如同面谈。"更是大开了中国人的眼界，启迪了中国人的办报思想。早期改良主义思想家郑观应、王韬就是在接受了这些观点后，以外报为师，投身报刊活动。康有为、梁启超等维新人士也是在《万国公报》的影响下，在甲午战后至戊戌年间创办了39种维新报刊^①，掀起了中国近代第一次国人自办报刊高潮。

3.将铅字、印刷机等近代印刷设备和印刷技术传入中国，为国人自办近代报刊提供了物质条件。

19世纪初，西方近代印刷术与印刷油墨同时传入中国。1807年，英国传教士马礼逊到达中国，随即展开了广泛的翻译、出版活动。1815年，传教士米怜奉马礼逊之命带领中国刻工梁发在马六甲建立了印刷所，这个印刷所早期使用雕版印刷，他创办的《察世俗每月统记传》就是采用雕版印刷。1819年马礼逊、米怜在马六甲设立的中文印刷所铸出了一副中文铅字。1826年马礼逊借回国探亲的机会，购买了一批印刷机械，用以印刷《察世俗每月统记传》和宗教书籍。1828年《天下新闻》创刊于马六甲，它不是采用书本形式，而是用铅活字印在散张的纸上，像今天的报纸，所以它是第一份用活字排版、报纸形式的中文报刊。1831年由马礼逊提议，美国公理会提供印刷机和英文活字，在广州成立印书馆，印刷英文版的《中国丛报》。后来，中国境内出版的传教士中文报刊也采用活字排版，例如《遐迩贯珍》，是中国境内第一家使用铅活字的中文报刊。与铅活字同时传入中国的还有石印技术。1833年广州出版了石印中文月刊《东西洋考每月统纪传》，1834年美国传教士利用在中国找到的一套汉字木刻活字，在波士顿复制成一整套汉字铅活字运来中国，1838年法国在华传教士也如法制作了一套。该年创刊于广州的《各国消息》，是我国最早使用石印技术的中文报刊。之后，铅印和石印这两种技术同时并存于传教士中文报刊之中，此时，印刷业实现了工业化生产。麦都士的墨海书馆是中国近代第一家有铅印设备的出版机构，其印刷设备引进英国制造的新式印刷机和金属活字，有大小英文活字七种、汉

---

① 吴雁南等：《中国近代社会思潮（1840–1949）》（第1卷）湖南教育出版社1998年版，第230页。

文活字两种，及制泥版、铸铅版机器，印刷机为铁制，用牛力拖动的机器印刷设备，大大提高了印刷速度。当时一位中国人写了一首诗用以描述此番情景："车翻墨海转轮圜，百种奇编宇内传。忙煞老牛浑未解，不耕禾陇耕书田。"[1]19世纪80年代以后，印刷设备不再以牛力作为动力，而改为蒸汽机，进一步推动了印刷业的机械化生产。到1906年，由英国人发明的电气马达作动力的单滚筒机进入中国，新闻纸可两面印刷。1912年申报馆购置双轮转机，每小时可印2 000张。1916年，申报馆购置法式滚筒纸印刷机，每小时可印8 000张。1925年上海时报馆购置德国的彩色滚筒印刷机，是当时先进的凸版印刷机械。在中日甲午战争到辛亥革命期间，印刷机械制造业开始作为民族工业出现，如1895年上海李涌昌机器厂创建，至1912年先后又有6家规模大体相似的印刷机械厂建立。这些印刷机械厂以维修为主，兼生产一些小型印刷设备。印刷术及设备的引进，推动了中国近代报业的发展。

---

① 「英」马礼逊夫人编，顾长声译：《马礼逊回忆录》，广西师范大学出版社2004年版，第132页。

第三章 报刊舆论与洋务运动

"自西洋报纸输入中国，开人智慧，映入眼帘，知新人士，渐次仿行。"①外报不仅开启了中国近代报业的先河，而且将"新闻纸"这种大众传媒形态引进中国，改变了中国古代雏形状态报纸保守、陈旧的老面孔，对近代中国人办报产生了极大的影响、示范和刺激作用，促进了中国近代报刊事业的产生。从19世纪60年代起，中国知识分了和部分商人开始创办近代中文报刊，打破了以西人办报为主的旧格局。

第一节 第一批国人自办报刊的兴起

第二次鸦片战争前后，在封建古老的中国大地上出现了一批最早的国人自办的近代化报纸，成为中国资产阶级报刊的最初萌芽。

一、对报刊功能的初步认知

中国经过二次鸦片战争的惨败，"天朝上国"敌不过"远洋夷狄"，极大地刺激了中国人民，促进了中华民族的觉醒，一股对内改革弊政、自强求富的社会思潮迫切需要大众传媒的启蒙宣传和政治浸润。况且，利用报刊传播新思想新文化的观点，也是当时国人办报的一大初衷。以王韬、郑观应等为代表的一批早期改良主义知识分子在同外国传教士打交道的过程中，就认

---

① 伍廷芳：《中国华民国图治刍议》，《伍廷芳集》下，中华书局1993年版，第607—608页。

识到知识陈旧、思想闭塞是中国富强的大敌和实行改革的主要障碍，认识到报刊言论对于传播新知、开启民智、引导社会舆论、参与国家政治生活等方面具有十分显著的地位和作用。诸如："士君子读书立品，尤贵通达时务，卓为有用之才，自有日报，足不逾户庭而周知天下之事。"①、"若日报一行，则民之识见必扩，民之志量必高，以此愈进愈深，愈求愈上，吾知其正无止境也，一旦假我斧柯，不致毫无把握。②""国家有大事，皆视其所言以为准则。"③"以言论政，这在报刊出现以后成为了可能"。④此等言论一时成为国人办报的欲望表达。

王韬是我国近代较早地具有办报思想的人，1867年王韬因避祸远游英伦。在英国，他对近代报纸的社会舆论传播功能有了更为直观的认识。他认为："日报之行于泰西诸国，岂泛然而已哉。所载上关政事之得失，足以验国运之兴衰；下述人心之事，亦足以察风俗之厚薄。凡山川之形胜，物产之简繁，地土之腴瘠，邦国之富强，莫不一览而了然，其所以见重于朝野，良有以哉。"⑤因此，学习西方不仅要学西方的坚船利炮、典章制度，还要善于像西方那样为富强活动开拓出一个信息灵通、舆论活泼的社会文化环境。并进一步指出："西国事迹之详，莫详于邮报"，如能"荟萃众籍，挹注群言，参之以访咨，益之以阅历，然后斯成大观矣"。⑥正是有了这样的认识，才促使他产生创办近代报刊的想法。后来在《日报有稗于时政论》《论日报渐行于中土》《论各省会城宜设新报馆》《论中国自设西文日报之利》等专文论述其办报思想，可称得上是中国办报思想的最早专论，对于报纸传播信息、进行上下沟通、内外交流等方面的功能，已经有了清晰的认识。王韬在《日报有稗于时政论》一文中说："报中所等之事无非独抒管见以备当事者采择而已。……采录海外事，凡土地之广狭、风俗之强弱、技艺之良苦、言之景详，必随事随时译而录之者，盖即孙子所谓知己知彼之意也"⑦。接着，他在《论各省会城宜设新报馆》中详细论述了报刊"通上下""教化"

① 郑观应：《日报》，张之华主编：《中国新闻事业史文选》，中国人民大学出版社1999年版，第10页。
② 郑观应：《日报下》，《盛世危言》辽宁人民出版社，1994年版，第80页。
③ 王韬：《弢园文录外编》，辽宁人民出版社，1994年版，第206页。
④ 王创业：《中美新闻客观性的进与退——一种基于历史维度的思考》，《浙江传媒学院学报》2011年第6期，第27页。
⑤ 王韬：《重订法国志略》（第21卷）淞隐庐刊本，1890年（光绪十六年），第29页。
⑥ 王韬：《弢园尺牍·代上丁中丞书》淞隐庐刊本，1893年（光绪十九年），第103页。
⑦ 王韬：《日报有稗于时政论》《循环日报》1874年2月6日。

的功能。他说："今若各省会城皆仿而行之，延博古通今之士以操其简，则所易者三：一曰知地方机时宜也。雨阳之不时，盗贼之多寡，政事之利弊，民不尽报之州县，州县不尽报之上司。有新报则无不知之矣。二曰知讼狱之曲直也。禀辞出于状帅，批语出于僚幕，成狱之词由于胥吏之填砌，则曲直易淆矣。若大案所关，命采访新报之人得入衙观审，尽录两造供词及榜掠之状，则虽不参论断，而州县不敢模糊矣。三曰辅教化之不及也。乡里小民不知法律，子垢其父，妇谇其姑，甚或骨肉乖离，友朋相诈，诪张为幻，寡廉鲜耻。而新报得据所闻，传语遐迩，俾其知所愧悔，似亦胜于间胥之觥挞矣。"①他还在《倡设日报小引》和《本局日报通启》②两文中，比较全面阐述了办报思想，强调了报纸的"通上下"和"博采舆评"的作用，认为"国之大患莫若民情壅于上"。王韬提出还要广设报馆以扩大影响："今之所设者不过上海、香港耳，而内地各省均未设之，故其所闻之事犹有不尽不实，以贻局外之机。"③

　　总之，他认为报纸一者可以立言，宣传政治主张。他说："英国之泰晤士，人仰之见如泰山北斗。国家有大事，皆视其所言以为准则，盖主笔之所持衡，人心之所趋向也"，办报的目的是为了"立言"。"日报立言，义切尊王，纪事载笔，情殷敌忾，强中以攘外，诹远以师长，区区素心，如是而已。"④希望通过办报既唤起民众抵御外国的侵略，又能向西方学习，进行维新变法。二者可以冲破封建专制禁锢，开放言禁。他在《论各省会城宜设新报馆》反复陈言要仿效西方办报方法，允许各省创办新报，指出办报要"指陈时事，无所忌讳，以期将自由言论公诸于众"，⑤强调言论自由。三者认为报纸可以"通上下"和"博采舆论"，认为"国之大患，莫若民情壅于上。"⑥指出要仿效西方在各省会城市设立报馆，使"民隐得以上达，君惠得以下逮"，同时"达内事于外，通外情于内。"⑦他指责统治者对官场吏治腐

---

① 王韬：《论各省会城宜设新报馆》，《申报》1878 年 2 月 19 日。

② 《倡设日报小引》和《本局日报通启》《循环日报》1874 年 2 月 12 日。

③ 王韬：《论各省会城设新报馆》，张之华主编：《中国新闻事业史文选》，中国人民大学出版社 1999 年版，第 14 页。

④ 王韬：《韬园尺牍·上潘伟如中丞》中华书局，1959 年版，第 206 页。

⑤ 王韬：《论各省会城宜设新报馆》，《循环日报》，1878 年（光绪四年）2 月 19 日。

⑥ 王韬：《论各省会城宜设新报馆》，《循环日报》，1874 年 2 月 12 日。

⑦ 转引自赖光临：《梁启超与近代报业》台湾商务印书馆发行，中华民国五十七年版，第 17 页。

败的情景"不得而知", "不得与闻"的原因，就是朝廷"上下不通"，[①]而具体解决的办法，即在各省城创设新报馆。他认为只要把报馆建立起来，不但能一扫官场积弊，使统治者收到"知地方机宜、知狱讼之曲直、辅教化之不及"[②]的好处，而且还可以更好地为统治者宣扬君王德政，传布朝廷恩泽，使上惠及时下达。消除朝廷与庶民的隔阂，最后达到"合一国之人心以共为治"。[③]最后，王韬认为要想了解洋务，为了尽快学习西方之长，非办报不可，以发挥"通外情于内"的作用。王韬感受时势启发，首倡风气，借报章权衡国是，而谋变通，每日于报上首刊论说一篇，讽清廷以改革。此举对后期维新人士当有启发性与影响力，成为维新政论报刊的雏形。

面对中国遇到"数千年未有之变局"，郑观应认为创办报纸是中国变法自强的重要手段。他说："今如变法自强，宜令国中各省、各府、各州、各县设报馆"，"且医学、化学、天学、电学、艺学、矿学，以及治兵课士，军装战舰，皆必另设一报"。[④]他又认为"夫报馆之设其益甚多"[⑤]：报道灾民流连困苦的情形"有功于救荒"；评述作奸犯科者明正典刑"有功于除暴"；通达时务，使士君子足不逾户而周知天下之事"有功于学业"。具体来说，一者可以通民隐、达民情、彰清议，广见闻、资考证，劝善惩恶，兴利除弊。要使"民隐悉通，民情悉达……则莫如广设日报"，[⑥]只有"广设日报"，才能使民情"通之达之"，[⑦]"如是，则国势之隆无不蒸蒸日上……将见直道复行于天下矣。"[⑧]认为西方报纸"凡献替之谟，兴革之事，其君相举动之是非，议员辩论之高下，内外工商之兴旺，悉听报馆照录登报。"[⑨]"故西国日报之设，上则裨于军国，下则益于编氓"。[⑩]二是办报可以传播知识，开启民智，"通达时务"。[⑪]此外，他还建议由国人在沿海各省办报，"概用

---

① 转引自赖光临：《梁启超与近代报业》台湾商务印书馆发行，中华民国五十七年版，第18—20页。

② 王韬：《论各省会城宜设新报馆》，《循环日报》，1878年（光绪四年）2月19日。

③ 转引自赖光临：《梁启超与近代报业》台湾商务印书馆发行，中华民国五十七年版，第22页。

④ 夏东元编：《郑观应集·日报上》（上册），上海人民出版社，1982年版，第350页。

⑤ 郑观应：《盛世危言》，辽宁人民出版社，1994年版，第77页。

⑥ 转引自李龙牧：《中国新闻事业史稿》，上海人民出版社，1985年版，第19页。

⑦ 郑观应：《盛世危言》，辽宁人民出版社，1994年版，第75页。

⑧ 夏东元编：《郑观应集》《日报下》（上册），人民出版社，1982年版，第350页。

⑨ 夏东元编：《郑观应集》（上册），人民出版社1982年版，第347页。

⑩ 郑观应：《盛世危言》，辽宁人民出版社，1994年版，第78页。

⑪ 郑观应：《盛世危言》，辽宁人民出版社，1994年版，第106—107页。

华人秉笔，而西人报馆只准用西字。"以"限制外国人办报"。①

郑观应还罗列出了报刊所具有各种各样的职能和作用："报馆之设，其益甚多。约而举之，有厥数事"，如"有功于救荒""有功于学业""其余有益于国计、民情、边防、商务者，更仆数之未易终也"。②报刊的作用又是引人瞩目的："盖日报通民隐达民情，且增智慧明义理以申公论，俾蒙蔽欺饰之习一洗而空，西人尝谙日报议论正、得失著而褒贬严。论证者之有所讥刺，与柄政者之有所申辩，是非众著隐暗胥彰，一切不法之徒不敢肆行无忌，势若三千毛瑟。"③不仅如此，他还提出要对报馆加以保护。认为，"日本无郡不有日报馆，惟禁报馆妄言，以肃观听，英、美、比三国无禁报馆言事之条"，而"中国现无报律，而报馆主笔良莠不一"④，因此，他呼吁政府应用法律的形式保护报馆事业的正常运行。"各省当道亦宜妥订章程，设法保护""不准各官与报馆为难""不准地方官恃势恫喝，闭塞言路，偶摘细故，无端封禁"⑤。

何启、胡礼垣极言报刊之于国计民生的种种益处："日报之设，上则裨于军国，下则益于编氓，如一乡一邑，凡议政局员条议各节，极之会议时诸员之形容举动，皆列于报内，评其得失，而民隐无不通也。一案一讼，凡两造状师所辩事情，以及判断时陪员之可否如何，皆登诸报中，记其精详，而民心而不惬也………凡有益于民生日用性命身心者，闻者无不录，录则无不详；虽极之高人之单词只字，愚妄之一行一藏，足以寓劝惩。使兴感者无不罗而布之，发而明之，阅者快焉足焉。"⑥创办日报可以通民隐、惬民心，"有益于民生日用性命身心"、"足以寓劝惩"，使"阅者快焉足焉"。同时报刊又是扩大国人识见的重要手段："征信质疑，莫善于此"⑦，明确提出了"宏日报以广言路"的新政主张："何以言宏日报以广言路也？人之才识得诸见闻，若闭其见闻，则与塞其灵明无以异，盖见闻不广，则思虑不长；思虑不长，则谋猷必隘………而思虑俱从见闻而生，见闻多由日报而出。夫古典虽多，不合当今之务，旧闻难罄，难为用世之资，则欲长人之见闻，以

---

① 郑观应：《盛世危言》，辽宁人民出版社，1994年版，第106页。
② 夏东元编：《郑观应集·日报上》（上册），上海人民出版社，1982年版，第345—347页。
③ 郑观应：《译英国报律序》《郑观应集》（上册）上海人民出版社1982年版，第406页。
④ 郑观应：《日报上》，《盛世危言》辽宁人民出版社，1994年版，第76页。
⑤ 郑观应：《日报下》，《盛世危言》辽宁人民出版社，1994年版，第80页。
⑥ 何启、胡礼垣：《新政论议》辽宁人民出版社1994年版，第145—146页。
⑦ 何启、胡礼垣：《新政论议》辽宁人民出版社1994年版，第146—147页。

生人之思虑，而使事则善益加善，物则精益求精，莫如宏开日报也。[①]"

　　因此，中国的一批知识分子逐渐意识到报刊对于社会舆论的独特作用，开始设想自办报刊以宣传"泰西各国政事有何更改，兵制有何变迁，商务制造有何新法，足以有益于人者，精心考核，列之报章[②]"尝试以报刊作为改革社会的武器"知识分子无法运用国家权力实现改造国家衰败的命运，认识到报纸宣传舆论、教化民生的作用[③]"，希望通过报刊传播西方的声、光、化、电等自然科学知识和一些社会政治制度、法律制度等社会科学知识，以"新"的视野学习西方，发展民族资本主义，实现富民强国的愿望。正如郑观应在《自强论》中所说："今如变法自强，宜令国中各省、各府、各州、、各县设报馆"[④]，"宜医学、化学、天学、电学、艺学、矿学，以及治兵课士，军装战舰皆必另设一报。[⑤]"，将"定商律、报律、开报馆"作为变法自强的纲领之一。遂开始办报办刊，以拯救中国危局的新思想。

二、外报垄断社会舆论的切肤之痛

　　洋务派知识分子敏锐地看到遍布中国通商各口岸的外报"言论乃肆无忌惮。挑衅饰非，淆乱听闻，无恶不作矣。"[⑥] "偶有中外交涉事，则有先人之言以为之主，而中国自难与之争矣。"[⑦]即使有些报纸"主笔之士虽系华人"，但"其开设新闻馆者仍系西土，其措辞命意未免径庭"。[⑧]"每遇中外交涉，间有诋毁当轴，蛊惑民心者。"[⑨]王韬鉴于受外人欺凌之苦痛，王韬力劝喻清朝当局自设西文日报，发挥报纸"达内事于外"的作用，认为"今宜于沿海各省，次第仿行，概用华人秉笔，而西人报馆止准用西字报章。"[⑩]强

---

① 何启、胡礼垣：《新政论议》辽宁人民出版社 1994 年版，第 145 页。

② 郑观应：《郑观应集》（上册），人民出版社，1982 年版，第 347 页。

③ 谭泽明：《试论中国新闻史研究方法的创新路径》《浙江传媒学院学报》2011 年第 6 期，第 21 页。

④ 郑观应：《日报》《郑观应集》（上册）上海人民出版社 1988 年版，第 80 页。

⑤ 夏东元：《郑观应集》（上册）上海人民出版社，1982 年版，第 350 页。

⑥ 戈公振：《中国报学史》三联书店 1955 年版，第 110 页。

⑦ 王韬：《代上丁中丞书》，《弢园尺牍》中华书局，1959 年版，第 46 页。

⑧ 王韬：《倡设日报小引》，《循环日报》1874—02—12.

⑨ 郑观应：《日报》。转引自中国人民大学新闻系编：《中国近代报刊史参考资料》（上册），1982 年校内出版，第 229 页。

⑩ 夏东元编：《郑观应集·日报上》（上册），上海人民出版社，1982 年版，第 347 页。

调"是报之行专为裨益我华人而设"①。郑观应认为，要想报纸真正裨益华人，其报应由华人自办。对清政府只允许外人办报，不许中国人办报的做法极为不满。这种做法所带来的直接后果就是"而奈何掩聪塞明，箝口结舌，坐使敌国怀觊觎之志，外人操笔削之权，泰然自安，庞然自大，施施然甘受他人之陵侮也！"②然国人自办报刊，可以运用报纸这个武器去反对西方侵略，维护民族尊严。"遇交涉不平之事，据理与争，俾天下共评曲直"，③那就大张国威了。针对这种外报颠倒黑白、歪曲宣传的现状，一批先进的知识分子痛感必须要将"外人操笔削之权"夺回，打破他们的话语垄断权。不仅如此，王韬、郑观应还认为，中国宜在西方发行外文报纸，表达自己的声音和主张，以澄清事实，驳斥外报可能出现的"颠倒是非，任意诽谤"，从而为对外交涉争取有利舆论。"今若开设洋文报馆，延访中国通人，贯通中外时务者数人，为中文主笔，举所谓务材、训农、通商、兴工、敬教、劝学、使贤、任能各要务，备筹所以整顿之法，皆实在可言可行者，广为论说。又举西人向来之欺我中国者，某事出于要挟，于理既不顺，某事出于恫吓，于势不足畏，某事为捫持太阿，中国可收回权利，某事为隐设机械，中国勿误坠术中，皆翻译洋文，刊之报纸。更向西国大报馆，聘西国名人，为洋文主笔，所有持论，专为中国自强起见，以中国人之精洋文者付之，其议论之不持平者，指出商改。此等报纸，散步五大洲，令西人见之，知中国实有自强之策，我以何著往，彼可以何著应，必将咋舌色变，不敢谓秦无人朝矣。"④正是在这种情况下，中国知识分子产生了中国人必须自己办报的要求，仿效西方各国，开设报馆，开始了自己创办近代传媒、争取话语权利的活动。对于国人自办报刊的开端，学界说法不一。通用之说为1873年8月创刊于汉口的《昭文新报》。创办人是艾小梅，初办时为日刊，不到3个月就改为5日刊，篇幅很小，装订成书。所载"奇闻轶事居多，间有诗词杂作。"⑤读者很少，不久就停刊了。但是，它是中国人在国内创办的第一张报纸，也是中国人自办报刊的第一次尝试。这份报纸的出世，正如黎明前的号角，吹响了国人自办报刊的进行曲，冲破了外报一统天下的铁幕，打开了外报垄断话语权的缺口，揭开了国人自办报刊的序幕。

---

① 王韬：《本局日报通启》，《循环日报》1874—02—12.

② 夏东元编：《郑观应集·日报上》（上册）上海人民出版社 1982 年版，第 348 页。

③ 夏东元编：《郑观应集》《日报下》（上册）上海人民出版社 1982 年版，第 350 页。

④ 陈衍：《论中国宜设洋文报馆》，《戊戌变法》（三）上海神州国光社 1953 年版，第 198 页。

⑤ 《记汉口新报改五日事》，《申报》1873—08—11.

随着国人自办报刊的兴起，逐步从洋人手中夺回公共话语权，到了维新运动时期，掀起了近代中国报业发展的第一次高潮。

三、报人洋务情结的驱使与洋务运动的现实结合

两次鸦片战争后，应对危机日重的时局，部分开明官绅发起了以"中体西用"为指导思想，旨在汲取西方"器物"文化的洋务运动。伴随着一个运动的来临，必然要有一场舆论上的呼喊；而呼喊，则一定凭借适当的、有效的传播媒介。与洋务思潮同声相应、休戚与共的，是传媒领域国人自办报刊的蔚然兴起。具体参见下表：

国人自办最早的一批近代化报纸一览表（表3—1）

刊名	创办人	创办时间	创办地点	简要介绍
《华字日报》	陈霭廷	1864	香港	先后担任主笔的有黄平甫、王韬、潘兰史、赖文山、林于虬等人，篇幅和所刊栏目一如《中外新报》。
《羊城采新实录》		1872	广州	具体情况失载
《昭文新报》	艾小梅	1873	汉口	最初是日刊，后改五日刊，装订如书册状，用白鹿纸印刷，内容据说"以奇闻轶事诗词杂作为主"。
《循环日报》	王韬	1874	香港	极力鼓吹变法自强。它不仅是中国报刊史上第一个以政论为主的报纸，而且是这一时期阶级观点的改良派人士宣传他们的政治思想观点的重要讲台。在政治改良思想的传播万面，发挥了十分重要的作用。
《汇报》	容闳	1874	上海	先后担任主编的有管才叔，朱莲生等人，创刊两个多月，就改名《彙报》，后又更名《益报》，旋停。
《新报》		1876	上海	上海经商的"各口诸帮"创办
《维新日报》		1879	香港	先后主持编辑工作的有陆骥纯、陆建康、黄道生等。中法战争时期，以多载中国战胜消息，受到社会欢迎。1908年由刘少云接办，1909年改为《国民日报》，1912年停刊。
《述报》		1884	广州	由海墨楼石印书局承印，每日出四版一小张，逢十无报。每月汇编成一卷，称《中西近事汇编》。内容除新闻、评论外，还刊载了不少石印的新闻插图。转载和译载中西各报的稿件也很不少，创办人和编辑人失载。

续表

刊名	创办人	创办时间	创办地点	简要介绍
《广报》	邝其照	1886	广州	先后担任主笔的有吴大猷、林翰瀛、肖竹朋、罗佩琼、劳宝胜、武子韬、朱鹤等人，用四号铅字排印，"其报中门类，首列论著，新闻则分为两门，曰本省新闻，曰中外新闻。而以宫门钞.辕门钞及货价行情附焉"。

资料来源：方汉奇：《中国近代报刊史》，山西人民出版社，1981 年版，第 60—62 页。

　　有意思的是，这些报刊的创办人多为亦官亦商或亦绅亦商的人物，不少人较多接受西方思想文化教育，见识西学，较早接触"洋务"、具有社会改良要求的知识分子，和外企洋务派关系密切；有人本身就是曾在外企中任职或曾是洋务派官僚集团中的成员，是开明官绅。王韬自不必说了，至于创办《汇报》的容闳是中国的第一个留美学生，曾经多次给洋务派上条陈，为洋务派出谋划策，帮助洋务派办企业、办教育、办新政，后来还参加过资产阶级改良派和革命派的政治活动，而其他很多参股进来的股东如招商局总办唐景星、上海县知县叶廷眷等当时都是朝廷命官。创办《华字日报》的陈霭亭，原来在《德臣报》"任译著之事"，后来参与洋务派的外交活动，"曾迭充驻美使馆参赞及古巴总领事等职"。这样的经历决定了这些办报人在一开始就形成了对外企或是洋务派官僚机构的有意识无意识的依赖。不约而同倡导洋务、呼吁改良，是因为早期介入报业的国人，大多为洋务官僚。《汇报》的发起人中，容闳为清政府任命的留美学生副监督，邝其照时任清出洋局出洋官生委员，唐廷枢为招商局总办，叶固之乃上海县令；《新报》的创办人冯煊光也是著名的洋务官员；《广报》则由曾主持过《汇报》、协理张之洞办洋务的邝其照发起。另一部分是倾向改良的亦绅亦商者。创办《循环日报》的王韬与《述报》馆主，皆为脱离正途的绅商。生长口岸城市，就读教会学校，出洋经历，或者襄助西人事业，使上述洋务官绅走上一条有别于传统的人生道路，因而视野开放、观念超前。

　　他们这样的出身经历决定了这些办报人在一开始就形成了对外企或是洋务派官僚机构的有意识无意识的依赖，也决定着报刊的使命就是为当时已经踏上征程的洋务运动摇旗呐喊。换句话说，他们与"洋务"之间的亲密关系，决定了报刊一创办必然会呼吁改良，倡导"师夷长技"以挽救危亡之中国。加之洋务思想中，取法西方商业以"求富"的构思，亦给予他们充分恰切的理由放下身段投身报纸行业。对"求富"心理，哪怕是从最冠冕堂皇的国家富强的角度加以肯定，都有助于打破传统"义利观"的坚冰。从事商业，经营文化产业，在这些最早接受西方思想洗礼，有着洋务追求的国人心里，已不再是降格之举。何况，近代报刊突出的宣导功能早已引起注意。配合洋务思潮，洋务派所开创的近代出版机构，如江南制造局翻译馆等迅速崛起，在引进西学、开阔国人视野、促使观念更新方面，发挥了重要作用。但是书籍漫长的出版周期毕竟严重地限制了思想的传播速度，而此时外报的示范作用让洋务官绅们看到了报纸的利用价值①，尝试运用近代报刊这种大众传播工具建立言论空间，进行有效的舆论宣传，其中浸透着早期办报国人选择性的切合自身的关怀。从另一个角度看，洋务官绅投身报业的实践本身，就蕴藉着民族时代精神、学习西方"器物"文化及"师夷长技以制夷"的精神内涵，也正是对洋务思想家"中体西用"价值观的有效践行。

因此，在外报的刺激下，一部分先进的知识分子对报刊功能有了初步的认知，意识到传媒话语权的重要性，并在洋务情结驱动与洋务运动迫切需求的合力下兴起了一股自办报刊的热潮。

第二节　第一批国人自办报刊舆论中的洋务思想

从19世纪60年代到90年代中期，清政府在经历两次鸦片战争的失败后，为挽救统治危机，自上而下地推行了一场以富国强兵为目的的洋务运动。在此期间，第一批国人自办报刊在中国大地上次第诞生，且创办者大都是洋务派人物（前有所述），因此他们和洋务运动存在着千丝万缕的联系，对洋务派所举办的"自强新政"予以积极鼓吹，阐明学习西方科技、变改旧列、兴办新政实为时代潮流不可抗拒。因而这一时期的报刊在内容上多主张学习西方的坚船利炮，引进西方的机器设备和先进技术，兴办近代工矿企业，举办新式学堂，派遣留学，编练新式海军等洋务事宜。由民族资产阶级知识分子创办的报刊则纷纷提出"振兴商务"，"制西人以自强"，发出了开矿筑路、建立近代工业、撤销"厘金"、改变"重农抑商"政策、鼓励和扶植民

---

① 有学者认为《汇报》是为了抵制《申报》而创刊的，这从反面证实《汇报》的创刊是由于《申报》的示范。见马光仁主编《上海新闻史（一八五〇——一九四九）》复旦大学出版社 1996 年版，第 74–75 页。

族工商业的呼声，个别报刊还提出了废八股之举、设立学校、培养有用之人的主张。针对这一时期日本、法国的侵华野心，不少报刊在维护国家主权和民族尊严、谴责帝国主义侵华活动方面态度鲜明。

作为第一批国人自办报刊，其舆论导向代表着当时的历史发展方向，大致包括以下几个方面的内容：

一、国人自办报刊中洋务"变局观"的宣扬

1874年王韬在香港创办《循环日报》。从创刊起，就极力鼓吹变法自强[①]，甚至主张进行政治、文化改革，赞许西方的议会制度和君主立宪制度。为论证向西方学习的必要性，王韬积极介绍西方的政治、经济和文化等，鼓吹变革的言论。

从1874—1884年，王韬在《循环日报》上撰写《变法》（上、中、下）、《变法自强》（上、中、下）、《治中》等数百篇政论文章，系统地宣传了他的"变法"主张。王韬认为，在中国，发展资本主义已成为时代潮流不可逆转，只有实行变法，才能适应时代的变法，顺应时代潮流。至于变法图强的纲领，他强调要在变法改良的基础上，治理中国内政，变革封建专制政体及其制度那种"堂帘之高远，忘殿陛之尊严，除无谓之忌讳"的局面，仿效英国式的"上下之情通，君民之分亲"的资产阶级君主立宪政体，进而建立资产阶级的团体。

针对晚清官僚体制的种种弊端，王韬参照西方资本主义民主制度，深刻地揭露了晚清吏治腐败产生之根源，提出了清仕途、肃官方、简律例、尚节俭、厚民生等一系列改革主张。王韬认为，中国自晚清以来，"其君子则多狃于因循，其小人则渐趋于浇薄，以致寡廉鲜耻，各怀一心"[②]，这并不是"运会之使然"，而是由于民意太贱。"故近日我国之急务，其先在治民，其次在治兵，而总其纲领则在储才。诚以有形之仿效，固不如五行之鼓舞也；局厂之炉锤，固不如人心之机器也。"[③]并进一步认为要想从根本上根除吏治之弊端，必须做到通民情、达民隐、撤君主专制制度"堂帘之高远，忘殿陛之尊严，除无谓之忌讳"，甚至要求朝廷要勇于听取庶民们的哪怕是

---

① 方汉奇：《中国近代报刊史》（上），山西人民出版社1981年版，第66页。
② 王韬著：《弢园文录外编》中州古籍出版社1998年版，第124页。
③ 王韬：《弢园文录外编》，中州古籍出版社1998年版，第13页。

有点狂妄的意见（"狂夫之言，圣人择焉"①），从而使得"上下一心，君民一体，下情得以上达，上惠得以下逮，无隔阂之弊"②。

《循环日报》还特别刊载《崇尚西人之学辨》《论疑习西学》《论习西学宜知变通》《论宜变古以通今》等专文，反复宣传了"变古通今"的观点，强调学习西人长技，变革旧例，施行新法，以求振兴中国。对那些拒绝接受新事物的泥古派，斥之为"迂腐之士"③对顽固守旧派提出"下之大，不患无才，何必师事夷人"、师事洋人，可耻熟甚"④等谬论进行了驳斥。认为采择西方技艺以求富强，实为当今"风气所趋，即圣王复生亦不能泥古法而罔所变通者也"⑤。报纸还提出要对学习教育、科举考试、用人等制度进行改革，主张废止时文，讲求实学，选拔有用真才以适应现实需要。

赖光临先生说："《循环日报》纵谈西学西法，谋议变通，声气所播，对后期维新人物，确然产生意气激励作用与思想影响⑥。"

1874年6月16日创刊于上海的《汇报》（同年9月1日改为《彙报》）指陈时弊，要求改革的呼声不断。报纸不时转录王韬和《循环日报》上的有关变法自强的言论、译载介绍英国议会的文章。

总之，国人自办报纸"取西制之合我者，讽清廷以改革"⑦，抨击清廷、宣扬改革、传播西学，尤其对西方民主思想的传播起了不可忽视的作用，成为维新派报纸勃兴的前奏曲。尤其是大量介绍民权、议院的文字，为中国的先觉人士开启了一扇窗，并在强烈对比中让先觉人士看到西方民主政制优越于中国的专制政制，开始突破旧思想的樊篱，萌生出变革中国政治制度的要求，从而直接影响了维新变法的发生和国人办报的第一次高潮。

二、国人自办报刊中洋务"自强观"的呐喊

在政治上，国人自办报刊的兴起，在相当程度上因应了洋务强国的思想浪潮，大都表现出敏于时代思潮的政治关怀，试图建立舆论阵地，为洋务自

① 王韬：《本局日报通启》，《循环日报》1874—02—12.
② 王韬著：《弢园文录外编》中州古籍出版社1998年版，第65页.
③ 王韬：《崇尚西人之学辨》，《循环日报》1882—02—23.
④ 转引自全汉升：《清末的"西学源出中国"说》，《岭南学报》（第4卷），1935第2期，第57页。
⑤ 王韬：《中国振兴说》，《循环日报》1882—02—22.
⑥ 赖光临：《中国新闻传播史》，三民书局印行，民国六十七年版，第63页。
⑦ 戈公振：《中国报学史》，上海古籍出版社2003年版，第153页。

强立言发声。

　　"强中以攘外，诹远以师长，变法以自强"作为《循环日报》的办报宗旨，报刊内容大力提倡兴办洋务，在"器""技"方面向西方学习，振兴中华，抵御外患，鼓吹"自强新政"，提出了一系列改革措施，如：造战舰、制枪炮、练兵将、固边防等。《循环日报》于1874年2月6日发表的《倡设日报小引》着重提出了学习外人之长以治理中国的问题，宣称该报对西方知识将"广为翻译，备加汇罗，俾足以佐中治、稔外情、详风俗、师技艺。其良法美意足以供我揣摩，地理民风，足以资我闻见，则尤今日所急宜讲求者也。"接着又陆续发表了《当用泰西新法》《当仿西法造战舰》等宣扬革新自救的言论，说："今沿海各直省皆设有专局，制枪炮，造舟舰，遴选幼童出洋肄业。自其外观之，非不庞洪彪炳，然惜其尚袭皮毛，有其名而鲜其实也。（福州前时所制轮舶，悉西国古法耳，不值识者一味。他处所造机扳，转动之妙，不能不赖乎西人之指授。而窥其意，则已嚣然自足。辄以为心思智慧足与西人匹，或且过之而有余矣。）夫枪炮则在施放之巧，舟舰则在驾驶之能，行阵之器固不可不利，而所以用利器者则在人也。今公使简矣，领事设矣，皇华之选络绎于道。或恐有仪、秦其人，逞游说以悉簧鼓，而徒以口舌得官者，更恐有黄缘攀附，奔走钻营，而得附于其间者。所谓才者未必才，所谓能者未必能，徒碌碌因人成事而已。"①

　　《汇报》相当大版面是关于宫门钞、上谕、奏疏等稿件，主张富国强民、革新自救、支持兴办洋务、鼓吹实业救国。易名《彙报》，打起洋商招牌后，要求改革的言论有所增加，经常转载《循环日报》鼓吹变法自强的论说，还译载介绍过英国议会制度。

　　境外的《香港华字日报》也同样鼓吹自强革新，"外观于世界潮流，内察乎国民程度，知非自强不足以自保，非开通民智无以图强。"②

三、国人自办报刊中洋务"求富观"的呼吁

　　在经济上，这一时期的报刊，作为萌芽时期的中国资产阶级的喉舌，大力鼓吹"利便贸迁"，"行销货物"，使"初产之物，新制之器，均能不翼而飞，不胫而走"，发出了开矿筑路、建立近代工业、撤销"厘金"、改变

---

① 王韬：《弢园文录外编》中州古籍出版社1998年版，第13页。
② 陈蔼廷：《华字日报》，《香港华字日报七十一周年纪念特刊》，1934年4月17日，第1页。

"重农抑商"政策、鼓励和扶植民族工商业的心声,希望本阶级在经济上有所发展,发展民族资本主义,实现富民强国。《循环日报》在"评论洋务,鼓吹革新"的同时,提出了发展资本主义工商业对国家强盛的重要作用,要求中国像西方那样"恃商为国本",发展民族工商业。他以英国为例说:"英之立国,以商为本,以兵为辅,商之所往,兵亦至焉。而兵力之强,全在商力之富,以商力裕兵力,二者并行,而乃无敌于欧洲。"英人从事对外贸易,以贵征贱,取利于异邦,而纳税于本国,因而导致国富兵强。王韬认为中国应大兴工商之利,以华商分西商之利,然后开辟海外贸易,打开国际市场,与列强争胜。① 《新报》对社会新闻一概不登,反而重视有关经济和商务的稿件,其论说则一味鼓吹洋务,发表不少学习西方科技、兴办近代实业的言论。② 此外,报纸广泛宣传富民政策。认为"病莫病于民穷",治国应"以富民为本",提倡积极扶植与发展民办工商业。说"凡有利于商贾日用者,宜平情设法妥为经理;凡有害于商贾日用者,宜平情设法严示禁除。"③减轻厘税以利民间货物流通。

四、国人自办报刊舆论中的"反帝爱国论"

在政治立场上,这些报纸坚决站在中国人民一边,维护国家的主权和民族的尊严,反抗外国侵略,谴责帝国主义的侵略活动,反映了那一时期的资产阶级改良派们反对外国资本主义侵略的爱国思想。

王韬一再宣称,他办《循环日报》的宗旨就在于"强中以攘外"。④ 在"小引"和"通启"中,特别阐明了报纸的爱国主义立场,强调"是报之行专为稗益我华人而设"⑤ 在《琉事不足辨》一文中,他针对日本方面大力宣传的"琉球向归日本"说,征引大量的历史材料,证明琉球从隋朝以来就是中国的属国,反对日本当局借琉球人在台湾被杀事件,强迫清廷承认日本对琉球的主权。在《保远民》一文中,他关心以"猪仔"身分被贩卖到美洲去充当苦力的同胞们的不幸遭遇,控诉美国当局虐待和驱赶华工的罪行。在《越南通商御侮说》一文中,他对法国侵略者强迫中国签订屈辱的《中法会订越

① 方汉奇:《中国近代报刊史》,山西人民出版社,1981 年版,第 63—70 页。
② 马光仁:《上海新闻史(一八五0———九四九)》复旦大学出版社 1996 年版,第 80 页。
③ 《指陈时弊罪言》《汇报》1874 年 10 月 20 日。
④ 王韬:《上潘伟如中丞》《弢园尺牍》中华书局 1959 年版,第 206 页。
⑤ 《倡设日报小引》《循环日报》1874 年 2 月 12 日。

南条约》表示愤慨。在《宜索归澳门议》一文中，他甚至激昂地提出了向葡萄牙殖民当局"索还澳门"的口号。

《汇报》创刊伊始就公开宣布："本局为中华日报，自宜求有益于华之事而言之，故于有裨中国者，无不直陈，而不必为西人讳"①。该报极力维护中国的利益，对侵害中国利益的言行不断进行抨击。曾发表专文激烈攻击外国在华的领事裁判权，谴责在上海的外国人在这一特权庇护下胡作非为，"以为华人可欺而任意以上下其手"，"得寸入尺，犹不知止"②。还发表文章指责上海租界工部局无视中国主权的专横政策，说："上海工部局者，即外国之议政院也。局中议立规条，无论于华人便否，辄毅然自是，意在必行。其局绅概由西商充，华人不得寓选。"又说："上海（租界）每年所抽之捐，华人居其大半。乃捐多者不得与闻，捐少者反能主宰……是亦不公之事。"③又如，在反对英帝国主义者在上海"擅行开筑"铁路的问题上，曾多次和它的舆论机关报《字林西报》和《申报》展开笔伐。

在反对外国侵略的战争中，报纸的爱国主义思想表现得尤为显著。针对1884至1885年的中法战争，这些报纸都一致谴责法国侵略者的战争挑衅。《中外新报》《华字日报》《循环日报》除利用往来海防、西贡至香港的班船传递消息外，还约请专人撰写战地通讯，及时报道中越军民抗法获捷的消息。《循环日报》的《黑旗军战捷纪事》，详细地报道了刘永福所率黑旗军在越南抗击法国侵略军的英勇事迹，为不少报纸所转载。在内地出版的各报中，以《述报》的表现最为突出。它创刊伊始，即将当时活跃在越南抗法前线的中国黑旗军首领刘永福的照片和越南地图印成单页随报附送和公开发售，使读者及时目睹这位抗法英雄的风采。该报并用70%的版面刊载有关中法战争的消息、电讯、评论、来稿：从刘永福黑旗军赴越抗法开始，到法军侵犯广西，骚扰宁波、台湾、马尾之战，直到最后议和，谴责法国侵略者"狡焉思逞，黩武穷兵，悖理横行，不仁不义"；驳斥了"大炮之利，轮舶之多，中不如法，与其战不胜而和，孰若不战而和，犹不失势"的投降派观点，呼吁当局加强战备，认真应战。该报坚决反对主和，与散布这种"狂悖"思想的《申报》进行了针锋相对的斗争。说："法人屡欺中国，人人愿食其肉，于理决之，有可战之机也。法之来，远越重洋，兵不过数千之数。

---

① 《译辩字林报》，《汇报》，1874 年 8 月 15 日。
② 《论中外涉讼事》《汇报》1874 年 6 月 27 日。
③ 《工部局论》《汇报》1874 年 6 月 29 日。

我之守近在门户，兵不下百万之多，以主击客，以逸待劳，以多击寡，吾末见其能胜也，于势度之，有可战之机也。……不欲发愤自强，制其死命，唯唯诺诺，惟敌人之令是听，今日如其愿而去者法人，他日踵其迹而来者，不仅法人，且更甚于法人，亦将忍而不发乎？"（《论中国此时机会不可不战》）① 对于各地人民掀起的反法爱国运动积极发表报道并进行评论，借以激励民心，进一步推进了运动的深入。如1884年9至11月，以造船工人、搬运工人和店员工人为主的香港人民掀起了声势浩大的反法爱国运动，《述报》还发表了《忠愤可嘉》《杯弓蛇影》《深知大义》等十四篇报道声援香港工人的罢工运动。不仅如此，这些报纸还为抗法出谋划策，提出要练水师、固海防，以补我不足，特别强调联络民心、组织民兵师克敌制胜的要义。各报还连续发表《中必胜法论》《中国不必畏法人辨》《论中国有制法之道》等文，坚定抗法必胜信心。

综上所述，伴随着一个阶级的诞生和发展，需要有一场舆论上的呐喊。萌芽时期的中国资产阶级报刊，承担的正是这样的一个历史任务。以《循环日报》为代表的最早的一批国人自办报刊舆论反映了中国早期民族资产阶级及其知识分子能够放眼世界，"师夷长技"，向西方学习的愿望，探索自己的发展道路。同时，自办报刊以传播舆论为先声，促使国人兴起一股向西方学习、变法自强的舆论浪潮，对封建专制制度形成了猛烈的冲击，新兴中国资产阶级知识分子参政意识、民主意识得到了初步的确立，反映了发展中的中国资产阶级的愿望，加速了具有资产阶级性质的中国社会变革的进程。

第三节　第一批国人自办报刊舆论与洋务运动

一、第一批国人自办报刊舆论的社会动员力

第一批国人自办报刊从其一诞生，就承担着自强革新舆论宣传的历史使命，他所构建的以"自强求富"为核心的洋务舆论观，为洋务运动的产生摇旗呐喊，并极大地推动着其发展的进程。

首先，第一批国人自办报刊舆论中的洋务"变局观"加快了洋务运动的

---

① 转引自方汉奇：《中国近代报刊史》，山西人民出版社，1981年版，第65页。

启动。在自办报刊舆论的影响下，洋务派提出了一系列具有时代特色的变局观。他们面对中国遇到"数千年来未有之强敌"，预感到"数千年未有之变局"即将到来。正如马克思所说的："天朝帝国万世长存的迷信遭到致命的打击，野蛮地闭关自守的与文明世界隔绝的状态打破了"，"接踵而来的必然是解体的过程，正如小心保存在密闭棺木里的木乃伊一接触到新鲜空气便必然要解体一样。"[①]洋务幕僚薛福成于1864年上书曾国藩"方今中外之势，古今之变局也"[②]，洋务大吏李鸿章也认识到"数千年未有之奇局，自应建数千年未有之奇业，若事事必拘守成法，恐日积于危弱终无以自强。"[③]，"中国欲自强，则莫如学习外国利器，欲学习外国利器则莫如觅制器之器"[④]。奕䜣、文祥、李鸿章、曾国藩等中央和地方的洋务派代表及其幕僚、友人王韬、郑观应、薛福成等都不约而同地提出了变局论，呼唤变法自强，宣称"即使孔子而生乎今日，其断不拘泥古昔而不为变通。"[⑤]"外须和戎，内须变法"[⑥]成为洋务派的共识，开始从"天朝上国"的观念中走出来，正视世界潮流的变化，适应"奇变"局面的要求。为此，洋务派在"自强求富"的口号下，大量引进西方的科技，开始了以"强兵"为中心的近代国防、工业、交通、教育和科学技术研究事业的建设，使中国先拥有了第一批军事、民用工业，建立第一支海军舰队，开设了第一批外语科技学校，派遣了第一批留美、留欧学生，出现了近代第一代科技人才、造就了中国第一代产业工人等等。从1861年曾国藩创办安庆军械所，至1894年甲午战争前，洋务派共兴建了20余个制造枪炮、弹药和船舰的军事工业，其中江南制造总局、金陵制造局、福州船政局、天津机器局、湖北枪炮厂规模较大。"自强以练兵为要"，洋务派把编练新式海陆军作为自强的又一重点，清军开始装备洋枪洋炮，海军建设尤为突出，90年代建成的北洋船队，拥有铁甲舰、巡洋舰大小舰只20余艘，并在沿海各省修建了近代化的炮台、船坞和港口，其中以旅

---

① 马克思：《中国革命和欧洲革命》，《马克思恩格斯选集》（第二卷）人民出版社1972年版，第2,3页。

② （清）薛福成：《薛福成选集·上曾侯相书》上海人民出版社1987年版，第22页。

③ （清）李鸿章：《李鸿章全集·奏稿·议复张家骧争止铁路片》（卷三十九）海南出版社1997年版，第1218页。

④ （清）李鸿章：《李文忠公全集·朋僚函稿·复王壬秋山长》（卷十九）海南出版社1997年版，第2767页。

⑤ （清）王韬：《变法》（中）。钱钟书：《弢园文新编》生活·读书·新知三联书店1998年版，第16页。

⑥ （清）李鸿章：《李鸿章全集·朋僚函稿·复王壬秋山长》（卷十九）：海南出版社，1997年版，第2770页。

顺、烟台、马尾、大沽、黄埔、大连湾、吴淞口、威海卫等最为先进。洋务派在自强的同时，认识到"必先求富而后能强"转而求富，先后创办了20多个民用企业，涉及航运、采矿、铁路、冶炼、纺织、电讯等工矿交通运输业，其中以轮船招商局、开平煤矿、天津电报总局、上海机器织布局、汉阳铁厂等较为重要，并兴建了400余公里的铁路。在洋务派的推动下，民族资本主义工业至1894年先后创办了170家，资本总额900余万元，涉及缫丝业、轧花业、棉纺织业、面粉业、火柴业、造纸印刷业、机器制造业、采矿业、制茶业、制糖业、制药业、玻璃业、碾米业、轮船航运业及公用事业，洋务派在兴办军事和民用工业的同时，还举办了新式教育事业，设立京师同文馆、上海广方言馆，广州同文馆、天津电报学堂，上海电报学堂、福州船政学堂，以及各类军事学堂及一些测绘、采矿学堂，并向外派遣留学生，大量翻译西学著作。洋务运动则在实践上体现了这种洋务新思潮，举办了一系列的近代军事工业和近代民用工业，开办了大量的培养"西者""西文"学技，迈开了中国近代化的步伐。

其次，第一批国人自办报刊舆论推动着洋务运动的深入。

在中法战争福州战败后，报纸对那徒装门面而无实效的新政设施更是痛加抨击。《述报》写道："福州一役，兵戈之祸，惨不忍言……然而以二十年经营之船政局，千余万之帑藏，千余人之性命，而一旦伤残至此，即使盈廷执咎，夫又奚辟？"①很显然，报纸宣传已突破洋务运动的局限而显示出新的趋向。也就是说，这些报纸并不简单地附和洋务运动，而是继续前行，为新的社会发展潮流即资产阶级改良主义潮流进行舆论准备。当洋务运动成为历史发展的障碍，不断暴露出本身的弊端时，这些报刊毫不犹豫地站出来予以披露，加以指责和批评。这种状况，正如戈公振所言："该报（注：是指《循环日报》）有一特色，即冠首必有一篇论文，多出自王氏手笔，取西制中适合我国者，借以讽刺清朝的改革②"。需要指出的是，《循环日报》作为"中国新闻事业史上第一份以政论为主的报纸，而且是这一时期具有资产阶级观点的维新思想家们宣传变法维新思想的重要讲台"③。《循环日报》纵谈西学西法，谋议变通，声气所播，对后期维新人物，确然产生意气激励作用

---

①　《中法战论》《述报》1884年9月16日。

②　戈公振：《中国报学史》三联书店1955年版，第154页。

③　方汉奇：《王韬——中国历史上第一个报刊政论家》，中国人民大学新闻系，《中国近代报刊史参考资料》上册，第314页。

与思想影响"。①

洋务过程中，对于朝廷建设海军、议论建铁路、架电线（即电报之举，王韬在许多上书和文章中反复谈及这些话题，如《上丁中丞》《代上黎召民观察》以及《练水师》《设电线》《建铁路》等文。1875年的《上丁中丞书》："我国自强亦正在此十余年间耳。何则?欧洲诸国方有事也。法蹶而英孤，普强而俄炽，所幸者法不能为英援，而时思报普，普即欲与俄合，而恒思备法……我国不乘此时，以修我戎备，励我兵行，改纪军制，整饬营规，制造战舰，训练水师，演习火器，以并峙于英、俄、普、法之间，用收保中驭外之功，则恐日后或有所不及也。"②

另外，随着自办报刊舆论中洋务"求富观"的宣扬，中国人感受到最深的一点就是洋人商业立国的经验，提出了"兵战不如商战"的论断。于是，十九世纪七十年代兴起了"重商富民""以商为国本"。提倡"商战"必然要"富民"，富民就必定要开民智，扭转传统农业社会自给自足的经济模式，也必然将中国人的思路引向"重民（商）""以民（商）"为中心的政治改革。

二、洋务运动推动着报刊的发展

伴随着洋务运动的展开，正需要凭借一定适当有效的传播媒介。因此，与洋务运动风雨同舟、休戚与共的，是大众传媒业——国人自办报刊的勃然兴起与发展。其中有1864年于香港创刊的《华字日报》，1873年艾小梅在汉口创刊的《昭文新报》，1874年王韬创刊于香港的《循环日报》和容闳创刊于上海的《汇报》，1876年上海道台冯焌光创办的《新报》，1879年陆骥纯等人创刊于香港的《维新日报》，1884年创刊于广州的《述报》及1886年邝其照创办的《广报》，1893年在汉口创刊的《汉报》等。它们接续刊行，与洋务运动相始终。

另外，洋务派人士为了推动洋务新政，同样非常重视对外报所介绍的科学知识的学习。他们不但专门组织人力创办《江南制造总局译报》，而且还据此译报编成《西国近事汇编》，专门供洋务官绅阅读。洋务派重要人物奕䜣还受过西方现代思想的影响，在北京创设了同文馆，大力推介西方科学

---

① 赖光临：《中国新闻传播史》，三民书局印行，民国六十七年，第63页。
② 王韬：《弢园尺牍》，中华书局1959年版，第125页。

技术。洋务派虽然对外国的军事侵略和以办报活动为主的文化侵略的认识具有很大的局限性,但其"师夷长技"和"富国强兵"的思想却是国人现代化意识的一线曙光。这种思想被后来的张之洞等人归纳为"中学为体,西学为用","中体西用"成为洋务运动的理论根据。

洋务运动期间陆续刊出报纸不足40种,(根据参与《清史·报刊表》编撰的新闻史学家谷长岭提供的最新数据,从1872年到1876年产生了第一批共13种国人自办的近代报刊。加上1877年至1894年的20来种①。)数量不多且这些报刊大多旋办旋停,社会影响极为有限,根本无法与洋商报纸《申报》《新闻报》等相比肩。

可见,由于先天不足,早期资产阶级通过报纸展现的呼喊声十分有限与微弱,他们只得在夹缝中求生存,处境十分困难。即使是当时较有影响的《循环日报》,由于该报办于香港,僻处海隅,加以王韬乃一介草民,"他的变法自强言论,未曾达到远在北京的政治中枢,"因而很难"对实际政治未发生丝毫冲击。"加之,洋务思潮的主体,仅仅局限于开明官僚、接触过西学的士绅或买办等极少数,更为广泛的士人阶层尚处懵懂疑虑之中,缺少同情与响应,致使国人早期报刊的接受群体极为有限,因而无法形成巨大的舆论声势,自然不可能具备抵御恶劣政治、经济环境的基本生存能力。

因此,"社会间又不知报纸为何物,父老且有以不阅报纸为子弟勖者"②;"每一报社之主笔访员,均为不名誉之职业,不仅官场仇视之,即社会亦以搬弄是非轻薄之。"③当时报刊业地位之俾微可想而知:"至于中国人独资创办的报纸,虽已具备民间日报的雏形,但是当时国人民智锢塞,风气不开,看报的人寥寥无几,所以这些报纸多以销路不佳,经费无着而停废,即有勉强维持者,也不能为社会所重视。"④毋庸置疑,大都报刊都很快归于沉寂,单调而微弱的声音尚无法盖过在华外报的大合唱。因此,在半殖民地半封建社会的中国要走出一条属于中国人自己的报纸之路,喊出中国人自己的时代之音,仍然是一个举步维艰的发展过程。

---

① 谷长岭:《清代报刊的发展轨迹和总体状况》,《国际新闻界》,2009 年 12 期,第 111 页。

② 姚公鹤:《上海报纸小史》,《中国近代报纸发展概况》新华出版社 1986 年版,第 258 页。

③ 姚公鹤:《上海闲话》上海古籍出版社 1989 年版,第 128 页。

④ 曾虚白:《中国新闻史》台北:三民书局 1966 年版,第 191 页。

三、第一批国人自办报刊舆论与洋务运动的共同局限

　　1895年甲午海战中北洋舰队的全军覆灭，标志着19世纪60年代至90年代这场轰轰烈烈的洋务运动以失败而告终。导致运动失败的原因除了清政府政治上的腐败、军事上战略战术的决策失误之外，还有另一重要原因就是洋务运动本身所具有不可避免的局限性，而这种局限性一度反映在国人自办报刊舆论中。

1.报刊舆论中的"求富观"与洋务运动的共同局限

　　在经济上，这一时期的报刊，作为萌芽时期的中国资产阶级的喉舌，大力鼓吹"利便贸迁""行销货物"，使"初产之物，新制之器，均能不翼而飞，不胫而走"，发出了开矿筑路、建立近代工业、撤销"厘金"、改变"重农抑商"政策、鼓励和扶植民族工商业的心声，希望本阶级在经济上有所发展，发展民族资本主义，实现富民强国。《循环日报》在"评论洋务，鼓吹革新"的同时，提出了发展资本主义工商业对国家强盛的重要作用，要求中国像西方那样"恃商为国本"，发展民族工商业。他以英国为例说："英之立国，以商为本，以兵为辅，商之所往，兵亦至焉。而兵力之强，全在商力之富，以商力裕兵力，二者并行，而乃无敌于欧洲。"英人从事对外贸易，以贵征贱，取利于异邦，而纳税于本国，因而导致国富兵强。王韬认为中国应大兴工商之利，以华商分西商之利，然后开辟海外贸易，打开国际市场，与列强争胜。①《新报》对社会新闻一概不登，反而重视有关经济和商务的稿件，其论说则一味鼓吹洋务，发表不少学习西方科技、兴办近代实业的言论。②此外，报纸广泛宣传富民政策。认为"病莫病于民穷"，治国应"以富民为本"，提倡积极扶植与发展民办工商业。说"凡有利于商贾日用者，宜平情设法妥为经理；凡有害于商贾日用者，宜平情设法严示禁除。"③减轻厘税以利民间货物流通。

　　可见，第一批国人自办报刊舆论无论是"利便贸迁"，"行销货物"还是"开矿筑路、建立近代工业、撤销'厘金'、改变'重农抑商'政策、鼓励和扶植民族工商业"的心声，所提出的措施都无非是在细节末枝上进行的一些修补，对整个封建统治阶级的根基即经济基础"无关其痛痒"。在缺

---

①　方汉奇：《中国近代报刊史》，山西人民出版社，1981年版，第63—70页。

②　马光仁：《上海新闻史（一八五０——一九四九）》复旦大学出版社1996年版，第80页。

③　《指陈时弊罪言》《汇报》1874年10月20日。

乏一种破除封建经济的先哲理论的条件下，而要一批作为封建经济的代言人——洋务派去冲决封建主义的藩篱是不可能的。相反，他们兴办洋务是为了挽救清朝统治的危机。因而他们在经济领域的改革也仅停留在表层上，企图通过兴办一批近代民用工业达到"求富"的目的。实际上，洋务派从70年代至90年代，共创建了20多家工矿交通企业，涉及航运、采矿、铁路、冶炼、纺织、电讯等工矿交通运输业，其中以轮船招商局、开平煤矿、天津电报总局、上海机器织布局、汉阳铁厂等较为重要，并兴建了400余公里的铁路。在洋务派的推动下，民族资本主义工业至1894年先后创办了170家，资本总额900余万元，涉及缫丝业、轧花业、棉纺织业、面粉业、火柴业、造纸印刷业、机器制造业、采矿业、制茶业、制糖业、制药业、玻璃业、碾米业、轮船航运业及公用事业。这些企业大都是官督商办，即由官府出面主持，管理大权归于官方。因而这些企业具有浓厚的封建性，百弊丛生。结果，有的倒闭，有的被外资吞并，有的长期处于不死不活的状态。现仅以洋务派创办的第一个民用企业——轮船招商局为例，就可略见一斑。该局1872年在上海创立，半年内亏损4.2万两白银，第二年经过改组以后稍有起色，但由于长期经营管理不善，又受英国太古、怡和两公司的排挤，航运业务发展困难。虽然中法战争后再度改组、重订章程，但业务依然停滞不前。

2.报刊舆论中的"变局观"与洋务运动的共同局限

《循环日报》从创刊起，积极介绍西方的政治、经济和文化等，极力鼓吹变革。自1874—1884年，王韬在《循环日报》上撰写《变法》（上、中、下）、《变法自强》（上、中、下）、《治中》等数百篇政论文章，系统地宣传了他的"变法"主张。王韬认为，在中国，发展资本主义已成为时代潮流不可逆转，只有实行变法，才能适应时代的变法，顺应时代潮流。至于变法图强的纲领，他强调要在变法改良的基础上，治理中国内政，变革封建专制政体及其制度那种"堂帘之高远，忘殿陛之尊严，除无谓之忌讳"的局面，仿效英国式的"上下之情通，君民之分亲"的资产阶级君主立宪政体，进而建立资产阶级的团体。

1874年6月16日创刊于上海的《汇报》（同年9月1日改为《彙报》）指陈时弊，要求改革的呼声不断。报纸不时转录王韬和《循环日报》上的有关变法自强的言论、译载介绍英国议会的文章。

总之，国人自办报纸"取西制之合我者，讽清廷以改革"①，抨击清廷、

---

① 戈公振：《中国报学史》，上海古籍出版社2003年版，第153页。

宣扬改革、传播西学，中国人开始向西方学习以求变革。但这种变革不是激变，不是革命的变革，即在坚持中国传统文化的基础上，吸收和接纳外来文化，都还只是停留在物质层面，未能领悟西方先进之根本，这是由于他们的思想水平还达不到要触动整个封建制度的层次。希望在封建制度原封不动的前提下，依靠学习西方"长技"使中国走向自强之路。同样，洋务运动的指导思想就是"中学为体，西学为用"，用中学来包容西学，把"西用"置于"中体"之上，根本目的仍是维护清朝的封建统治。早识时务的冯桂芬，看到了中西之间的更大差距，除了"船坚炮利不如夷，有进无退不如夷"外，还有"人无弃才不如夷，地无遗利不如夷，君民不隔不如夷，名实必符不如夷"。他通过比较分析，提出了处理中西学关系的原则："以中国之伦常名教为原本，辅以富国强兵之术"[①]用主辅关系首次比较完整地表述了"中体西用"思想，希望利用西方的先进技术以促进清政府的"中兴"。此后，洋务论者在不同的场合发表了多种表述"中体西用"思想的言论。如王韬说："形而上者中国也，以道胜；形而下者西人也，以器胜，如徒颂西人，而贬己所守，未窥为治之本原者也"；"器则取诸西国，道则备自当躬"[②]他通过引进中国哲学上的道、器、形而上、形而下等概念来论述"中体"与"西用"的主从关系。王韬还有一个观点，即地球东西两半合二为一，人民也将合二为一，所以道也将由异而同，东西方各有圣人，此心此理都是相同的。道不能即通，所以要借器物以通之，西方的火轮舟船就是这种器。[③]那么，最后的天下一道是什么呢？王韬的回答是："夫孔子之道，人道也，人类不尽，其道不变。"[④]王韬要革的不是儒家根本的治道，而是中国传统政治中常见的"因循也，苟且也，蒙蔽也，粉饰也，贪罔也，虚骄也；喜贡谀而恶直言，好货财而彼此交征利等等。"[⑤]

　　郑观应说："中学其体也，西学其末也；主以中学，辅以西学"。[⑥]他用主辅关系来表述"中体西用"思想。汤寿潜说："中国所守者形上之道，西人所尊者形下之器……愿人善用其议，善发其愤，求形下之器，以维形上

---

① 冯桂芬：《校邠庐抗议》，《采西学议—冯桂芬马建忠集》辽宁人民出版社 1994 年版，第 84 页。
② 王韬：《韬园尺牍》，中华书局 1959 年版，第 30 页。
③ 王韬：《原道》，《弢园文录外编》，中州古籍出版社，1998 年版，第 2 页。
④ 王韬：《变法中》，《弢园文录外编》，中州古籍出版社，1998 年版，第 10 页。
⑤ 王韬：《变法中》，《弢园文录外编》，中州古籍出版社，1998 年版，第 10 页。
⑥ 夏东元编：《郑观应集·盛世危言》（上册）中华书局 2013 年版，第 276 页。

之道。"①在倡导开书院、采西学时主张："广储经籍，延聘师儒，以正人心，以维风俗……并聘洋师，兼攻西学，体用兼备。"②孙家鼎在筹办京师大学堂时说："中国五千年来，神圣相继，政教昌明，决不能如日本之舍己芸人，尽弃其学而学西法。今中国京师创立大学堂，自应以中学为主，西学为辅；中学为体，西学为用；中学有未备者，以西学补之；中学其失传者，以西学还之；以中学包罗西学，不能以西学凌驾中学。"③当时的洋务大吏张之洞也说："四书五经、中国史事、政书、地图为旧学；西政、西艺、西史为新学，旧学为体，新学为用"。而奕诉、李鸿章等人也都认为，中国的文武制度、名教纲常远胜外洋獉狉之俗，只是军火、机器、工艺技术等项不如外洋，故要用西洋的杂艺来补中国之不足。李鸿章于1865年在奏折中系统地阐述了其体用思想："中国文武制度，迥异外洋獉狉之俗，所以郅治保邦固丕基于勿坏者，固自有在。必谓转危为安、转弱为强之道，全由于仿习机器，臣亦不存此方隅之见。顾经国之略，有全体，有偏端，有本有末。如病方亟，不得不治标，非谓培补修养之方即在是也"。④可见，"中体西用"思想为一切洋务论者所认同，并逐渐形成一股社会思潮。

这种指导思想，不是使固有的文化适应"近代"的变革，使之具有"近代"的功能，并正确吸收西方近代文化有益的东西，而是在于维护封建思想文化和封建统治秩序，在于仅仅局限在吸收西方的机器生产和科技，即他们的学习仅限于外夷的"器物"，即所谓"以中国之伦常名教为原本，辅以诸国富强之术"。⑤而疏于对"器物"后面异质文化和文化后面深层结构的学习和探索。因此这种"新其貌，而不新其心"的学习是只知其表不知其里，并没有改变中国落后的局面，是根本不可能使中国走上"自强、富裕"之路的。一场中日甲午海战的失败，让中国的知识分子发现这种文化选择具有它的保守性和狭隘性，仅仅从器物层面的变革并不能从根本上改变国家落后的国情，制度的落后才是中国落后的根本原因。也就是说，"中体西用"坚持以封建制度和纲常伦理为本体，不允许丝毫变动；引进西方的科学技术只是

---

① 汤寿潜：《危言·中学第六》，《汤寿潜史料专辑》政协萧山市委员会文史工作委员会编，第224页。
② 陈炽：《庸书》，内篇，卷上，学校。赵树贵、曾丽雅编：《陈炽集》，中华书局1997年版，第57页。
③ 孙家鼎：《议覆开办京师大学堂摺》。转见中国史学会 主编《戊戌变法》（第二册）上海人民出版社1957年版，第426页。
④ 李鸿章：《李文忠公文集》奏稿卷9，台北：文海出版社，1962年版，第19页。
⑤ （清）冯桂芬：《校邠庐抗议·采西学议（下篇）》。转见．谢俊美编：《醒狮丛书》，中州古籍出版社1998年版，第211页。

一种手段，用来维护腐朽落后的封建体制。在此目的驱动下，没有也不可能为中国奠定富强的基础，事实上中国的半殖民地半封建化的程度进一步加深。

3.报刊舆论中的"自强观"与洋务运动的共同局限

在政治上，国人自办报刊的兴起，在相当程度上因应了洋务强国的思想浪潮，大都表现出敏于时代思潮的政治关怀，试图建立舆论阵地，为洋务自强立言发声。

"强中以攘外，诹远以师长，变法以自强"作为《循环日报》的办报宗旨，报刊内容大力提倡兴办洋务，在"器""技"方面向西方学习，振兴中华，抵御外患，鼓吹"自强新政"，提出了一系列改革措施，如：造战舰、制枪炮、练兵将、固边防等。《循环日报》于1874年2月6日发表的《倡设日报小引》着重提出了学习外人之长以治理中国的问题，宣称该报对西方知识将"广为翻译，备加汇罗，俾足以佐中治、稔外情、详风俗、师技艺。其良法美意足以供我揣摩，地理民风，足以资我闻见，则尤今日所急宜讲求者也。"接着又陆续发表了《当用泰西新法》《当仿西法造战舰》等宣扬革新自救的言论，说："今沿海各直省皆设有专局，制枪炮，造舟舰，遴选幼童出洋肄业。自其外观之，非不庞洪彪炳，然惜其尚袭皮毛，有其名而鲜其实也。（福州前时所制轮舶，悉西国古法耳，不值识者一味。他处所造机扳，转动之妙，不能不赖乎西人之指授。而窥其意，则已嚣然自足。辄以为心思智慧足与西人匹，或且过之而有余矣。）夫枪炮则在施放之巧，舟舰则在驾驶之能，行阵之器固不可不利，而所以用利器者则在人也。今公使简矣，领事设失，皇华之选络绎于道。或恐有仪，秦其人，逞游说以悉簧鼓，而徒以口舌得官者，更恐有夤缘攀附，奔走钻营，而得附于其间者。所谓才者未必才，所谓能者未必能，徒碌碌因人成事而已。"[①]

《汇报》相当大版面是关于宫门钞、上谕、奏疏等稿件，主张富国强民、革新自救、支持兴办洋务、鼓吹实业救国。易名《彙报》，打起洋商招牌后，要求改革的言论有所增加，经常转载《循环日报》鼓吹变法自强的论说，还译载介绍过英国议会制度。

境外的《香港华字日报》也同样鼓吹自强革新，"外观于世界潮流，内察乎国民程度，知非自强不足以自保，非开通民智无以图强。"[②]

但由于受历史条件的局限，中国的有志之士所探索的"中体西用"的文

---

① 王韬：《弢园文录外编》，中州古籍出版社，1998 年，第 13 页。
② 陈蔼廷：《华字日报》，《香港华字日报七十一周年纪念特刊》，1934 年 4 月 17 日，第 1 页。

化融合方式，先是注重学习西方的器物文明。"中国人对科学主要是自然科学的接受，相对要容易一些，而对于民主思想的吸收，则要经历较为漫长的岁月"①，尤其对于西方制度文明的接受，却相对缓慢。

同样，洋务运动在军事上对西方的效法仅限于物质文化范围。他们认为"师夷长技"的根本目的，仍是为了"制夷"，而"制夷"最根本的方法，仍是"剿"，为了提高自己"剿夷"的能力，必须要提高自己军队的战斗力，要提高军队的战斗力，必须要保持优良的武器装备，即必须兴办近代军事工业。于是就出现了各式军事工业应运而生的局面：从1861年曾国藩创办安庆军械所，至1894年甲午战争前，洋务派共兴建了20余个制造枪炮、弹药和船舰的军事工业，其中江南制造总局、金陵制造局、福州船政局、天津机器局、湖北枪炮厂规模较大。"自强以练兵为要"，洋务派把编练新式海陆军作为自强的又一重点，清军开始装备洋枪洋炮，海军建设尤为突出，90年代建成的北洋船队，拥有铁甲舰、巡洋舰大小舰只20余艘，并在沿海各省修建了近代化的炮台、船坞和港口，其中以旅顺、烟台、马尾、大沽、黄埔、大连湾、吴淞口、威海卫等最为先进。但是甲午一战彻底击溃了他们心里那一丝可怜的希冀。正如严复在总结洋务运动成效时说："中国知西法之当师，不自甲午败衄之后始也。海禁大开以怀，所兴发者亦不少矣。译署一也，同文馆二也，船政三也，出洋肄业四也，轮船招商五也，制造六也，海军七也，海署八也，洋操九也，学堂十也，出使十一也，矿务十二也，邮电十三也，铁路十四。拉杂数之，盖不止一二十事。此中大半皆西洋以富以强之基，而自吾人行之，则淮橘为枳，若存若亡，不能收其效。"②

综上所述，第一批国人自办报刊在构建洋务"变局观""自强观""求富观"的过程中起着舆论先导的作用，但其洋务舆论观中无疑存在着某种局限性，而这种局限性不可避免地对洋务运动产生了消极的影响，也势必成为运动失败的一个重要因素。

---

① 龚书铎：《社会变革与文化趋向》，北京师范大学出版社2005年版，第50页。
② 严复：《严复集·原强·论世变之亟》辽宁人民出版社1994年版，第35页。

第四章　维新政论报刊舆论与维新运动

　　历史的车轮进入维新时期后，维新派一开始便注意创办报刊，利用报刊这种反应敏捷，传递快速，针对性强、信息量大、覆盖面广泛而稳定的大众传媒形式，大力宣传维新思想，创通变法风气，力图形成变法维新的舆论场，一个中国人办报的新高潮出现在中国大地上，出现了"报馆之盛为四千年来未有之事"①的局面。"据不完全统计，从1895年到1898年，全国出版的中文报刊有120种左右，其中80%左右是中国人自办的"②，"相当于甲午战争前40多年的三倍"。③而资产阶级维新派和与它们有联系的社会力量创办的报刊数量最多、影响最大，这些报刊的出版地区遍及全国沿海和内陆的很多城市。维新派报刊以其鲜明的时代性、新颖的思想性和丰富的知识性，大大提高了国人自办报刊的声誉和社会地位，从根本上打破了长期由外报垄断中国新闻界的局面，终于从外国人手里夺回了一定的说话权力。它积极推动了维新运动的发展，成为中国社会舆论的一支最主要力量。正如费正清在《剑桥中国晚清史》认为："它们（报刊、新式学堂、学会）创造了一种引起思想激动的气氛，这在受过教育的中国人中间广泛地起着作用，这就是现代的公共舆论在中国的开端。……因此，这些新的渠道经沟通，能够很快地把分散体系中的个人观点集中起来并加以鼓吹，创造了类似现代的社会舆论的事物——这是1895年以后的重要的新发展"④。

---

① 《中外日报》，1898年9月20日。
② 方汉奇编：《中国新闻事业通史》（第一卷），中国人民大学出版社，1992年版，第364页。
③ 方汉奇编：《中国近代报刊史》，山西人民出版社，1981年版，第87页。
④ 〔美〕费正清编：《剑桥中国晚清史》（下卷），中国社会科学出版社，1985年版，第379—380页。

第一节　近代国人自办报刊第一次高潮的掀起

在国人自办报刊中，有鼓吹变法的政治性报刊，如《中外纪闻》《强学报》《时务报》《湘报》《湘学新报》《国闻报》《知新报》等；有专门介绍西方科技如声光电化知识的报刊，如《实学报》《通学报》《国闻汇编》《求是报》等；有专门报道工商情形、市场调查、实业开发的报刊，如《工商学报》《商务报》等；还有通俗读物如《蒙学报》等等。在灿若群星的众多报刊中，渐渐形成了三舆论宣传中心。一是天津，代表报刊是《国闻报》等。严复最早在《直报》上发表《原强》《辟韩》等宣传资产阶级民主思想的文章，作为维新变法的先行，一扫思想界阴霾之气。《天演论》的翻译则为维新变法提供了理论基础。二是长沙，由于湖南巡抚陈宝箴在省内推行改良新政，维新派人士一时集聚于此。谭嗣同、唐才常成立了"实兼地方议会之规模"，"隐寓众议院之规模"①的南学会。这些人议论时局，鼓吹革新，发行《湘报》，仅"长沙一城，销千数百份"②，在全国范围内影响很大。三是上海，这里维新报刊相对集中，思想十分活跃，尤其是梁启超担任主笔时的《时务报》，鼓吹维新变法，主张向西方学习，极富有号召力和感染力，事实上该报成为当时维新派舆论的主战场。

那么，维新运动时期，为何会掀起国人第一次自办报刊高潮呢？

一、甲午战后中国民族资本主义的迅速增长为近代报业的兴盛奠定了经济基础

从十九世纪六十至九十年代，在古老的中国大地上掀起了一场向西方学习的洋务运动。随着洋务运动从"自强"发展到"求富"阶段，在东南沿海一带出现了中国民族资本主义的最初萌芽，以1872年华侨商人陈启源在广东南海创办继昌隆缫丝厂为标志。虽然这种民族资本主义工业从它一出生就存在着先天不足的缺陷，但它仍能在封建主义和帝国主义的狭缝中不屈不挠地

---

① 梁启超：《戊戌政变记》，《梁启超全集》（第一册），北京出版社，1999年版，第300页。
② 谭嗣同：《与唐绂丞书》，《谭嗣同全集》（上），中华书局，1981年版，第262页。

成长着。到维新运动以前，近代工矿企业数目、规模、行业和部门不断地扩大，中国的社会经济结构也在发生着新的变化。据统计，从1895年到1900年五年内民族资本家设立的企业82家，超过了以前二十余年开设厂家的总和[①]。再以资本额来衡量，甲午战后官督商办、官办和商办两类资本额的比例，和甲午战前有显著不同：属于官督商办、官办企业的资本额，由占77.6%下降到30%，属于民族资本的商办企业的资本额，由占22.4%上升到70%，而资本额增长数量近三倍。在全部资本主义生产中，民族资本从劣势转到优势，在纺织、缫丝等轻工业部门，更是遥遥领先。[②]1897年，张之洞描绘了全国各地民办工业的蓬勃兴起之势。他说："数年以来，江、浙、湖北等省陆续添设纺纱、缫丝、烘茧各厂约三十余家。此外机造之货，沪、苏、江宁等处，有购机制造洋酒、洋蜡、火柴、碾米、自来水者。江西亦有用西法养蚕、缫丝之请。陕西现已集股开设机器纺织局，已遣人来鄂考求工作之法。四川已购机创设煤油，并议立洋蜡公司。山西亦集股兴办煤铁，开设商务公司。至于广东海邦，十年以前即有土丝、洋纸等机器制造之货，近年新增必更不少。天津、烟台更可类推。湖北、湖南两省已均有购机造火柴及榨棉油者……湖南诸绅现已设立宝善公司，集有多股，筹议各种机器制造土货之法，规模颇盛。似此各省气象日新，必且愈推愈广。[③]"这些情况表明，甲午战后中国民族资本主义获得迅速发展。而中国民族资本主义的迅速增长，一方面，它为近代报刊业的兴盛提供了经济基础和必要的技术条件；另一方面，它刺激了民族资产阶级也迫切需要通过舆论工具来表达自己的政治要求。

二、在严重的民族危机跟前，时代需要新的媒介以唤醒国人实行救亡图存。

甲午战争中国的惨败和《马关条约》的签订，以及随后德国强占胶州湾，极大地刺激了中国人民，促使了中华民族进一步觉醒。梁启超说："吾国四千余年大梦之唤醒，实自甲午战败割台湾偿二百兆以后始也。我皇上赫然发愤，排群议、冒疑难、以实行变法自强之策，实自失胶州、旅顺、大

---

①　十四所高等院校合编：《中国新闻史》，中央民族出版社，1988年版，第129页。

②　汤志钧：《戊戌变法史》（修订本），上海社会科学院出版社，2003年版，第28页。

③　冯天瑜编：《张文襄公全集·奏议》第45卷，台北文海出版社，1966年版，第18页。

连、威海卫以后始也。"①康有为亦曰："非经甲午之役割台偿款，创巨痛深，未有肯翻然而改者"。②湖广总督张之洞对战败后的时局满怀忧虑："此次和约，其割地、驻兵之害，如猛虎在门，动思吞噬；赔款之害，如人受重伤，血气大损；通商之害，如饮鸩止渴，毒在肺腑。及今力图补救，夜以继日，犹恐失之，若再因循游移，以后大局何堪设想？"③并产生出拯救时局的社会责任感："今日时局，惟以激发忠爱、讲求富强、尊朝廷、卫社稷为第一义。"④时代呼唤新的媒介以唤醒国人，维新报刊如《万国公报》（后改为《中外纪闻》）、《强学报》、《时务报》《国闻报》等在这种情势下得以大量出现并得到迅速的发展。1912年10月22日，梁启超在北京报界欢迎会上追述《中外纪闻》的缘起时说："当甲午丧师以后，国人敌汽心颇盛，而全瞢于世界大势。……但知欲改良国政，不可无此种团体耳。而最初着手之事业，则欲办图书馆与报馆。"⑤梁启超在《时务报》创刊号上撰文《论报馆有益于国事》，自述其办报是"激于国家之危殆，怀于匹夫有责之义"。汪康年述及《时务报》创刊之缘起曰："自甲午以来，吾华士大夫，鉴于中国以二十一行省之大，四万万之众，败于扶桑三岛，割地偿金，为世大辱，始有亟亟于知彼知己，舍旧谋新，以图自强而洗大耻者。丙申春，康年与诸人同议，知非广译东西文各报，无以通彼己之邮，非指陈利病，辨别同异，无以酌新旧之中，乃议设时务报馆于上海。"

在强烈的爱国热忱的驱动下，他们深知救亡图存，有待于政治革新，自己无法透过政治权力运作以展布理想，"手无斧柯，所以报答国民者惟恃三寸之舌，七寸之管"来发抒意见，传播声气，以求达成言论报国的心志。"以庞大之中国，败于蕞尔之日本，遗传惟我独尊之梦，至斯方憬然觉悟。在野之有识者，知政治之有待改革，而又无柄可操，则不得不籍报纸以发抒其意见，亦势也。⑥"

光绪帝也因甲午惨败而深受震动，认为非变法不能立国。一味对外妥

---

① 梁启超：《戊戌政变记》，中国近代史料丛刊：《戊戌变法》（第1册），神州国光社，1953年版，第249页。

② 赖光临：《梁启超与近代报业》，台湾商务印书馆发行，中华民国五十七年版，第7页。

③ 戈公振：《中国报学史》，中国新闻出版社，1985年版，第133页。

④ 张之洞：《劝学篇》。李忠兴评注：《中体西用的强国策》，中州古籍出版社，1998年版，第51页。

⑤ 梁启超：《鄙人对言论界之过去与将来》，《饮冰室合集·文集》（第11册），上海中华书局，1941年版，第36页。

⑥ 戈公振：《中国报学史》，中国新闻出版社，1985年版，第176—177页。

协的后党摄于民众的磅礴正气，不得不暂时放松对舆论的控制，那种士人掩口、言路结舌的状况有所解冻，办报设馆逐步得到了官方的认可。1896年6月，刑部左侍郎李端棻在给清廷的《请推广学校折》中也说道："今请于京师及各省并通商口岸，繁盛镇埠，咸立大报馆，择购西报之尤善者分而译之，译成除恭缮进呈御览，并咨送京外大小衙门外，即广印廉售，布之海内。其各省政俗土宜，亦由各报馆派人查验，随时报闻，择识时之俊日多，干国之才日出矣。"①后来总理衙门对此折奉旨议准，这实际上是官方承认了现代报刊的合法性，并参与到其中。

维新时期，在整个中国被震动、人心思变的情况下，急需报纸这种大众传媒来制造舆论、来振聋发聩。时代呼唤新的传媒宣传人才，此时通过近代传媒比较广泛地接受了资产阶级民主思想的维新派知识分子们因缘时会，登上了历史舞台。

三、维新派通过办报以满足知识分子参政的愿望

在严重的民族危机和迫切的求变渴望的推动下，社会中上层的官绅人士开始寻求新的知识和思想，而以变法为宗旨的维新报刊恰好能满足处于焦虑和求新渴望中的官绅群体的政治心理需求，将办报与政治活动化为一体，实现知识分子的参政愿望，是维新派作为报人角色存在的最基本的特色。在《时务报》创刊号上，梁启超撰文《论报馆有益于国事》，文中说："虽蟊蟊之力，无取负山，而精禽之心，未忘填海。上循不非大夫之义，下附庶人市谏之条，私怀救火弗趋之愚，迫为大声疾呼之举，见知见罪，悉凭当途。若听者不亮，目为诽言，摧萌拉蘖，其何有焉。或亦同舟共艰，念厥孤愤，提倡保护以成区区，则顾亭林所谓天下兴亡，匹夫之贱，与有责焉己耳"。②该文还对前人办报求通的思想进行了盘点和总结，指出"中国受侮数十年"的主要原因就在于"上下不通"和"内外不通"，创办报馆、印发报刊是"起天下废疾"的"导端"，是一条全新的救国途径（详见下一目）。从政治层面上看，梁启超对报刊功能的认识反映了刚刚由地主阶级向资产阶级上层转化的知识分子要求冲破封建言禁的罗网的要求、幻想在国家政权中取得合法和正当地位的想法以及用民族振兴和国家自强实现救亡图存的爱国热情。因此，早在强学会时期，梁启超对报刊作用对象的理解就在于

①　李端棻：《请推广学校折》，《时务报》，第六册，光绪二十二年八月二十一日。

②　《本馆告白》《时务报》，卅九册。转见赖光临：《梁启超与近代报业》，台湾商务印书馆发行，中华民国五十七年版，第9页。

"合群"，即"合"官绅之"群"，造就符合其需要的政治势力，以适应维新变法或君主立宪的政治需要。强学会后，"启超等之运动，益带政治的色彩"。到了《时务报》时期更为突出，汪康年在《时务报》撰《论中国参用民权之利益》一文，强调"天下之权势出于一则弱，出于亿兆人则强，此理之断断然者。"这一申张民权的论调，开风气之先。梁启超在《变法通议》中，"批评秕政，而救弊之法，归于废科举兴学校，亦时时发民权论"①，以实践"报馆有益于国事"的志向。康有为对梁启超以报为政的政治参与方式表示了积极的认可和期望。他说："至造国民基址，在开民智，求民权，至此为宗，此外不可再生支离矣。……汝作二十年之说，大约三数年内必有大变，近或一二年耳。汝开民智，求民权候之，必无误。……若于一二年内厚蓄财力，将来各省遍开报馆，……乃为报馆作线燃之，吾保一年之后全国必皆变动。"②维新派借重报刊营造舆论，将自己的观念和主张迅速、广泛地传递给社会各个阶层提供了强有力的手段，充分利用舆论力量以影响政局，实现自己的政治理想和抱负，可以说是晚清中国知识分子所具有的一个重要行为特征。

四、维新派通过办报以疏通壅塞的社会风气

当时社会风气闭塞，"中国人士寡闻浅见，专以守残，数百年如坐暗室之中，一无知觉。"③"百年以前，法国之革命，美国之独立，为全地球千古未有之大事，而我中国人茫乎杳焉无一人知其影响。三十年以前普法之战，俄土之战，亦为欧洲非常之举，而我中国人称先觉者，仅闻其名，若有若无。"④康有为认为："中国风气．向来散漫，士大夫戒于明世社会之禁，不敢相聚讲求，故转移极难。……故以上书不达之后．日以开会之议，号之于同志，陈次亮谓办事有先后．当以报先通其耳目，而后可举会"⑤。另一早期改良思想家陈炽对中国社会上下壅弊的状况不由慨叹："顾廊庙虽高，不

---

① 梁启超：《清代学术概论·儒家哲学》，天津古籍出版社，2003年版，第76页。
② 丁文江、赵丰田编：《梁启超年谱长编》，上海人民出版社，1983年版，第299页。
③ 丁文江、赵丰田编：《梁启超年谱长编》，上海人民出版社，1983年版，第30页。
④ 梁启超：《论美菲英杜之战争关系于中国》，《饮冰室文集》（卅七册），广智书局，1902年出版，第65页。
⑤ 《康南海自编年谱》，光绪二十一年。转引自陈玉申：《晚清报业史》山东画报出版社，2003年版，第73页。

讳之风，草野尚有难通之隐。"①怎样"开通风气"？惟有"去塞求通"。其方法就是办报。通过办报，可以达到上下内外之间的沟通、联系、和谐和统一。严复在《国闻报》缘起中云："《国闻报》何为而设者也？曰，将以求通焉耳。夫通之道有二：一曰通上下之情；二曰通中外之故。如一国自立之国，则以通下情为要义。塞其下情，则有利而不知兴，有弊而不知去；若是者，国必弱。如各国并立之国，则尤以通外情为要务。昧于外情，则坐井而以为天小，扪籥而以为日圆；若是者，国必危。"②

　　维新派首领康有为，从小受到近代报刊的影响，深知近代中文报刊的重要作用，对报纸的舆论宣传功能极为关注。他提出要以具有"匡政府所不逮"、可使"民隐得以上达"、"借鉴敌情"、使知"新政"③之功能的报纸改变"士大夫不通外国政事风俗"④的局面。因此，1895年5月，康有为在其著名的《公车上书》首次提出了开设报馆的建议，说："《周官》诵方训方，皆考四方之慝方；《诗》之《国风》、《小雅》，欲知民俗之情。近开报馆，名早新闻，政俗备存，文学兼述，小之可观物价，琐之可见士风。清议时存等于乡校，见闻日辟，可能政务……尤足以开拓心思，发越聪明。"他认为报纸的内容是"政俗备存，文学兼述"；报纸的作用"小之可观物价，琐之可见士风"，清议时存，可通时务；"尤足以开拓心思，越发聪明"。他通过宣扬报纸是"先王遗制"，从而争取清末封建统治者学习"先王"，开放言禁，提倡办报。所以他建议光绪帝"宜纵民开设，并加奖励，庶裨政教。"⑤并把设立报馆以"通其耳目"使"舆论渐明"作为维新派"举会"的先决条件。⑥在《上清帝第四书》中，康有为再次提出"开报馆""设报达聪"等主张，把发展近代传播事业，推动社会全面进步作为变法维新的一项重要内容。他说："宜令直省要郡各开报馆，州县乡镇亦令续开，日月进呈。并备数十副本发各衙门公览，虽乡校或宵吁寡暇，而民隐咸达，官匿皆知。中国百弊，皆由蔽隔，解蔽之方，莫良于是。至外国新报，能言国政。今日要事，在知敌情，通使各国，著名佳报，咸宜购取其最著而有用者，莫如英之太晤士、美之滴森。令总署派人每日译其政艺，以备圣

①　中国近代史料丛刊：《戊戌变法》（第一册），神州国光社，1953年版，第245页。

②　戈公振：《中国报学史》，中国新闻出版社，1985年版，第145页。

③　汤志钧编：《康有为政论集》（上册），中华书局，1981年版，第322页。

④　康有为：《康南海自编年谱》，中华书局，1992年版，第28页。

⑤　汤志钧编：《康有为政论集》（上册），中华书局，1981年版，第132页。

⑥　康有为：《康南海自编年谱》，中华书局，1992年版，第30页。

览，并多印副本，随邸报同发，稗百僚咸通悉敌情，皇上可周知四海。"①意思就是，他力主"直省要郡各开报馆"，指出："中国百弊，皆由蔽隔"，而"解蔽之方"②就在于设立与"民智国运相关"③的报馆之举。较之于康有为，梁启超更加重视报纸这个传媒的宣传作用和话语权力。梁启超认为，强弱之源在于"通"和"塞"，报馆的作用就在于"去塞求通"。他说："觇国之强弱，则于其通塞而已。……去塞求通，厥道非一。而报馆其导端也。"从报纸上可以周知全球大局，强盛弱亡的原因。"阅报愈多者，其人愈智，报馆愈多者，其国愈"，浸以时日，"则风气渐开，百废渐举，国体渐立，人才渐出。"并进一步将报刊作为"去废疾"的"喉舌"，通过设报馆开通风气，改变那种闭关自守的壅塞状况，图振国民精神，达到救亡图存的目的。"无耳目、无喉舌，是曰废疾。今夫万国并立，犹比邻也。齐州以内，犹同室也。比邻之事而吾不知，甚乃同室所为，不相闻问，则有耳目而无耳目；上有所措置，不能喻之民，下有所苦患，不能告之君，则有喉舌而无喉舌；其有助耳目喉舌之用，而起天下之废疾者，则报馆之为也。"对报上的种种言论，"见知见罪，悉凭当途。若听者不亮，目为诽言，摧萌拉蘖，其何有焉。或亦同舟共艰，念厥孤愤，提倡保护，以成区区。则顾亭林所谓天下兴亡，匹夫之贱，与有责焉。"④他不仅认识到报纸对国家政治的重要性，而且看到了现代报刊对民间社会的重要性。除了军国大事之外，报纸还详记人数之生死、民业之盈绌、学会之程课、物产之品目、格致之新理、器艺之新制等无所不记。又谓："血脉不通则病……惟国亦然。上下不通，故无宣德达情之效，而舞文之吏贪缘为奸；内外不通，故无知已知彼之能，而守旧之儒鼓其舌。中国受海数十年，坐此焉耳"。⑤社会、国家和民众都不可缺少报刊。

1895年5、6月间，梁启超在给他朋友的信中，曾不止一次地谈到对办报的认识，"舍言论外未有致力，办报之心益切"⑥。梁在给夏曾佑的信中说：

---

① 康有为：《上清帝第四书》，《康有为政论集》（上册），中华书局，1981年版，第159页。
② 康有为：《上清帝第四书》。转引自谢遐龄：《变法以致升平——康有为文选》，上海远东出版社，1997年版，第324页。
③ 汤志钧编：《康有为政论集》（上册），中华书局，1981年版，第322页。
④ 梁启超：《论报馆有益于国事》，《时务报》创刊号，1896年8月（光绪二十二年七月初一）。
⑤ 梁启超：《论报馆有益于国事》《时务报》创刊号，1896年8月（光绪二十二年七月初一）。
⑥ 董方奎：《清末政体变革与国情之论争：梁启超与立宪政治》，华中师范大学出版社，1991年版，第20页。

"顷欲在都开设报馆，已略有端绪，此举有成，其于中心力量颇大也"。① 在给汪康年的信中也说："此间亦欲开学会，颇有应者，然其数甚微，度欲开会，非有报馆不可，报馆之议论，既浸渍于人心，则风气之成不远矣"。② 他决心创办报刊，利用报刊这种反应敏捷，传递快速，针对性强、信息量大、覆盖面广泛而稳定的大众传媒形式，大力宣传维新思想，创通变法风气，为维新运动的深入发展作必不可少的舆论上的宣传。

"办事有先后，当以报先通其耳目。"③ 于是办报成为首先要着手进行的一项工作。1895年8月17日，筹备多时的维新派第一份机关报《万国公报》（后改为《中外纪闻》）在北京创刊，将"设报达聪"的主张变成了实际行动。

五、维新派通过办报以开启愚陋的民智

对于当时的"民智愚陋。"康有为深有体会，他回忆说："甲午一役，鄙人当时考求时局……曾上书请及时变法自强，而当时天下皆以为狂"，④ 因而他认识到"今日之患，在吾民智不开"。梁启超赤裸裸地愤然指陈："四万万人中，其能识字者，殆不满五千万人也；此五千万人中，其能解文法执笔成文者，殆不满五百万人也；此五百万人中，其能读经史署知中国古今之事故者，殆不满五千人也；此五千人中，其能知政学之本源，考人群之条理，而求所以富强吾国，进化吾种之道者，殆不满百数十人也"。⑤ 所以梁启超一再强调"故言自强于今日，以开民智为第一义"。⑥ 那么，在中国又如何开民智呢？梁启超等维新知识分了认为，报刊的创办是时代进步的一个标志。在一个"国事不可问、其现象之混浊，其前途之黑暗，无一事不令人心灰望绝"的时代，"其放一线光明，差强人意者，惟有三事：曰学生日多，书局日多，报馆日多是也。"⑦ 即办学校、兴学会、开报馆。报纸一出，"不得观者观，不得听着听"⑧。在启迪民智，开通风气，社会启蒙上，较

① 丁文江、赵丰田编：《梁启超年谱长编》，上海人民出版社，1983年版，第40页。
② 丁文江、赵丰田编：《梁启超年谱长编》，上海人民出版社，1983年版，第40页。
③ 中国近代史料丛刊，《戊戌变法》（第一册），神州国光社，1953年版，第245页。
④ 康有为：《开设报馆议》。汤志钧编：《康有为政论集》（上册），中华书局，1981年版，第367页。
⑤ 赖光临：《梁启超与近代报业》，台湾商务印书馆发行，中华民国五十七年版，第11页。
⑥ 沈云龙编：《中国近代史料丛刊》（三编），《时务报》，台北文海出版社，1987年版，第271页。
⑦ 梁启超：《敬告我同业诸君》，载张静庐《中国出版史料补编》，中华书局1967年版，第164页。
⑧ 胡思敬：《戊戌履霜录》卷四，《戊戌丛刊》（四），上海人民出版社，1961年版，第47页。

之学校、学会，报刊的影响更加深远、广泛，"报馆者政本之本，而教师之师也。"①他充分认识到报纸具有开启民智的功能。1895年11月，梁启超在《强学报》创刊号中，呼吁道："古者诸侯万国有万报馆，今直省州县皆宜令设报馆，以达民隐，而开民智。"梁氏又有诗云："举国皆吾敌，吾能毋悲？吾虽吾悲而不改吾度兮，吾有所自信而不辞，世非混浊兮，不必改革众安混浊而我独否兮，是我先与敌众。阐哲理指为非圣兮，倡民权谓曰畔道，积千年旧脑之习惯兮，岂旦暮而易？先知有责，觉后是任，后者终必觉，但其觉匪今，十年以前是大敌，十年以后皆知音。……眇躯独立世界上，挑战四万万群盲，一役战罢复他役，文明无尽兮竞争无时停。百年四面楚歌里，寸心炯炯何所撄。"②在诗中，梁以"先知"自任，将报刊作为战场，希望以十年左右的时间改变"觉后"者，去掉群盲"积千年旧脑之习惯"。

严复认为，要维新，要救国，就必须要"开民智"，那么，怎样才能开启民智呢？就是要办报、译报。通过办报，可以"通上下之情"，实行民主。"阅兹报者，观于一国之事，则足以通上下之情，观于各国之事，则足以通中外之情。上下之情通，而后人不专私其利。中外之情通，而后国不专私其治。人不专私其利，则积一人之智力以为一群之智力，而吾之群强；国不专私其治，则取各国之政教以为一国之政教，而吾之国强。"③他认为，国家的强大必须依赖于民众的力量，民众乐为国家效力必须依赖智力的提高，而民众智力的提高又须通过读报来了解中外情况，即办报纸——开民智——强国家三者之间存在一定的因果联系。"积人而成群，合群而成国，国之兴也，必其一群之人。上自君相，下至齐民，人人皆求所以强弱，而不自甘于弱，人人皆求所以智，而不自安于愚"、"一群之民智既开，民力既厚，于是其为君相者，不过综其大纲，提挈之，宣布之，上既不劳，下乃大治"。④

通过译报，可以"通中外之故"，引进外来的先进思想，向西方学习，是开民智的主要方法。"欲通知外情不能不详述外事，欲详述外事不能不广译各国之报"。⑤他急切地希望用西学来武装国人。他说："今吾国之所最患者，非愚乎?非贫乎?非弱乎?而径而言之，凡事之可以愈此愚、疗此贫、起

①　《本馆第一百册祝辞并论报馆之责任及本馆之经历》，《饮冰室合集·文集之六》，中华书局，1989年版，第78页。

②　丁文江、赵丰田编：《梁启超年谱长编》，上海人民出版社，1983年版，第267—268页。

③　周振甫选注：《国闻报缘起》，《严复选集》，人民文学出版社，2004年版，第113—114页。

④　徐新平：《论严复的新闻思想》，《新闻三昧》，2006年第4期，第50页。

⑤　戈公振：《中国报学史》，中国新闻出版社，1985年版，第146页。

此弱者皆可为。而三者之中，尤以愈愚为最急。何则？所以使吾日由贫弱之道而不自知者，徒以愚耳。继自今，凡可以愈愚者，将竭力尽气骈手茧足以求之，惟求之为得，不暇问其中若西也，不必计其新若故也。有一道于此，致吾于愚矣，且由愚而得贫弱，虽出于父祖之亲，君师之严，犹将弃之，等而下焉者无论已。有一道于此，足以愈愚矣，且由是而疗贫起弱焉，虽出于夷狄禽兽，犹将师之，等而上焉者无论已。何则？神州之陆沉诚可哀，而四万万之沦胥甚可痛也。"①

维新派激进分子谭嗣同更说报纸"可谓古今，可审中外，可瞻风俗，可察物理，可谙事变，可稽敌情，可新学术，可强智慧。"②《湘学报》"例言"云："……而湘省报馆阙如，非所以开民智而育人才也，爰拟创立《湘学报》"以"讲求中西有用诸学，争自濯磨，以明教养，以图富强，以存遗种，以维宇宙"。《知新报》认为，办报是去塞求通最可行而有效的办法，对强国智民的作用十分明显。③"通则开，开则明，明则达，可以知古今，瞰中外，穷物理，洞人情。"④《无锡白话报》的创办人裘廷梁认为"天下万事万物，皆生于民，成于民"，"谋国大计，要当尽天下之民而智之。"怎样才能以民为本，广开民智呢？"欲民智大启，必自广兴学校始。不得已而求其次，必自阅纸始。报安能人人耳阅之，必自白话报始"。"每县自设一报，浸遍于十八行省，而后民智大开耳"。⑤总之，"有一学即有一报"，通过在报刊上的公开交流和讨论，不仅"通上下"，而且"开民智"。"阅报愈多者，其人愈智。报馆愈多者，其国愈强。⑥"

正是基于"国民智则国强，国民愚则国弱。国民之智何以智？国民之愚何以愚？无他，有报馆则民智，无报馆则民愚"⑦的认识，以康、梁为首的维新派在开展他们政治活动时，把创办报纸放在首位。"故今日中国将变未变之际，以扩张报纸为第一义，今日切要之图，莫过于此者"；⑧创办报纸以启迪民智，抑扬舆论，成为维新派认识办报思想的主要内容和目的。

---

① 周振甫选注：《与〈外交报〉主人论教育书》，《严复选集》，人民文学出版社，2004年版，第148页。

② 翦伯赞等编：《戊戌变法》（第4卷），上海人民出版社，1961年版，第375页。

③ 吴恒炜：《知新报缘起》，《知新报》第1册，光绪二十三年正月二十一日。

④ 黎祖健：《说通篇一》，《知新报》第50册，光绪二十四年闰三月初一日。

⑤ 《无锡白话报序》，《无锡白话报》，1898年5月11日创刊号。

⑥ 梁启超：《论报馆有益于国事》《时务报》创刊号，1896年8月（光绪二十二年七月初一）。

⑦ 李秀云：《中国学术史》（1834—1949），新华出版社，2004年版，第44页。

⑧ 翦伯赞等编：《戊戌变法》（第四卷），上海人民出版社，1961年版，第146页。

正因为报刊具有舆论宣传的重大作用：“西方报馆主笔……能自由剖陈国是，含寓褒贬，对中国士人而言，乃为一极感惊喜之事。有清一代，政略以防弊为主，文字之祸，诽谤之禁，穷古所未有，知识分子言论自由久受抑制，今忽见西士之作为，暗示之下，乃产生一种跃然以动及锋而试心理。故丙申维新志士创刊于沪上，亦攘臂呼号，抨击时政矣。”①“此后梁启超、汪康年辈办报于沪上，启迪民智，开通风气，促成社会与政治之变革，其间波澜一层层撼动”。②维新派利用报纸这种传播媒介积极宣扬维新变法、救亡图存的主张，有力地推动着维新运动的发展。

第二节　维新政论报刊对维新思想的鼓吹

甲午以后，中国面临被列强瓜分之势，大批知识文化精英如康有为、梁启超、严复等人以一种办报救国的姿态投身报界，利用报刊首先发动舆论攻势，将各种维新变法主张“先发端于各报馆，”③揭露清朝暴政，反映民间疾苦，呼唤民主政治，倡行维新变法，在晚清的中国社会掀起了一股巨大的思想救亡的浪潮。

一、《中外纪闻》

“瓜分豆剖，渐露机芽”，中国处于危亡之秋。康有为、陈炽等在北京创设强学会前，于1895年8月17日（清光绪二十一年六月二十七日）就创办了《万国公报》，出版三个月后因与上海外国传教士在上海所办的《万国公报》同名，改为《中外纪闻》，作为京师强学会的机关报。在《万国公报》上连续刊登《地球万国说》《地球万国兵制》《学校说》《万国矿物考》等文，介绍资本主义国家政治、经济情况和自然科学知识，宣传富国强兵之道、国家振兴之源、养民教民之法，字里行间渗透着变法维新的强烈要求。所附的“论说”，则考察各国强弱之源，评论中西社会得失，宣传中国应该

---

① 赖光临《中国近代报人与报业》，台湾商务印书馆，1980年版，第84页。
② 赖光临《中国近代报人与报业》，台湾商务印书馆，1980年版，第92页。
③ 严复：《论中国分党》，《严复集》，中华书局，1986年版，第487页。

向西方学习，提出富国强兵的建议。在《中外纪闻》上发表了康有为的《开会主义书》即《强学会序》。文章一开头就列述了中国处于列强环伺、瓜分之祸迫在眉睫的危急形势，"俄北瞰，美西眈，法南瞵，日东眈，处四邻之中而为中国，岌岌哉。"①接着又以印度、土耳其、安南、朝鲜等国"守旧不变"而惨遭灭亡瓜分为例，沉痛地描绘了中国一旦亡国后的"惨烈之状"，最后号召爱国士大夫和知识分子，以德、日两国为榜样，"普鲁士有强国之会，遂报法仇。日本有尊攘之徒，用成维新。"又说："盖学业以讲求而成，人才以磨砺而出，合众人之才力，则图书易庀，合众人之心思，则闻见易通"。②希望他们在艰难的环境中磨砺而出，团结合作，开展维新运动以挽救祖国的危亡。《强学会序》可以说是一篇震人心弦的维新救亡的政治宣言，"读之者多为之泪下"，"朝士乃日闻所不闻，识议一变焉"③，初步打开了京师士大夫闭塞的思想。

二、《强学报》

《强学报》于1896年元月12日创刊，由康有为的学生徐勤、何树龄主编，该报是铅字印刷的5日刊，免费赠阅。从创刊至终刊，虽共出三号，但它力言科举、法制的积弊，旗帜鲜明地倡导变法维新，发出"穷则变，变则通，通则久，不变则不能久矣"的警告；明确提出了"明定国事""开设议院以通下情"的政治主张。它办报的宗旨是"广人才，保疆土，助变法，增学问，除舞弊，达民隐。"表达了资产阶级改良派企图在不触犯地主阶级根本利益的基础上求得一些发展资本主义的愿望。《强学报》的政治色彩较《万国公报》和《中外纪闻》更为浓厚、鲜明，且以论说为主要内容④。

首先，《强学报》以孔子纪年，欲"托古"以改今制。《强学报》揭载"孔子卒后二千三百七十三年"，以之与光绪二十一年并列，又载《孔子纪年说》称"凡百世之义理制度，莫不曲成；凡异族殊教之精微，皆在范围者，其惟孔子乎？凡所称为尧、舜、禹、汤、文、武成功盛德，皆孔子所发也。孔子既损益而定制，弟子传其道，弥塞天下。……嗟夫！封禅七十二

---

① 《康有为全集》（第二册），上海古籍出版社，1990年版，第185—186页。
② 《强学会序》。汤志钧：《戊戌变法史》，人民出版社，1984年版，第135—136页。
③ 《康南海自编年谱》，《戊戌变法》丛刊（四），神州国光社，1953年版，第132页。
④ 汤志钧：《戊戌变法史》（修订本），上海社会科学院，2003年版，第198—203页。

君，九皇六十四民，仍代递嬗，变灭不贯，至于圣道，与天不变。然今异教迫逼，务在密其条理，定其统宗，坚其执持，亦欲张皇圣道，光大延亘，前有千古，后有万年，横有大地，未有亿类，共尊持之"①。在《毁淫祠以尊孔子议》又说："夫开民志，在兴学校；兴学校，在定趋向；定趋向，在尊孔子。……呜呼！师道之尊，同于君父；为人臣子，背其君父，罪孰甚焉。今举天下之智愚、贤否、贵贱、长幼，皆曰在孔子范围之中，礼义之内，而不知尊奉之，考求之，是犹有君而不忠，有父而不孝也。……今宜继孔子之志，专孔子之祀，凡各淫祠，悉为焚毁，即海内感应劝世之文，歌谣小说之书，皆以援孔子之大义，明孔子之大道为主，违者以淫书论。所以一天下之耳目，定天下之心志，使之知孔子之名，求孔子之实，则四千年之种族，二千年之圣教，或有赖焉。不然，海内诸教，其能行于五洲，垂诸久远者，岂义理之奥妙、条例之精密哉、亦以其奉其祖师，既尊且亲，故至此耳。有志之士，竞相勉旃"②。

认为古代制度不断损益，尧、舜、禹、汤、文、武的"成功威德"，都是孔子发明以改当时的制度，应该"尊孔子"以"定趋向"。应该"继孔子之志，专孔子之祀"，以维系"圣教"。他把资产阶级需要的东西，挂上圣人的招牌，欲"讬古"以改"今制"。藉以减轻非圣无法的压力，从事维新变法的宣传，这就引起了封建官僚的不满，张之洞就反对"孔子纪年"，以"孔子卒后一条"，"未经同人商议"为"不合"。

其次，刊录当时未经公开的"廷寄"，并加跋语，阐明变法的必要性。《强学报》第一号刊录光绪二十一年闰五月二十七日"因时制宜"、"蠲除积习，力行实政"的上谕，末载"附论"，赞扬它是"三百年之特诏"，以之为"中国自强之基，臣民讲求时事之本"。用以发挥维新之要、变法之宜，说："故千年一大变，百年一中变，十年一小变，……若夫时有不宜，地有不合，则累朝律例典礼，未有数十年不修改者，此十年之变也。孔子作六经，而终以《易》，专言变通，盖穷则变，变则通，通则久；不变则不能久矣。……圣上深通天人之故，鉴中外之得失，首发纶言，颁之疆臣，变行新法，哀通激切，义与天通。"《传》曰："诚则明矣"。"呜呼！此为三百年之特诏，中国四万万人类，托乐利焉。疆臣奉宣德意，永流宣化，其条理虽未知何如；而薄海臣民，捧读王言，破去拘牵之见，光大维新之命，

① 《强学报》，第一号，光绪二十一年十一月二十八日，（1896年1月12日）。
② 《强学报》，第二号，光绪二十一年十二月初三日，（1896年1月17日）。

化行风被，人人可以昌言新法。"①借"谕"发挥，宣传变法。

再次，宣传设会办报，倡导维新变法。《强学报》除刊载《强学会序》《上海强学会章程》外，又有《论会即荀子群学之义》，和《开设报馆议》两文，宣传开设学会和创办报纸的重要性，认为西方资本主义国家之所以强盛，都与开会办报有关。康有为指出，中国受侮于列强，是由于本身"愚弱"，要摆脱"愚弱"，必须力求"自强"，自强之道在于学习。呼吁国内的"通人志士"踊跃加入学会，"群人共学"共同挽救国家的危亡。在《开设报馆议》中阐述了报纸在维新运动中的作用，并指出设立报馆，能"达民隐"，"开民智"，其利有六：

"一，士夫可通中外之故，识见日广，人才日练，是曰广人才；二，公卿耳目渐广，兵事敌情渐熟，办事六约，不至大误，是曰保疆土；三，变法当顺人心，人人以为然，则令若流水，是曰助变法；四，士夫终日从公，余则酬酢，绝无暇读书，有报则每日一张，各学皆有日日增长，是曰增学问；五，吏畏上闻，不敢作奸，是曰除舞弊；六，小民疾苦，纤悉皆知，是曰达民隐。有此大利，急应举行。由此推广直省郡县，则天下一家，中国一人，其于风化，为益大矣"。②宣传开设学会和创办报纸的重要性，认为西方资本主义国家之所以强盛，都与开会办报有关，"考西之富强，虽由在上者之发愤，亦由在下者之切磋"，设立学会是"求败之道"。创办报刊，是学会的首要任务；组织学会，又赖报纸的配合揄扬。两者本来是相互依联的。组织学会，可以联络一些地主阶级出身的知识分子和官僚进而议政；创办报刊，又可利用这个宣传阵地浸渍舆论。这是康有为等维新派在维新运动时期首先注目的两件大事。然而，他们学习西方，却总离不开依托古制，说什么中国本来有"乐群""会友"之义，本来有采诗之风，只是后来湮没了，以致中国"积弱""民智"不开。不敢径率提出，反映了他们的软弱性。

最后，阐明变法当知本源，对科举制度进行了批判。《强学报》第二号《变法当知本源说》认为，科举制度锢蔽才智，以致"世变日亟，上下无才"，应该学习西方资本主义国家的"学校兴而积习变"。文章还明确提出开设议院的主张，说"向使中国略然改图，士风一变，国是既定，然后开议院，立议员，以通上下之情重官体，疏官阶，以正吏治之弊。纲举目张，风

---

① 《强学报》，第一号，光绪二十一年十一月二十八日，（1896 年 1 月 12 日）。

② 《强学报》，第一号，光绪二十一年十一月二十八日，（1896 年 1 月 12 日）。

行草偃，余事何足为哉"。①这是最早公开在报刊上论及议院的文章。

三、《时务报》

"强学会虽封禁．然自此以往，风气渐开，已有不可抑压之势。"②在经历了短暂的沉寂后，维新派的宣传活动再趋活跃。上海《时务报》的出版，掀起了更大的舆论波澜。《时务报》创刊，以"变法图存"为宗旨。梁启超在《时务报》上连载21期发表《变法通议》，全面系统地阐述了变法主张，是改良派的纲领性文件。它在深刻揭露封建专制制度的腐朽，猛烈抨击封建顽固派的因循保守时说："彼君民上下，犹僩焉以为吾今日之法，吾祖前者以之治天下而治，蔼然守之，因循不察，渐移渐变，百事废弛，卒至疲敝，不可收拾。"③而救弊之法，维新派认为兴学校育人才是使国家富强的根本途径和关键所在。"吾今为一言以蔽之曰：变法之本，在育人才；人才之兴，在开学校；学校之立，在变科举，而一切要其大成，在变官制。④"梁启超还在《时务报》上发表《变法通议》的《学校总论》一文中说："亡而存之，废而举之，愚而智之，弱而强之，条理万端，皆归本于学校。""今国家而不欲自强则已，苟欲自强，则悠悠万事，惟此为大，虽百举未遑，犹先图之。"⑤

维新派还把兴学校育人才视为维新变法的重要内容和当务之急。1896年梁启超在《时务报》上发表《论变法不知本原之害》中说"欲求新政，必兴学校，可谓知本矣。"⑥徐勤的《中国除害议》，则阐述了"开学校"、"废科举"的思想，提出要大量创办正规的新式学堂，创立"政务学堂"，并派遣留学生出国学习。还提出要废除八股取士制度，认为科举制度已经使得中国"朝无才相，阃无才将，疆无才吏，野无才农，市无才商，肆无才工"，⑦

---

① 《强学报》，第二号，光绪二十一年十二月初三日，（1896年1月17日）。

② 梁启超：《强学会封禁后之学会学堂报馆》。中国近代史资料丛刊：《戊戌变法》第4册，神州国光社1953年版，第395页。

③ 梁启超：《自序·变法通议》，《时务报》创刊号，1896年8月9日。

④ 梁启超：《自序·变法通议》，《时务报》创刊号，1896年8月9日。

⑤ 梁启超：《学校总论》，《饮冰室合集·文集之一》，1936年版，中华书局，1989年影印，第19页。

⑥ 梁启超：《论变法不知本原之害》，《饮冰室合集·文集之一》，1936年版，中华书局，1989年版，第242页。

⑦ 徐勤：《中国除害议》。舒新城编：《中国近代教育史资料》（下册），人民教育出版社，1981年版，第971页。

科举培养不出真正的人才，科举不变中国就不能自强。所以，"故欲兴学校、以养人才，以强中国，惟变科举为第一义"①。

接着，亟言不变法之害，阐明维新变法的合理性和必要性。他大声疾呼："法者天下之公器也，变者天下之公理也。大地既通，万国蒸蒸，日趋于上，大势相迫，非可阏制。变亦变，不变亦变。变而变者，变之权操诸己，可以保国，可以保种，可以保教。不变而变者，变之权让诸人，束缚之，驰骤之。呜呼，则非吾之所敢言矣。是故变之途有四：其一，如日本，自变者也；其二，如突厥，他人执其权而代变者也；其三，如印度，见并于一国而代变者也；其四，如波兰，见分于诸国而代变者也。吉凶之故，去就之间，其何择焉？"②中国已经到了覆灭的边缘，到了"变亦变，不变亦变"的地步，与其被人"变"（如印度、突厥、波兰等国），不如自己"变"（如日本）。自己变法，"变之权操诸己"；被迫变法，"变之权操诸人"。"变"的方式不同，结果迥异。如果中国不振奋起来，主动变法，就会沿着败弱之路变下去，陷于亡国灭种、不可收拾的地步。

汪康年在《中国自强策》一文中说："至今日，而欲力反数千年之积弊，以求与西人相角，亦惟曰：复民权、崇公理而已。"③在另外一篇政论《论中国参用民权之利益》中，提出中国应该参用民权以保君权。他指出，"国之大柄，上不在君中，中不在官，下不在民，而独操之吏"，从而使君与民上下隔绝，参用民权则"千耳万目，无可蒙蔽，千夫所指，无可趋避，令行禁止，惟上之从"④。他还谈到实行"民权"的好处：有助于行君权"必民权复而君权始能行"、有助于激发人们的爱国思想、可以民权抵御西方列强的要挟。梁启超虽不认为当时的中国急于要"开议院"，但他预测"不及百年，将举五洲而悉惟民之从"，⑤认为这是社会世事发展的必然趋势，中国也不能"独立而不变"。

出使归国人员汪大钧也在《时务报》上发表文章，鼓吹维新变法。他在《论变法当务为难》中，认为危害中国的主要有三事，即科目、资格和例案。"科目废才，资格废官，例案废事，循环往复，遂中膏肓。"因此要根

---

① 梁启超：《论科举》。《饮冰室合集·文集之一》，1936年版，中华书局，1989年影印，第21页。
② 《变法通议》，《时务报》，1896年8月19日。
③ 汪康年：《中国自强策》，《时务报》光绪廿二年八月初一日。
④ 汪康年：《论中国参用民权之利益》，《时务报》（第9册），1896年10月，中华书局，1991年影印本1，第559页。
⑤ 梁启超：《论君政民政相嬗之理》《时务报》1897年10月6日。

除三害就必须废科目，破资格，除例案。"然而望科目以梯进取者，守资格以邀贵显者，缘例案经营奸宄者，齐州之大，奚止百万。其人又率皆缙绅之族，清要之班，狡黠巧猾之徒，一旦改弦更张，必惧而协以谋我。"所以说，"非布新之难，而除旧之难也"。他认为："大厦将倾，工师缩手，是必易其梁栋，去其朽蠹，徒粉饰支柱无益也。若以易梁栋去朽蠹为不便，而粉饰支柱焉，一旦栋折榱崩，居其下者，有能幸免者乎？我不除而人除之，不如及早而除之也，我不布而人布之，不如及早而布之也，勿狃目前之损益，而计大局之安危，上无畏心，下无阻力，庶难者不终难，变者可终变乎？①"

咸与维新，"中国必尽革其旧日之弊，举国而仿效西方之治，政令教化咸与维新而后可。约而举之，尤不可须臾缓者三：曰武备也、度支也、学校也"。②移风易俗，"以中华为极大之国，今何至于积弱到此？我外国人观之，首明其故，盖由于妇女之缠足也。彼为妇女者，世代相承，类皆举步艰蹇，其男子又焉能奋发有为……中国有此陋习，使其女流，日困于创痛，坐立不安，以较今日人之攻击在中国所受之窘累，彼似犹轻于此，不足道也"③。

这些文章明确提出中国要变法图强，必须学习西方的资本主义国家的政治制度和文化教育制度。他大胆地宣传"民权论"，驳斥"唯天子受命于天，天下受命于天子"的封建说教，把历代帝王斥之为"民贼"，认为"君权日益尊，民权日益衰，为中国致弱之根原"。④呼吁"伸民权""设议院"，实行君主立宪制度。同时他还要求改变科举制度，培养有用人才；主张实行"工艺专利"，为发展民族资本主义创造有利条件。通过具体事例，阐明维新变法的合理性和必要性，而且还把这种合理性和必要性提到社会进化和民权平等的理论高度予以论证，对人们进行思想启蒙。

《时务报》还将输入西学新理定为该报的任务之一，除为此辟专栏发文章外，还专聘8人分任英文、法文、日文和俄文的外报外电译事，使"西文报译、露透电音，占报二分之一左右篇幅"⑤。

---

① 汪大钧：《论变法当务为难》，《时务报》，第64册。中华书局，1991年影印本5，第4489页。

② 《日本报论中国》，《时务报》，第36册，光绪廿三年七月廿一日。

③ 《中国妇女宜戒缠足论》，《时务报》，第28册，光绪廿三年五月初一日。

④ 梁启超：《变法通议》，《饮冰室合集》文集之一，中华书局，1989年版，第8页。

⑤ 赖光临：《中国近代报人与报业》（上），台北商务印书有限公司，1987年版，第177页。

四、《国闻报》《国闻汇编》

为了推动维新运动的发展，严复充分利用报纸这一传播媒介的特殊功能。他不仅在已有刊物（如《直报》）上发表鼓吹维新变法的言论（如《论世变之亟》《原强》《救亡决论》和《辟韩》），还亲自创办《国闻报》《国闻汇编》来竭力鼓吹学习资本主义国家的"民主"和"西学"，以解救民族危机。

严复在《国闻报》发表了《拟上皇帝书》，谓："古今中外之人君，其发扬蹈厉，拨乱奠基，功著于当时，庆流于后嗣者，大抵处积弱难治之世。奋于存亡危急之秋，而大得志，不必承麻继明，席富强之余烈，而后可以有为也。"频敲危亡警钟，昌言变法改革，力图救亡图强。说"今日之积弱，由于外患者十之三，由于内治者十之七也。其在内治云何？法既敝而不知变也。臣闻大下有万世不变之道，而无百年不变之法。"而"谋国救时之道"，"不外标、本两言而已。标者，在夫理财、经武、择交、善邻之间；本者，存乎立政、养才、风俗、人心之际。"①所以他主张未变法前先"治标"，变法后才"治本"。他又提出"治标"三策、"治本"四策。未变法前所亟行者有三，一曰"联各国之欢"，二曰"结百姓之心"，三曰"破相持之局"，此"治标三策也"。至于"治本"四策，在《拟上皇帝书》中没有具体说明，但在光绪二十四年七月初七日（1898 年 8 月 23 日）《吴汝纶致严复书》中，可知其端倪。书中说："所示四事，皆救时要政，国势险夷，万法坐敝，条举件论，不可一二尽。又风俗不变，不惟满汉畛域不能浑化，即乡举里选，亦难免贿赂请托、党援倾轧之弊。而土著为吏，善则人地相习，不善则亲故把持，此皆得半之道。"②分析了中国至贫至弱的原因，并提出了解决之法。在《论胶州知州某君》中，指斥清朝官吏"奢华靡丽，日事酣嬉"，"将有所求于一己之私"，而"不知人间有羞耻事"；这些官吏们只知"请安、磕头、办差、乞怜"，"夫以数千年之教化，以成今日之风俗，而遂有如此之才"③。

严复还把他译述的《天演论》首先在《国闻汇编》上连载，认为生物不

---

① 严复：《拟上皇帝书》，《国闻报》，一八九八年一月二十七日至二月四日（光绪二十四年正月初六至十四日）。

② 严复：《拟上皇帝书》，《国闻报》，一八九八年一月二十七日至二月四日（光绪二十四年正月初六至十四日）。

③ 严复：《论胶州知州某君》，《严复集》（第一册），中华书局，1986 年版，第 60 页。

是自古不变，而是按"物竞天择，弱肉强食，适者生存"的自然规律发展变化的。认为国家与国家之间的竞争，正如生物进化一样，谁在竞争中最强横有力，谁就是优胜者，谁就能生存，否则就是灭亡。他反复宣传和强调这种"变"的观点，并利用这种生物进化理论，向中国人民敲起了祖国危亡的警钟，大声疾呼：要顺应"天演"的规律，改革现状，变法维新，由弱变强，才能避免危亡之祸，否则，就会在"生存竞争"和"天然 选择"中，被"优胜劣败之公列"所淘汰。在当时的中国，即将被列强瓜分这一特殊历史条件下，一方面号召学习西方，"与天争胜"，"自强保种"，对唤起人民的觉醒，振奋民族的精神，变法自强，反抗帝国主义的侵略，起了启蒙的作用；另一方面，也打击了那些高唱"夷夏之辨"的封建顽固分子，揭露了他们愚昧腐朽的真面目，确有振聋发聩之作用。

五、《湘报》

在《湘报》言论中，最突出的特色是对封建专制的猛烈抨击和对民权平等学说的热烈鼓吹。《湘报》发表了如唐才常的《论热力》《辨惑》，樊锥的《开诚篇》，易鼐的《中国宜以弱为强说》，谭嗣同的《治事篇》，何来保的《说私》，梁启超的《论湖南应办之事》，皮锡瑞的《论保种保教均必先开民智》等。在这些文章中，明确指出了中国不变法的危害，阐述了倡西学、开民智、设议会，兴民权，发展民族工业的一系列变法主张，同时也无情鞭笞了封建君主专制制度。唐才常在《论热力》中指斥当时封建统治阶级"其上仅全躯保妻子之臣，其下又蔽塞聪明，薰心禄利，"那些自称是"轩辕之贵种，素王之徒，曾无一人剖心泣血，屠腹刳肠，痛陈不变之祸于君父之前者；又无一人痛手瘃足，摩顶放踵，力任合群之责于士民之间者"，他们昏昏度日，对国家民族的安危漠不关心。在民族危机空前严重面前，唐才常提出中国要实行维新变法。他认为，世界在变化中前进，愈变愈新，"假使天地间无日变日新之理，则造物 前之构成螺蛤世界，大鸟大木世界、狝猴世界者，必且悔其不应逐日文明，以有今日之人文世界也。"[①]并且要不断扩充壮大心之热力，"其民必智，其国必新"，"其民小仁，其国必群"，[②]中国振兴，成为富强之国。

---

① 唐才常：《论热力》，《唐才常集》中华书局，1980 年版，第 140—146 页。
② 唐才常：《书洪文治戒缠足说后》，《唐才常集》中华书局，1980 年版，第 148 页。

易鼐的《中国宜以弱为强说》提出中国转弱为强之四法：一、西法与中法相参；二、西教与中教并行；三、民权与君权两重；四、黄人与白人互婚。其中"民权与君权两重"，即"屈尊以保尊"。他认为"上权过重，民气不伸；民气不伸，国势亦因之而弱"。他主张清政府仿效英、德等国的"君民共主之法"，"利之所在，听民兴之；害之所在，听民自去之"，朝廷只须"坐享其成"而已。①樊锥在《开诚篇》中指出，中国要救亡图存，就必须"毅然破私天下之猥见，起四晦之豪俊，行平等平权之义"。他吁请光绪帝下诏变法，"拓睦仁之未竟，用明治之五誓言"。（一曰：万几决于公论；二曰：四海一心；三曰：内外一途；四曰：洗旧习，从公道；五曰：求智识于寰宇。）同时，喊出了"人人平等的口号"②，《治事篇》大胆斥责秦汉以来2000余年的帝王将相都是"私天下"的"民贼"，明确指出君主专制和封建等级制度使得"平等亡，公理晦，而一切惨酷蒙蔽之祸，斯萌芽而浩瀚矣"③；并强调维新必须务实不务名，积极主张广立学会、办好学堂，以达到"无变法之名而有变法之实""无议院之名而有议院之实""无变官制之名而有变官制之师""无变科举之名而有变科举之实""无变法律之名而有变法律之实"④。《辨惑》认为西方诸国之所以富强，在于"泰西政术，自会盟、征战、爵赏、刑律，下逮闾巷纤悉之事，无不与国人谋之，而大旨趋重于全民生，去民害，保民权"⑤。因此，中国要救亡图强，就须"毅然破私天下之猥见，起四海之豪俊，行平等民权之义"⑥，"贵民、重民、公权于民"⑦，"从此一切用人行政，付之国会议院，而无所顾惜"⑧。不仅学习资本主义国家的技术，而且要学习资本主义国家的民主制度。梁启超的《论湖南应办之事》，要求开办类似西方议会性质的学会，先兴绅权再兴民权。

谭嗣同在《湘报后叙》中开门见山地指出：中国要立足于世界"必须不断求新求变、锐意进取"。只有使"新人""新理""新事""新书"不

① 易鼐：《中国宜以弱为强说》，《湘报》，第20号，中华书局1965年影印本，第77页。
② 樊锥：《开诚篇》，《湘报》，1898年3月9日。
③ 谭嗣同：《治事篇第五·平权》，《湘报》，1898年4月16日。
④ 谭嗣同：《治事篇·通情》，《湘报》，1898年4月15—17日。
⑤ 唐才常：《辨惑》（上），《湘报》，1898年5月3日。
⑥ 樊锥：《开诚篇》，《湘报》，1898年4月2日。
⑦ 毕永年：《存华篇》，《湘报》，1898年4月14日。
⑧ 樊锥：《开诚篇》，《湘报》，1898年4月2日。

断产生，社会才会不断进步发展，国家才能强盛。谭嗣同用犀利的笔调在《湘报》发表了许多颇有影响的政论文，设计了整套变法方案：即废除君主专制，设议会、废科举、开矿藏、修铁路、振兴工商业、改革漕务、兴修水利、学习西为先进自然科学知识等。

六、《知新报》

《知新报》来刊登了欧榘甲的《变法自上自下议》，言法之不可不变，说："外人之轻我甚矣，纵吾日日讳亡而存，不可倖也，奚若熟筹得失，而上下变计以求存乎？"①他认为，变法有"变之自上"和"变之自下"两种，俄国、日本是"变之自上"的，值得我们学习。如今"夫邻俄者莫如俄、日，迫我者莫如俄、日，宜取法者亦莫如俄、日，不取法于俄、日，必见歼与俄、日"。为了帮助宣传"择法俄、日以定国是"，《知新报》还择录了《俄皇大彼得传》和《日本维新始末》，使读者对俄国大彼得改革和日本明治维新有所了解②。学习俄国大彼得改革后的"富强"和日本明治维新后的"富强"。希望中国通过变法维新，振兴中华。

康有为的长女康同薇也在《知新报》发表《论中国之衰由于士气不振》③，主张鼓士气，言变法。说：

"故国家隆替，视士气之昌微。奸佞乘权，因士气之衰靡。盖士之是非，众所绳准也，岂不重哉！……更有无赖学子，于中国之学，懵然未尝问津，于是夷其语、西其学，压人以气，大于夜郎，而英、法之文，率未上古，格致之学，犹未窥径猎其皮毛，失其窾要，其为士者又何如哉！此中国所以变法数十年而益弱也。即有一二志士热血怵世，合大群，倡实学，修圣道，攘除耻辱，整理天下，乃大心未就，而谣诼旋加，锐气而前，无聊而返，岂不痛哉！……夫合天下之士气，乃心王事，日、美之所以兴盛也；士与国离，自私自利，波斯、土耳其、印度之所以衰微也。宁孰乐焉。吾也漆室抱忧，投梭而起，杞人之念，益用拳拳，天下士其同此衷否耶？"

《知新报》对康有为的著作和学说也时有推介，如康有为《春秋董氏

---

① 欧榘甲：《变法自上自下议》，《知新报》，第二八、二九册，光绪二十三年七月二十一日、八月初一日。

② 两文见《知新报》，第四十三册，光绪二十四年一月二十一日；第四十八、四十九册，同年三月十一、三月二十一日。

③ 《知新报》，第三二册，光绪二十三年九月一日。

学》将由上海大同译书局出版，林旭所撰《春秋董氏学跋》就在《知新报》发表，对康有为学说多所推扬：

"南海先生既衍绎江都《春秋》之学，而授旭读之，既卒业，乃作而言曰：孔子为神明圣王，为改制教主，湮怨不彰著久矣。《春秋》不明，三世不著，则后世以据乱为极轨，而无由知太平之治，中国遂二千年被暴君夷狄之祸。耗矣哀哉，王仲任谓文王之文传于孔子、孔子之文传于仲舒，以孔子为素王，仲舒为素相，汉家一代之治，《公羊》严、颜之业，皆董氏之学。盖孔子之大宗正统哉！……先生乃推之演之，揭日使中天，拨星以向极，庸董氏得有此功臣耶！"①

欧榘甲也撰文认为中国变法必自发明经学始②，作《春秋公法自序》，谓："《春秋》爱民，故恶战；恶火攻，《春秋》存亡继绝，故善救邻，善保小，恶灭国，《春秋》弭兵，故善同会，恶逃会，恶不合群。《春秋》贵自立，故恶弃民以取亡，先自正，故恶无义而为利。《春秋》天下为公，故讥世卿而选贤与能；《春秋》有分土无分民，故仁德广被，无一夫不得其所"。"《春秋》则有三世之义，处乱世以力胜，升平世以智胜，太平世以仁胜。力胜故内其国而外诸夏，智胜故内诸夏而外夷狄，仁胜故天下大小远近若一，讲信修睦之事起，争夺相杀之患泯，环球诸国，能推《春秋》之义以行之，庶几我孔子大同大顺之治哉。故曰：《春秋》者，万国之公政，实万国之公法也"。"抑又闻日本之变政也，专译泰西政治公法诸书，上下通习，内治日新，外侮不入，则吾中土之欲事维新者，宜劬精于公法何如也"③。

援《公羊》三世说以言进化，以为通过变法改革，可以循致大同，这是康有为的议政要领，也是他的理论依附。《知新报》这篇文章，就是秉承康有为的理论加以发挥的。

徐勤濡染康有为"三世"之说，以为"地球之转变也，由混沌而文明，人体之始生也，由童弱而老壮；圣人之立教也，由据乱而太平；士人之为学也，由愚鲁而聪智。地大而人类生，合群而才慧出，历时而教化生，天之理也"④。"治尚�踣之世，以力胜，治著升平之世，以智胜，治著大同之世，

① 林旭：《春秋董氏学跋》，见大同译书局本书尾，此文撰"光绪二十四年正月朔日"，曾载《知新报》第五一册，光绪二十四年闰三月十一日。
② 欧榘甲：《论中国变法必自发明经学始》，《知新报》，第三八册，光绪二十三年十一月初一日。
③ 欧榘甲：《春秋公法自序》，《知新报》，第三八册，光绪二十三年十一月初一日。
④ 徐勤：《地球大势公论》，《总论亚洲》，《知新报》，第三册，光绪二十三年二月初一日。

以仁胜。以智胜者弱，以仁胜者乐，以力胜者愚而亡。亚洲自洪水以来，四千余年，诸教并起，皆能以智胜者也，至宋、元之间，成吉思汗之俗出，而力胜之世复见矣"。"虽然，抑之愈深，则发之愈甚；害之愈久，则变之愈速"，"勿以恶俗锢其智，勿以旧制枉其才，勿以敌强动其心，勿以压力馁其气"，"有志之士，竞共勉之①。"且夫中国之盛衰关于地球大局，而帝俄眈眈，操欧亚之重权，牵全球之大局，然霸道虐民，威权无限，不能混一亚东也"②。

又论日本以变法三十年而兴，中国以变法三十年而败，说：中国"学术不改，变法不兴，科举不变，徒袭外国军兵炮械之末，语言文字之琐"。"国是未定，人心不一，所学非所用，所用非所学，以言变法，适自害耳"。"日本倡正名之义，是非既定，《春秋》尊攘之义益明，而维新之治，即基于此矣"，日本变法以后，取士之法，多本于泰西，派遣外国游学，归则拔之显要，"易旧俗，变西法，开国会，定自主"，此日本自强之故也③。

徐勤发挥康有为合群的主张，说："合群之学有三：言政则议院，言学则学会，言商则公司，之斯三者而已。然学校不兴，科举不变，民智未开，国是未定，则议院未由开也；例禁未除，人心未定，举国顽嚣，知学者寡，则学会未由开也；若夫商务公司之设，则较二者为易易矣。百工居肆以成其事，终日营求以谋赢绌，一省之中有会馆焉，一埠之中有会馆焉，一行之中有会馆焉，所积之款，有多至巨万或数千者，所聚之众有多至十数万或千数百者，其势之易成，其人之易合，固非学会议院所能比例者也。因势而利导之，则商务之兴，可翘足待也"。以为"公司之设，所以联合大众也"，宜公举总办，创商报，开商会，立商学堂，立工艺院，开博物馆，设功牌，设轮船，办团练，修街道，集众招股，劝募励捐，庶几众志成城云④。

徐勤以为"欲易新法，强中国，开民智，而为今日之急用者，则莫西政若"。"西人之学，最重图表，技艺测算多用图学，政学、商务多用表学，

① 徐勤：《地球大势公论》，《总论亚洲》，《知新报》，第四册，光绪二十三年二月初六日。
② 徐勤：《地球大势公论》，《论俄国不能混一亚东》，《知新报》，第一〇～一三册，光绪二十三年二月初六～三月二十一日。
③ 徐勤：《地球大势公论》一之三《论日本自强之故》，《知新报》，第二〇册，光绪二十三年五月初一日。
④ 徐勤：《拟粤东商务公司所宜行各事》，《知新报》，第二四、二五册，光绪二十三年六月十一日、二十一日。

列国岁计政要之书，表学也，通今最要之书也"。"重译是书，使知中外之故，强弱之由，互相比例，无忧劣之见"①。

康有为尊孔子以言改制，对孟子之言"民为贵"也予崇扬，徐勤也秉承康有为意旨，撰写《孟子大义述》，并将《自序》在《知新报》第二十一册发表，谓："《孟子》一书，以民为胜，以井田学校为用，斯二义而已，后世不知其故，弃其体而言其用，于是言学校则成为愚民之具，言井田则成为乱天下之具，是《孟子》为无益之书也。虽尊之千年，立于学官，等于六经，徒具文耳。是固可惜也。"又说："《孟子》至今有识者尊而重之，西士译是书，亦敬服焉。何也？盖为民不为民故也，此一时与古今一国与天下所由制也。三代圣王尚矣，而孔子独尊尧、舜者何也？为其官天下而为民也。泰西贤君众矣，而今人独称华盛顿者何也？为其官天下而为民也。所谓英、俄、德、奥之强，而卒不敌美、法、瑞士之国何也？为民也。克虏伯之厂，富与同敌，而卒不敌布德氏之善堂何也？为民也。战舰之坚，陆师之强，而必不敌十字会、弭兵舍之善士何也？为民也。故由今以前君之世，非民之世也，一国之世，亦天下之世也。……由今以后，君民之世，非君之世也，天下之世，亦一国之世也。此《孟子》所以卓然为天下之士、古今之士所由来也。斯义弗明，或多不察，目为异论，则请学《孟子》、请诵与民同之之言耶？非孟子之言不敢言，则《孟子》为异学耶？"借《孟子》以言"民权"，为变法维新制造舆论。

在这些论文中，徐勤阐扬《公羊》"三世"学说，指出法之不可不变，指斥帝俄的侵华野心，愤言帝俄"不能混一亚东"；比较日本"变法三十年而强"，中国"变法三十年而败"的源由；认为学术不兴，学校不改，科举不变，商务不兴，只去"袭外国的皮毛"，是无济于事的；强调"合群"的重要性，对兴商务，即发展资本主义，也作了必要的探求。对康有为推崇《孟子》以言"民权"写成专书。

最后指出："尊孔子之教""尊孔子之制"，"上则推孔子经世之义以行仁政，下则推孔子义理之学以作新民，天下已晓然于至教之所归，岂有鄙毁彼教，而致生大衅者乎？此上策也"②。

---

① 徐勤：《丁酉列国岁计政要序》，《知新报》，第二四册，光绪二十三年六月十一日。
② 汤志钧：《维新·保皇·知新报》，上海社会科学院出版社，2000年版，散见各章节。

第三节　维新政论报刊舆论与维新运动

报刊是变革社会的"利器"，报刊舆论无疑是历史发展的助推器。报刊舆论对于鼓动民众、推进变法具有强有力的作用，这几乎成为维新人士的共识，他们将办报作为推动维新运动的有力工具。

一、维新政论报刊舆论的社会动员力

"有效的传播媒介是一种能动的倍增器，可以大大加快社会变革的速率"。①维新派利用报纸这种传播媒介，对维新运动的发动、组织、向导起到了极其重要的作用。

1.报刊舆论与维新运动的启动

"维新变法，舆论先行"。②天津《直报》充当了急先锋。严复于1895年连续在《直报》上发表了《论世变之亟》《原强》《救亡决论》和《辟韩》等震动一时的政论，宣传"尊民叛君、尊今叛古"的主张，提倡资产阶级民主；提出学习西方科学，这些变法理论和主张吹响了维新变法的号角。

在《论世变之亟》里，他认为当时国势危机的病根在于中西事理上不同，中学"好古而忽今"（循环论），西学"力今以胜古"（进化论）。他说，"即如今日中倭之构难，究所由来，夫岂一朝一夕之故也哉！尝谓中西之理，其最不同而断乎不可合者，莫大于中之人好古而忽今，西之人力今以胜古。中之人以一治一乱、一盛一衰为天行人事之自然；西之人以日无疆，既盛不可复衰，既治不可复乱，为学术政化之极则。"③明白了病根所在，要救中国，实现富强安定，非学西方不可："夫士生今日，不睹西洋富强之效者，无目者也。谓不讲富强，而中国自可以安；谓不用西洋之术，而富强自可致；谓用西洋之术，无俟于通达时务之真人才，皆非狂易失心之人不为此。"④讲西学之后，就可知"中国从来政教之少是而多非"，提出要救亡，要富强，"则不容不通知外国事，欲通知外国事，自不容不以西学为要

---

① 闲小波：《中国早期现代化中的传播媒介》[M].上海：三联书店，1995年版，第1页。
② 徐培汀：《中国传播思想史》（近代卷），上海交通大学出版社，2005年版，第186页。
③ 周振甫选注：《论世变之亟》，《严复选集》，人民文学出版社，2004年版，第3页。
④ 周振甫选注：《论世变之亟》，《严复选集》，人民文学出版社，2004年版，第7页。

图"，并且断言"救亡之道在此，自强之谋亦在此"，大声疾呼："早一日变计，早一日转机，若尚因循，行将无及。"①严复用西方资产阶级的社会政治学说来反对封建意识形态和政治制度，在这一点上超过了康有为。他在中国近代史上第一次鲜明地把资产阶级的新文化同封建主义的旧文化对立起来，要求人们不要再走老路，必须改弦易辙，另走新路。这就从思想上武装了进步的知识分子，为他们提供了反对封建主义的思想武器，使爱国救亡运动有了新的理论基础。

《原强》系统地阐述了早期维新理论，明确提出要进行维新变法，用西方的民主和科学来拯救危亡之势，比《论世变之亟》更进一步。他认为，"是以今日要政，统于三端：一曰，鼓民力；二曰，开民智；三曰，新民德。"②鼓民力，

就是要戒食鸦片，严禁缠足，加强锻炼等以增强体魄；开民智，就是要提倡西方的科学，注重实用，"言学则先物理而后文词，重达用而薄藻饰"。③他还抨击科举制度"牢笼天下"，"民智因之以日窳，民力因之以日衰"。④具体来说，有三大害："锢智慧、坏心术、滋游手"⑤。在这里严复明确地提出用西学、实学来替代八股考据，变革封建的选举、用人制度。"是故欲开民智，非讲西学不可，欲讲实学，非另立选举之法，别开用人之途，而废八股试帖策论诸制科不可。"⑥新民德，就是使民私其国以为己有，具体办法是"设议院于京师，而令天下郡县各公其举守宰"⑦，以此来代替封建专制政治。

甲午战败后，他受到强烈刺激。他在《救亡决论》中写道："时局到了今天，我宁可背负起发狂的罪名，决不能吞吞吐吐、甚至无耻作伪"。"今日请明目张胆为诸公一言道破可乎？四千年文物，九百里中原，所以至于斯极者，其教化学术非也，不徒嬴政、李斯千秋祸首，若充类至义言之，则六经五子亦皆责有难辞。"⑧中国只有顺应历史的潮流，变法维新，学习西方国

① 严复：《论世变之亟》，《严复集》（第1册），中华书局，1986年版，第1—2页。
② 周振甫选注：《原强》，《严复选集》，人民文学出版社，2004年版，第29页。
③ 周振甫选注：《原强》，《严复选集》，人民文学出版社，2004年版，第32页。
④ 严复：《原强修订稿》，《严复集》（第1册），中华书局，1986年版，第32页。
⑤ 周振甫选注：《原强》，《严复选集》，人民文学出版社，2004年版，第55—58页。
⑥ 周振甫选注：《原强》，《严复选集》，人民文学出版社，2004年版，第33页。
⑦ 周振甫选注：《原强》，《严复选集》，人民文学出版社，2004年版，第35页。
⑧ 严复：《救亡决论》，《严复集》（第1册），中华书局，1986年版，第53页。

家，才能挽救民族危亡。

在《原强》中，严复提出向西方学习以"开民智"，《救亡决论》是把这一观点再深入地进行了阐述。他说："不容不以西学为要图。此理不明，丧心而已。救亡之道在此，自强之谋亦在此。"①怎样才能学西学？首先就要废除八股取士的科举制度。文章开首就说："天下理之最明而势所必至者，如今日中国不变法，则必亡是已，然而变将何先？曰：莫亟于废八股。"接着，严复力陈八股取士的科举制的三大弊害：一是"锢智慧"，二是"坏心术"，三是"滋游手"，"夫八股非自能害国也，害在使天下无人才"。他以为"然而救亡之道当如何？曰，痛除八股，而大讲西学，……东海可以回流，吾言必不可易也。"②然后是创办新式学校。光绪二十二年（1896），他担任了新成立的俄文馆总办，亲拟课程，延聘教师，还协助张元济在北京创办通艺学堂，"专讲泰西诸学"③。

《辟韩》是严复攻击封建专制政治、提倡资产阶级民主最有力的论文。他猛烈抨击君主专制时说："自秦而来，为中国之君者，皆其尤疆梗者也，最能欺夺者也。""秦以来之为君，正所谓大盗窃国者耳。"那样的国君，"高高在上者，浚我以生，出令令我，责所出而诛我"。更有甚者，"嗟乎！有此无不有之国，无不能之民，用庸人之论，忌讳虚憍，至于贫且弱焉，以忘天下，恨事孰过此者！"他还进一步揭露这伙"最能欺夺"的"大盗"，是"坏民之才，散民之力，漓民之德"，有力地鞭挞了神圣不可侵犯的君权，揭露了封建君主专制制度的罪恶。在批判封建君主专制制度的同时，鼓吹"尊民叛君，尊今叛古"。他说：君主不是天生的"圣人"，天然的统治者，"斯民也，固斯天下之真主也"。只是由于人民终日从事耕、织、工、贾"相生相养"的事，才"择其公且贤者"④，立之为君。君主既然是共举出来的，也就有权废除他。在宣扬资产阶级民主时说："今夫西洋者，一国之大公事，民之相与自为者居其七，由朝廷而为之者居其三……"，"是故西洋之言治者，曰：国者斯民之公产也，王侯将相者，通国之公仆隶也。"所以，"西洋之民，其尊且贵也，过于王侯将相"⑤。主张

① 严复：《救亡决论》，《天演之声：严复文选》，牛仰山选注，天津：百花文艺出版社，2002年版，第67页。
② 严复：《救亡决论》，《严复集》（第1册），中华书局，1986年版，第43页。
③ 严复：《救亡决论》，《严复集》（第1册），中华书局，1986年版，第50页。
④ 严复：《辟韩》，《严复集》（第1册），中华书局，1986年版，第34—36页。
⑤ 周振甫选注：《辟韩》，《严复选集》，人民文学出版社，2004年版，第90—93页。

建立"以自由为体，以民主为用"的君主立宪制度。

严复提出的变法方案，是通过鼓民力、开民智、新民德，来实行资产阶级的民主，使中国逐步走向富强。鼓民力在禁止鸦片和禁止缠足，在"练民筋骸，鼓民血气"。开民智在废除八股、提倡西学，在"先物理而后文词，重达用而薄藻饰"，就是要提倡西方的科学，要注重实用。新民德在"设议院于京师，而今天下郡县各公举其守宰"，就是以资产阶级君主立宪制度代替封建专制制度，这样可以使"君与民皆有权"，君与民"共治"，国家就能独立富强，民族危机就可以解救。

系列议论的问世，俗世为之震惊。这几篇极具影响的论文，传播了西方资产阶级学术文化思想和社会政治观点，全面提出了他的资产阶级改良思想，大胆、猛烈地抨击中国两千年来的封建君主专制制度，提倡资产阶级民主，提倡新学，主张变法救亡，从理论上为维新变革造势。

"山雨欲来风满楼"。1895年4月8日由康有为、文廷式等人倡导，发动了1200多名举人参加的请愿活动，史称"公车上书"，它标志着维新运动的正式开始。

2.报刊舆论促进了维新运动的发展

报刊是变革社会的"利器"，报刊舆论无疑是历史发展的助推器。报刊舆论对于鼓动民众、推进变法具有强有力的作用，这几乎成为维新人士的共识，他们将办报作为推动维新运动的有力工具。"有效的传播媒介是一种能动的倍增器，可以大大加快社会变革的速率"。[1]

（1）运动初期的维新"三报"

维新派最先创办《万国公报》，"报开两月，舆论渐明，初则骇之，继亦渐知新法之益。"[2]康有为"复挟书游说，日出与士大夫讲辨，并告以开会之故，明者日众。"[3]在该报的积极鼓吹下，一批具有维新思想的知识分子和清政府官员，于1895年11月在北京成立了具有政党性质的"先以报事为主"的政治团体——京师强学会（又称强学书局），陈炽为会长，梁启超为书记员，而实际组织者是康有为。它的成立，标志着维新运动由思想宣传转变为有组织的政治活动。12月，将《万国公报》改为《中外纪闻》，作为强学

---

① 闾小波：《中国早期现代化中的传播媒介》，上海三联书店，1995年版，第1页。

② 中国近代史资料丛刊：《康南海自编年谱》《戊戌变法》第4册，神州国光社1953年版，第130页。

③ 《康南海自编年谱》，光绪二十一年。转引自陈玉申：《晚清报业史》，山东画报出版社，2003年版，第74页。

会的机关报，每期论说一篇。由梁启超、汪大燮任主笔。重要文章有《地球万国说》《各国学校考》《铁路情形考》《印俄工艺兴新富国说》《报馆考略》等。这些文章，主要是发挥"公车上书"的主旨，宣传富国强兵之道，国家振兴之源，养民教民之法，字里行间渗透着变法维新的强烈要求，扩大了维新变法的声势。次年1月，康有为等在上海创办的《强学报》。在《强学报》的大力宣传下，强学会也由北京发展到上海，将东南一带的维新派团结起来，变法维新的声势越来越大。但只开办了14天，出版了3期，就遭到封建顽固派和洋务派的封杀。

《中外纪闻》《强学报》虽然没有摆脱被所扼杀的厄运，但他们对变法维新的宣传，冲破了封建统治的言禁，开创了民议朝政的局面，让民众尤其是开明官员和知识分子初步认识到变法的重要性和急迫性。它们的创办，具有更为深远的意义。它们以前所未有的姿态，冲破了封建"言禁"，打破了封建统治阶级对传播权利的种种限制，特别是在京城办报，这是近代传播对禁区的一大突破，是近代传播在封建话语中心取得一席之地的一个了不起的胜利，这为即将到来的近代传播的大发展——国人办报高潮拉开了序幕，培养和锻炼了维新派骨干，为维新派以后的办报活动的全面展开打下了基础，为改革派们继续利用报纸向封建统治者的言禁开火奠定了一个良好的开端，同时为近代大众传媒话语权力的形成提供了一股强大的支撑力。到1896年夏，维新派又东山再起，并逐渐将以办报为主要活动手段的维新运动推向高潮。1896—1898年汪康年、梁启超在上海主持的《时务报》，1896—1897年严复、夏曾佑等在天津主办的《国闻报》，徐勤、麦孟华等在澳门创办的《知新报》，康才常等人在长沙主办的《湘学报》《湘报》等。凭借这些报刊，维新派以前所未有的规模和气势，积极宣传维新主张，让"变法图存""变法图强"的思想为大众所接受，使成千上万智慧骤开的青年知识分子纷纷汇聚到变法维新、救亡图存的旗帜之下，迅速地将自己的政治理想转变为现实的政治运动，促进了维新运动的发展。

（2）《时务报》

《中外纪闻》《强学报》被迫停刊，表明维新运动处于低潮。但随着《时务报》的创刊及其风行，维新运动又重新高涨起来。《时务报》是维新派的机关报，以宣传维新变法、救亡图存为宗旨。自创刊号始就连载梁启超的长文《变法通议》；它揭露清廷封建专制统治及其官僚因循守旧给国家带来的危害，反复论证了变法图强的必要性和发出了"变亦变、不变亦变"的呐喊，说明能变法则强，不变法则亡的道理，《时务报》"风行海内，自是谈变法自强者，成为风气"①。

《时务报》于1896年8月9日创刊，到1898年8月8日停刊，一共出了六十九期。在戊戌变法之前，《时务报》就成了维新派公开自己主张的地方，康有为、梁启超、谭嗣同、陈宝箴等人上书皇帝要求变革的折子就经常在报上刊登，"开矿山""兴办学堂""裁撤冗员"等百日维新时期所推行的一些政策，在《时务报》上都可以见到，且这些措施在维新期间也陆续得到了实施，促进了维新运动的高涨和"诏定国是"的实现。

梁启超在开始主持《时务报》笔政时，几乎每册都有一至两篇论文。著名的《变法通议》就是在《时务报》首先刊出的。文中系统阐述了维新派的变法主张，成为资产阶级改良派的纲领性文件。此外，梁启超还在《时务报》上发表了一系列宣传改革的文章，如《论变法不知本原之害》《论中国积弱由于防弊》《论君政民权相嬗之理》等等，报刊言论"惊心动魄，一字千金，人人笔下所无，却为人人意中所有，虽铁石人亦应感动"②，"虽天下至愚之人，亦当为之蹶然奋心，横涕集慨而不能自禁"。③汪康年也在《中国自强策》中，较为系统地提出了他的改良主张。《时务报》关于"开学校""变科举""保护关税""开设议院"等言论，反映出当时中国资产阶级改良政治、发展资本主义经济的愿望，有很大的进步意义，受到知识界的高度赞扬，"时四方新学士子喜康梁之议论新颖，群相呼应，起而组织学会讨论政治问题与社会问题。举其著者，如长沙之湘学会、时务学堂；衡州之任学会；苏州之苏学会；北京之集学会；其他如算学会、农学会、天足会、禁烟会等，尤不可以计数，而每会必有一种出版物以发表其意见。于是维新运动，顿成活跃之观，而杂志亦风起云涌，盛极一时。"④就连维新运动的反对者胡思敬也说："乙未（光绪二十一年）以后，士习日嚣，无赖者混迹报馆，奋髯抵掌，议评国政。农学、商学、算学、蒙学诸名色，此犹一家言也。津、澳、闽、粤、湘、汉之间，私署地名，大张旗帜，以次流衍，都二十余家，而《时务报》蔓延最广。"⑤《时务报》风行之后，全国讲求新学风气，遂沛然勃兴，各省志士敛资合群组织学会20个，设立学堂21个，

---

① 夏晓虹：《追忆梁启超》，中国广播电视出版社，1997年版，第51页。
② 黄遵宪：《致饮冰主人书》，《梁启超年谱长编》上海人民出版社，1983年版，第274页。
③ 转引自雷颐：《戊戌变法反思》《民主与科学》2008年第4期，第50页。
④ 戈公振：《中国报学史》三联书店，1955年版，第123页。
⑤ 胡思敬：《戊戌履霜录》（卷一）民国二年刊本，第18页。

创立报馆8家，蔓延全国及海外（新加坡有实力学堂、《天南新报》）①。他们通过学会、学校、报刊，把地主阶级知识分子卷入政治运动之中，使越来越多的人支持变法图强的主张，大大促进了变法维新运动的开展。据统计，在十九世纪的最后五年间，除了旧式书院学堂外，新式学堂有了长足发展。1895至1899年，全国共兴办新式学堂约150所，学生达万余人。②北京就有知耻学会、关西学会、通艺学堂等10余家，江苏主要是上海的农学会、不缠足会、译书公会、中国女学会等10余家，还有湖南、湖北、广东、广西、福建、浙江、陕西、贵州、四川也都成立了讲求变法"强学"的学会和各种专门学会。③张之洞曾在《劝学篇》中对《时务报》发行后所产生的影响作了中肯的评论："乙未以后，志士文人创开报馆，广译洋报，参以博议，始于沪上，流衍于各省，内政、外事、学术皆有焉。虽论说纯驳不一，要可以扩见闻，长志气，涤怀安之酖毒，破扪籥之瞽论。于是一孔之士，三泽之农，始知有神州；筐箧之吏，烟雾之儒，始知有时局，不可谓非有志四方之男子学问之一助也"④。

　　梁启超1897年在长沙主讲时务学堂，都倡导兼学中西、政艺之学，培育了一批变法人才。

　　《时务报》创刊发行期间，维新变法运动正向纵深发展。张之洞目睹维新派在朝野上下活动得沸沸扬扬，皇帝也愈来愈明确地予以支持，便决定进一步密切同维新派的联系。他在1896年8月28日致函汪康年、梁启超："穰卿仁兄、卓如贤弟大人阁下，《戒缠足会叙》呈教，农学会请附贱名，谨捐助银圆五百元，已交汇号，甚盼卓老中秋前后来鄂一游，有要事奉商，欲得盘桓月余，此不多及。"⑤对维新派组织，又是"坚请列名"，又是捐款资助，并邀梁启超"来鄂一游"，可谓殷勤备至。

　　《时务报》发起不缠足会，是为中国报纸领导社会运动，促进社会改革之滥觞。据《梁任公先生年谱长编初稿》记述云："六月与汪穰卿、麦孺博孟华先生等，创办不缠足会于沪，该会初由《时务报》发起。"⑥

---

① 李瞻编：《中国新闻史》，台湾学生书局，中华民国六十八年版，依据第185—186页计算所得。

② 桑兵：《晚清学堂学生与社会变迁》，学林出版社，1995年版，第40页。

③ 普进：《梁启超：近代报刊与民主启蒙》中国优秀硕士论文期刊网，2005年，第21页。

④ 张之洞：《劝学篇》，上海书店出版社，2002年版，第47页。

⑤ 《张之洞致汪康年函》，《汪穰卿先生师友手札》，上海古籍出版社，1986年版，第35页。

⑥ 《梁任公先生年谱长编初稿》，卅三页。转引自李瞻编：《中国新闻史》，台湾学生书局，中华民国六十八年版，第160页。

　　我们再以《时务报》的受众为考察对象，来论述报刊舆论对当时社会所产生的震荡。

　　张元济读了《时务报》前八期后，对经理汪康年说："《时务报》读过八册。崇论宏议，以激士气，以挽颓波。他年四百兆人当共沐盛德。"①

　　康有为的学生欧榘甲后来回顾说："斯时智慧骤开，如万流潏沸，不可遏抑也"。②

　　湖南邹代钧（《时务报》发行人）说："此报名贵已极，读书人无不喜阅"，"昨由俞恪士送到报百份，阅之令人狂喜，理识文兼具，而采择之精，雕印之雅，犹为余事，足洗吴华历来各报馆之陋习。三代以下，赖有此举。为吾党幸，为天下幸。"③上海王鹏飞（学生）说："《时务报》中外毕备，巨细兼收，辟四万万人之心思，通欧亚美澳之风气，至矣至矣。"④

　　湖南陈三立《致汪康年书》："忽见《时务报》册，心气书豁，顿为之喜。……日起有功，必能渐开风气，增光上国。公度书信梁卓如乃旷世奇才，今窥一斑，益为神往矣。"⑤

　　北京郑孝胥《致汪康年书》："《时务报》灿然而出，如挈白日，照耀赤县，可谓杰哉。梁君下笔，排山倒海，尤有举大事、动大众之概。"⑥

　　重庆吴樵致信汪、梁："九月初一得七月初两公函并第一次报，急读之下，狂舞万状，自始至终，庄诵万遍，谨为四百兆黄种额手曰：死灰复炽，谨为二百里清蒙气、动物、植物种种众生额手曰：太平可睹。我辈亦当互相称庆。"⑦

　　旅顺丁其忱致信汪康年："近阅《时务报》，知执事总理其事，并获读大著《中国自强策》三篇，议论确切，曷胜钦佩。……《时务报》详载中外时事，使阅者耸动心目，上以当执政者之晨钟，下以扩士君子之闻见，法至善，意甚盛也。至佩致佩。"⑧

---

①　《张元济致汪康年信》，《张元济书札》，商务印书馆，1981 年版，第 10 页。
②　《论政变为中国不亡之关系》，《康南海自编年谱》，《戊戌变法资料》（第三册）上海人民出版社，1957 年版，第 156 页。
③　《汪康年师友书札》，上海古籍出版社，1986 年版，第 2658、2659 页。
④　《汪康年师友书札》，上海古籍出版社，1986 年版，第 3533 页。
⑤　《汪康年师友书札》，上海古籍出版社，1986 年版，第 1983 页。
⑥　《汪康年师友书札》，上海古籍出版社，1986 年版，第 2971 页。
⑦　《汪康年师友书札》，上海古籍出版社，1986 年版，第 500 页。
⑧　《汪康年师友书札》，上海古籍出版社，1986 年版，第 1 页。

　　几十年后，有人对《时务报》的轰动效应，仍记忆犹新。当时有人就描写说："至戊戌春康君入都，变法之事，遂如春雷之启蛰，海上志士，欢声雷动，虽谨厚者亦如饮狂药"，①包天笑在《钏影楼回忆录》中追叙说："

　　《时务报》在上海出版了，这好像是开了一个大炮，惊醒了许多人的迷梦。……《时务报》不但是议论政治、经济，对于社会风俗，亦多所讨论，主张变法从民间起……尤其像我们那样的青年，最喜欢读梁启超那样通畅的文章。一般青年学子，对于《时务报》上一言一词，都奉为圭臬。"②

　　甚至连极力反对维新变法的岳麓书院院长王先谦对《时务报》评价说，该报"议论精审，体裁雅饬，并随时恭录谕旨暨奏疏西报，尤切要者，洵足开广见闻，启发志意，为目前不可不看之书"，"盖忧时君子发愤而作也"。③

　　清末也曾有人谈到维新派时曾这样说过："新党之议论盛行，始于时务报；新党之人心解体，亦始于时务报。"姑且不论这种说法是否恰当，但至少说明了《时务报》在当时的重要性及其影响。

　　通过以上受众的评价，我们可以推知，《时务报》在当时掀起了一股旋风，形成了盛况空前的《时务报》热。"风靡海内，销行至万份，举国趣之，如饮狂泉。"④《时务报》的发行量在不长的时间内就上升到1.7万份，遍布全国70个县市，以当时的文化程度和交通情况来看，这是非常惊人的数字。⑤可以说，这是一个封建思想垄断的社会突然遭到巨大的异端思想冲击的必然反映。梁启超及其同仁在《时务报》发表的一系列要求变革、要求变法的文章，正是对几千年来的封建垄断思想进行了最猛烈的冲击，于是《时务报》很快成为舆论的中心。

　　维新派以《时务报》为中介，在中国士人群体里曾掀起一片改革变法的呼声。

　　（3）《国闻报》《国闻汇编》

　　1897年严复与夏曾佑等人联合在天津创办《国闻报》。《国闻报》内容包括电传上谕、路透电报、本馆主笔人论说、天津本地新闻、京城新闻．

---

① 罗振玉：《贞松老人遗稿》，《康南海自编年谱》，《戊戌变法资料》（第四册）上海人民出版社，1957年版，第249-250页。

② 包天笑：《钏影楼回忆录》，香港大华出版社，1971年版，第150、151页。

③ 中国近代史资料丛刊：《戊戌变法》（第四册），神州国光社，1953年版，第549页。

④ 赖光临：《梁启超与近代报业》，台湾商务印书馆，1968年版，第2页。

⑤ 转引自雷颐：《戊戌变法反思》《民主与科学》2008年第4期，第50页。

外省新闻和外洋新闻等。凡是重要的消息、论说、译文、足备留存考订者，皆登之汇编，以适应不同读者对象的需要。它编发了大量海内外新闻，积极报道维新派人物及其活动；同时，发表40余篇社论。这些社论抨击了帝国主义和顽固守旧分子，积极鼓吹维新变法，很快使《国闻报》执北方舆论之牛耳，与梁启超在上海创办的《时务报》南北呼应，成为维新派的重要舆论阵地，起到了其他报刊无法替代的作用。

《国闻报》"借作外援"①后，与北京维新派人士在政治活动上的联系更加紧密，态度也更加明朗。1898年4月3日刊出新闻"公车上书"：顺德麦孺博、新会的梁任公……两君遂约同两广、云贵、山陕、浙江众公车，于三月六日上书都察院，力陈旅大之不可割，不意是日堂官无一到者。……盖其书始终不克上达云。公开指斥都察院阻挠公车上书。

《国闻报》热情鼓吹维新改良运动，及时报道变法消息，为变法的实施鸣锣开道。1898年4月12日，以康有为为首的维新派团体——保国会在北京成立，《国闻报》5月7日刊出保国会的章程，便自5月开始，此后，《国闻报》又连续登载了保国会的章程《京城保国会题名记》、将签名参加保国会的186人姓名全部刊出及活动情况，向社会广泛宣传他们的主张。不仅如此，《国闻报》又连载了康有为在保国会上的演说词和梁启超的演说稿，还配发了两篇评论《书保国会题名记后》和《闻保国会事书后》，称赞保国会是"本朝二百五十余年士大夫不奉朝旨毅然引国事为己任"的空前盛会，谴责那些攻讦保国会的顽固派"不仇强敌而仇义愤，不思御外侮而思抑士气"。这些报道与评论，在舆论上声援了保国会，给保国会的活动以很大的支持，扩大了维新派的影响。

《国闻报》不仅对议开制度局、奖创工艺制度，农工商总局的设立等一些鼓励发展资本主义新政措施、有关"变法"的消息进行了及时的报道，并且还对光绪皇帝的赞美、对各项变法新政的颂扬，对各地推行新政有成绩的维新派官员的奖饰，跃然纸上，有力地支持了维新运动。如：

1898年6月27日刊出的新闻《改科宸断》："八股取士，习非所用，本月初五日特奉上谕，改试策论，风闻中外，耳目一新……皇上锐意维新，力排群意，以为非得人才不足以图富强，而非改科目不足以得人才，遂于初五日

---

① 1898年2月间，总理衙门借口《国闻报》登载了胶案议结奏稿，声称要追查该稿来源，对《国闻报》进行威胁。严复等为了保全这块舆论阵地，不得不"与东邻矢野君相商，借作外援。"（参见《汪康年师友书札》，上海古籍出版社，1986年版，第1330、1726页。）

特涣纶音，明告天下。六百年来相沿积习，毅然决然断自宸衷，一旦弃去，非圣人其足语于斯乎？"

7月12日《奉旨编书》："皇上之振兴实学，考求洋务，益於此可见矣"。

7月24日《浙学内召之由》"皇上之锐意变法，　以期薄海臣民讲求实学，共济时艰，真有出诸寻常意想之外者，海内人士有不喁喁向风，力图振作哉！"

9月15日《停捐述闻》："皇上振兴百度，裁汰冗员，……知明日停捐之议必行，亦国家政体然也"。

9月15日《总署添人》："（江标）在湖南学政任内开倡风气振兴实学不遗余力，

湘中守旧之风近年始稍稍改革者，实系江太史提倡之功，此事早在皇上圣鉴，故不待召见而恩纶先赉也"。

即墨事件①发生后，掀起了一场轩然大波，无论是京官，还是各省在京的举人，都产生了强烈的震撼，无不感愤国耻，攘臂扼腕，士气愤涌，纷纷要求清廷与德国交涉，惩治肇事德人。正在北京的梁启超认为是掀起变法运动高潮的有利时机。据《梁启超年谱长编》记载："德人毁坏山东即墨文庙的事传入北京，一时公车异常愤慨，先生尝联合麦孺博（麦孟华）等十一人上书都察院，请严重交涉。"②于是，他在天津《国闻报》刊登了一篇煽动性很强的公开信，文中说：

"山东即墨县文庙，孔子像被德毁去，并将先贤子路像抉其双眼，我中国四万万人敷天痛愤，况在仕人，同为发指。彼知我国势弱，而畏我人心未去，乃欲灭我圣教，先占我士气如何，若坐听其毁，则各郡县文庙，必继踵凌灭，四书六经必公然焚烧，圣教必昌言攻击。吾教之盛衰，国之存亡，咸在此举。顷者，公车咸集，宜伸公愤，具呈都察院代奏，请与德国理论，查办毁像之人，以伸士气而保圣教。凡我同人，读孔子之书，受孔子之教，苟忍坐视圣教之沦亡，则是自外衣冠之种族。单列请书姓名，并注科分、省分，以便汇列附上，呈稿传览。此事经都察院堂官领衔，全台列名，已于初八日上折。山东京官、公车，亦于初六递呈。事关公愤，非一二人之私也。梁启超、麦孟华、林旭、张锐、谌容衮、陈涛、程式毂、章鹏翼、龙焕纶、

① 光绪二十四年润三月，德人闯入山东墨县文庙，毁坏孔子等圣人像之事。

② 丁文江、赵丰田编：《梁启超年谱长编》，上海人民出版社1983年版，第114页。

钱用中、况仕任、邢廷荚。"①

1897年，严复就在天津创办的《国闻汇编》上连载他所译的《天演论》。严复借用达尔文的"物竞天择，弱肉强食、适者生存"生物进化论观点，强烈呼吁国人不能再麻木不仁，妄自尊大了，要奋起自救、强国保种，要顺应"天演"的规律．实行变法维新，由弱变强，否则就要灭国灭种、被人欺压。它以典雅的译笔夹叙夹议，仿佛打开了一扇奇异的窗户，让国人大开眼界，"好似放了一个异彩"。这不仅向国人敲起救亡图存的警钟，促进了民族的觉醒，引起了民族的反思；同时也成为改良政治的理论根据，许多爱国的仁人志士以此作为进行救亡、维新与革命的思想武器，产生了重大的社会影响。所以，《天演论》一发表，震动全国，"风行海内"。戊戌变法前，《天演论》引起了部分进步知识分子的高度关注。梁启超、康有为、卢靖、吴汝纶、夏曾佑、吕增祥、熊季廉、孙宝瑄及味经书院"诸生"等，皆读过《天演论》。康有为读到这部译稿后，推崇严复所译"《天演论》为中国西学第一者也"②，并在《孔子改制考》中吸取了进化论的观点。如梁启超所说："（康有为）喜言'张三世'；'三世者'谓据乱世、升平世、太平世，愈改而愈进也；有为政治上'变法维新'之主张，实本于此。"③梁启超根据严复介绍的进化论，在《时务报》上大做文章，许多爱国志士纷纷以进化论为武器，要求改弦更张，另谋新路。人们和学校纷纷用"竞存""适者""演存""进化""进步"之类的词汇命名，一时成为时尚。如胡适，字适之；陈炯明，字竞存。"物竞天择""适者生存"则迅速成为那个时代最为流行的口头禅，这也是《国闻报》和《国闻汇编》在历史上最大的贡献。胡适在《四十自述》中说："《天演论》出版不上几年，便风行到全国，竟做了中学生的读物了。在中国屡次战败之后，在庚子辛丑大耻辱之后，这个'优胜劣败，适者生存'的公式，确是一种当头棒喝，给了无数人绝大的刺激。几年之中，这种思想像野火一般，延烧着许多少年人的心和血。④"

《天演论》的发表，不仅促进了维新运动的发展，而且对行将到来的革命起了极大的影响。正如革命派所指出的那样"自严氏之书出，而物竞天择

---

① 《国闻报》，光绪二十四年润三月十六日。

② [英]赫胥黎著，严复译：《天演论》，科学出版社 1971 年版，第 6 页。

③ 康有为：《与张之洞书》，中国近代史资料丛刊《戊戌变法》（第 2 册），神州国光出版社 1953 年版，第 525 页。

④ 胡适：《四十自述》台北（台湾）远东图书公司，1964 年版，第 62 页。

之理，厘然当于人心，中国民气为之一变。即所谓言合群言排外言排满者，固为风潮所激发者多，而严氏之功，盖亦匪细"①。

（4）《湘学新报》《湘报》

唐才常"知非变法不足以图强"，遂专力研究各国政治外文情况，欲以文字改良社会。唐才常的文章在《湘学新报》（后改为《湘学报》）刊登后，在青年知识分子当中有很大影响，一时学者风气得以转移。谭嗣同评价说："《湘学报》实钜声宏，既足以智其民矣，而立论处处注射民权，尤觉难能而可贵。"②

从1897年下半年起，湖南的维新运动更加活跃起来。这年10月，以培养维新人才为目的时务学堂在长沙开办，熊希龄任提调（校长），梁启超任中文总教习，欧榘甲、韩文举、叶觉迈、唐才常等任分教习。他们利用学堂传播新思想、新学说。主变法之议，倡民权之说，师生日夕讲论，一时间为四方视听所系。

1897年冬、德国强占胶州湾，瓜分危机严重。谭嗣同、唐才常. 熊希龄等"思保湖南之独立"，使"南支耶""可以不亡"，从而发起组织南学会，"联群通力，发愤自强。"翌年2月，南学会在长沙成立。

《湘报》"专以开风气，拓见闻为主"。③报道中外时局，讲述变法道理，宣传新思想，以犀利的文字大大激发了国人的爱国热情和维新救国之志。他们积极投身于现实斗争，"辟风气如流水，变旧法若摧枯"，创造了湖南维新运动在全国"最富朝气"新局面，湖南"风气之开，几为各行省冠"。④正如梁启超所言："湖南民智骤开、士气大昌……人人皆能言政治之公理，以爱国相砥砺，以救亡为己任，其英俊沉毅之才，遍地皆是。……"自此以往，虽守旧者日事遏抑，然而野火烧不尽，春风吹又生。湖南之士之志不可夺矣。"⑤因而他在评价《湘报》时曾说："虽发行未匝岁，而见全国于清政府，然湖南人自此昭苏。后此奇才蔚起，以缔造我中华民国，《湘报》之赐也。"⑥

《湘报》作为湖南维新运动的喉舌，尤其关注湖南新政的推行，发表了

---

① 梁启超：《清代学术概论》，中国人民大学出版社 2004 年版，第 124 页。

② 谭嗣同：《与徐仁铸书》，蔡尚思等编：《谭嗣同全集》（下册），中华书局，1981 年版，第 270 页。

③ 熊希龄：《湘报馆章程》，《湘报》，第 27、28 号，1898 年 4 月 7 日。

④ 谭嗣同：《与徐仁铸书》，蔡尚思等编：《谭嗣同全集》（下册），中华书局，1981 年版，第 269 页。

⑤ 梁启超：《戊戌政变记》，中华书局，1954 年版，第 107、143 页。

⑥ 梁启超：《饮冰室合集·文集》，卷 75，中华书局，1932 年版，第 3 页。

不少倡议湖南新政的文章。例如湖南新政期间设立的保卫局、课吏馆等机构的创设就得益于《湘报》的大力支持。唐才常的《论保卫局之益》和谭嗣同的《论官绅集议保卫局事》等文章也都在《湘报》显要位置上刊发。另外，1898年2月5日，黄遵宪等拟定的《保卫局章程》凡40条，比较清楚地阐明了保卫局人员构成，各级建制，性质及主要职责等，加上后来的《保卫局增改章程》5条，均在《湘报》上予以发表。设立课吏馆的建议，最初是梁启超在发表于《湘报》上的《论湖南应办之事》一文中提出来的，其目的是"开官智"。湖南巡抚陈宝箴采纳了梁的建议，并责成黄遵宪具体筹划创办。甚至《湘报》对维新时期湖南近代实业的兴办也给予了积极的配合。例如1896年湖南上层士绅王先谦、张祖同、黄自元、朱昌琳、熊希龄等共同筹议，发起创办了湖南第一个近代民用机械工业企业——宝善成机器制造公司。该公司遂于1897年在长沙抚署附近创办了一家小型发电厂，为省城供电，但由于事属新创、本来就颇多疑惑，加之使用不当，常有漏电失火现象发生，故市民对用电一事反映冷淡。谭嗣同遂在《湘报》上发表《论电灯之益》一文，为绅民介绍电灯及用电知识。经此宣传，长沙市内电灯用户逐年增加，出现了供不应求的好形势。又如在兴办湖南内河航运和争取粤汉铁路修筑权的问题上，《湘报》第46号发表了罗棠的《论湘鄂创办小轮公司之益》和谭嗣同的《论湘粤铁路之益》等文章，直接配合了湖南近代水陆交通事业的兴办。另外，《湘报》还发表了《论湖南宜兴蚕桑之利》《论湖南茶务急宜整顿》《工程致富演义》等针对性较强的专论、为推动湖南近代农、工、商各业的发展均作出了自己的贡献[①]。

同时，它作为南学会的机关报，还刊载了南学会历次集会时颇具维新倾向的演说词。另外，时务学堂教习们激进的课艺批札，省内外有关变法维新的新闻，各地维新派团体的文告、章程、启事等，凡属与维新有关的言论、消息，都是《湘报》登载的内容。

由于《湘报》内容丰富，文笔畅达，特别是言辞激越，振聋发聩，加之采取了一系列扩大发行的有效措施，《湘报》很快达到了日销五、六千份的发行量，是《国闻报》发行量的三倍，仅次于《时务报》而居全国维新报刊中的第二位。[②]这一切都推动着湖南维新运动步入高潮。

---

① 卢刚：《〈湘报〉与湖南维新运动》，《湖南社会科学》，2003年第2期，第153—154页。

② 冯迈：《〈湘报〉——戊戌维新运动中一张激进的报纸》，《新闻学论集》（第六辑），中国人民大学出版社，1981年版，第283页。

（5）《知新报》

戊戌政变前，《知新报》利用自己特殊的地理位置，刊载一些内地报纸不敢言、不敢载的有关维新的文篇，在当时独树旗帜，自具影响。如保国会成立，除《国闻报》有记录外，《知新报》就登载了《京中士夫开设保国会》，说是："近且迫而求保国之方，爰于京师再立保国会，其爱国之忱，当为天下所共与矣"。并载录"第一次草定章程"①，对京师大学堂的创立也时有刊载。

维新运动掀起，学会、报刊为先导。《知新报》对此着力介绍，专门发表《学会彬彬》，介绍了"金陵新设测量会"，上海农学会等②，介绍各地学会、报刊，除广东外，以广西、湘南最多。从广西来说，刊有《桂学振兴》，说："广西地处偏隅，向来风气未开，西学尤绝。中日战后，人知愧愤，官乐提倡，加以龙州筑路、梧州通商，彼中士大夫，尤汲汲以请求西学为务，官书局宪问观察子振、谢观察方山拟筹巨款，勷办学堂译书各事，以经费未充，先将书院章程略为变通，添设算学一课，俟筹有款项，即次弟举办。"③还有《圣学开会》《桂林圣学会续开》④。《圣学开会》记："广西近日风气大开，……又于省中广西善堂开设圣学会，崇奉孔子。……凡入会者不论各位学业，皆以尊孔教救中国为宗旨，随时捐赀，不计多少，定于三月七日开会"。广西离澳门较近，康有为曾两次去广西讲学，和广西官僚颇有接触。他在酝酿变法时，宣传孔子改制，想以孔子的思想权威进行"改制"，使信奉孔子的人也信奉他的维新事业。在康有为及其门人活动下，在广西成立了圣学会，并使这项活动在澳门刊出，加以宣传。

对湖南的维新运动进行积极报道的省外报刊中，就以《知新报》记录最多。如：关于湖南新政开展和新旧斗争的消息，除《湘学报》《湘报》时有记载外，如《湘学大兴》《时事杂记》都在《知新报》发表⑤，说是陈宝箴、江标"创一时务学堂，特聘新会梁孝廉启超主讲席，诸生投考者至四千余人，梁孝廉深通中外，明于政学，故湘人鼓舞，不期影从"。"湘省人士，素称守旧，而近日丕变之急，冠以行省"。即使是素来守旧的省市，只要决

①　《京中士夫开设保国会》，《知新报》，第五十四册，光绪二十四年四月十一日。

②　《学会彬彬》，《知新报》，第二十册，光绪二十三年五月初一日。

③　《桂学振兴》，《知新报》，第十五册，光绪二十三年四月初一日。

④　《知新报》，第十八册，三十册，光绪二十三年四月十六日、八月十一日。

⑤　《知新报》，第二十四册，三十八册，光绪二十三年六月十一日、十一月初一日。

心改革，也是会"丕变"的。①

（6）《天南新报》

百日维新期间，《天南新报》②不断报道国内变法消息和外人评论，刊布变法上谕，发表时论。邱菽园自撰时论就有《周励精义为西学导其先鲁说》《正统博议》《三害质岩》等十余篇；徐秀钧等也发表了《论中国吏治之坏》《论中国积弊》《论中国不久必有变乱》等。这些时论和国内维新言论南北呼应，紧密配合，宣传了废科举、兴学校、创公司、设议院等变法主张。比如，他们论证了中国必须速行改革以求强盛御侮的必要性和迫切性，惊呼时局危急，必须"敌忾同仇"，"谋自振作，才有生机"；指出中国反对变法，就不能拨乱反治、易危为安，其关键在于中国积弊甚深，因而愚昧、拘执、因循浮夸，不能"沉几观变"③。

维新派还发起了"孔子（儒学）复兴运动"，《天南新报》刊登了不少建孔庙、崇儒学的消息和时论，与康有为的尊孔保教遥相呼应，即把鼓动改革维新和宣扬孔学相结合，把盖孔庙和兴办学校并举。不同的是，它还寓存着在华人华侨社会中保存中华文化传统的深意。在经济方面，他们竭力鼓吹公司应由商民"自行开办"，不接受官权支配，要"夺外洋之利，广吾民之生"④。对于救亡御侮，关键在于"谋自己之振作"，"我苟变为富强，则人自相率而奉我"，"谁敢侮之"⑤。

"胶州事变"发生后，各地报刊抑扬舆论，极言时危，如《知新报》载有陈继俨《论德人据胶州湾》（第四十四册，光绪二十四年二月初一日出版），欧榘甲《泰晤士报论德据胶州事书后》（第四十八册，同年三月初一日出版），《公车上书请办德人拆毁孔庙折》（第五十四册，同年四月十一日出版）；《湘报》《湘学报》都刊康有为《条陈胶事折》文前且有谭嗣同按语《湘报》又载《大局可危》（俄索旅、大）以至《汇录各报述胶事》等报道；《时务报》有汪康年的《论胶州被占事》；《国闻报》也载有关新闻和言论。这就更加激起广大人民对帝国主义侵略罪行的无比仇恨。

康有为"既上书求变法于上，复思开会振士气于下"，结合各省旅京人士纷纷倡设学会，"以继强学会之旧"。如由康有为及其同乡组织粤学会，

---

① 汤志钧：《维新·保皇·知新报》，上海社会科学院出版社，2000年版，散见各章节。

② 《天南新报》，是1898年5月26日创刊于新加坡的一种维新报刊，创办人是邱菽园。

③ 《论中国积弊》，《天南新报》，1898年6月7日。

④ 《论华地创设公司宜开除官办名目》，《天南新报》，1898年6月15日。

⑤ 《时局厄言》，《天南新报》，1898年8月6日。

由杨锐等发起蜀学会，由林旭等发起闽学会，由杨深秀等发起关学会。意在团结维新志士，在全国各个地方推行变法维新。这时会试期近，各省举人云集北京，康有为等以为"自经割台巨创以后，我士大夫醉乐酣嬉，不识不知，三年于兹"乃及今岁胶、旅、大、威相继割弃"，需"成一大会，以伸国愤"，使"爱国之忱，当为天下所共与"①，刚好御史李盛铎也有会合在京应试举人开会的主张，于是由康、李两人为主要发起人，组织保国会。其组设在瓜分祸急、民族危亡之时，要求保国保种，"合群结社"，"一举而十八行省之人心皆兴起矣"，表达了御侮图存的爱国愿望，促使了各省自保的救亡活动，无疑是有进步意义的。保国会组设不到两月，光绪皇帝就"诏定国是"。

综上所述，维新运动时期，报刊舆论大放异彩，常常以其振聋发聩的呐喊，执掌社会舆论之牛耳，引领时代发展的潮流。以康有为、梁启超、严复、谭嗣同等为代表的资产阶级改良派利用报刊所具有的舆论功能，将自己的观念和主张迅速、广泛地传递给社会各个阶层，充分利用舆论力量以影响政局，实现自己的政治理想和抱负，可以说是晚清中国知识分子所具有的一个重要行为特征。在变法的全过程中，他们始终抓住办报这一中心环节，毫不放松；也非常有效地运用了这个武器，通过这个武器，争取到了主宰社会思潮的公共话语权力，成为引领时代思潮的改良维新中心。同时，报刊舆论无情揭露了帝国主义巧取豪夺的可耻行径，发出了"叱咤英俄，鞭笞欧美，振我夏声，昌我华种"②的号召，明确提出了"明定国是""兴民权，开议院"的主张，向广大读者进行了资产阶级思想启蒙和救亡图存的宣传教育，使更多的知识分子从八股科举的桎梏中解放出来，开始大规模公开议论国事和公共事务，参与变革，公众舆论基本开始形成，成为中国社会舆论的一支最主要力量。可以这样说，没有这种大众传媒的发展，就没有维新派在全国上下的影响，就没有宣传改良、推进维新的武器，也就没有声势浩大的维新运动。正如汪康年所言："夫报者主持舆论者也，引导社会者也。善则大局蒙其福，不善则大局受其殃。"③以报刊这种近代大众传播媒介的方式宣传变法、议论时政、影响社会舆论的方式对之后半个多世纪的中国社会生活产生了极大的影响，为推进现代民族国家的建构过程，起到了十分重要的作用。

---

① 《京中士大夫开保国会》，《国闻报》，光绪二十四年润三月十七日。
② 梁启超《论中国之将强》，《时务报》第三十一册，光绪二十三年六月初一日。
③ 李里峰：《汪康年与近代报刊舆论》，《学术研究》，2001年第7期，第13页。

二、维新运动促进了报刊的发展

"无古今中外，变法必自空谈始。故今日中国将变未变之际，以扩张报务为第一义"，①维新派把办报作为变法维新的一项重要内容。自甲午战争之后，维新思想家们相继创办了一系列以宣传改良维新、自强变法为宗旨的报刊。

《中外纪闻》被迫停刊后，康有为到沪发起上海强学会，由康有为亲自起草的《上海强学会章程》规定了强学会的四项"要事"是：译印图书、刊布报纸、开大书藏（图书馆）、开博物馆。1896年1月，《强学报》创刊。值得一提的是，康有为在《强学报》上登载了《孔子纪年说》和《毁淫祠以尊孔子议》，以尊孔托古之名，宣传改革"今制"之实，与西方文艺复兴的知识分子们，打着"复兴"的招牌，实际是为资产阶级新文化开道有相似之处。

梁启超对维新派在上海办报十分关心。他在1895年6月给正在上海的汪康年写信说："报馆事项如何?念念。望速告。并以章程相示。"②当第二年（1896年）8月，《时务报》在上海正式出版后，梁启超鉴于北京强学会被禁，《中外纪闻》办不下去的情况，到了上海担任了《时务报》主笔。"专任撰述之役；报馆生涯自兹始"③。同年11月，维新派人士何廷光、康广仁等在澳门创办《知新报》（初名《广时务报》），梁启超又不惮分身，"遥领之"。亲自撰写了《知新报叙例》，重申了办报对维新变法的重要意义。1897年，梁启超在湖南时务学堂时，还竭力赞助《湘报》《湘学报》的出版。此外，梁启超在1895年至1896年之间，还支持过《农学会报》《蒙学报》、《萃报》等的创办活动，或为其作序，或为其写叙例。据统计，全国50多家报刊至少有10种左右与梁启超有过关系。

严复在《时务报》创刊之时，立即去信声援，赞扬《时务报》"振聩发聋，新人耳目"④，同时慷慨解囊捐款资助，积极投稿宣传维新思想。随着维

① 《无锡白话报序》，《无锡白话报》，1898 年 5 月 11 日创刊号。
② 梁启超：《六月一日与穰卿足下书》。赵丰田编：《梁任公先生年谱长编初稿》（第 1 册），上海人民出版社，1983 年版，第 47 页。
③ 《饮冰室合集·文集》第 4 册，《三十自述》。转引自胡太春：《中国近代新闻思想史》，山西教育出版社，1987 年版，第 94 页。
④ 严复：《与汪康年书》，《严复集》第三册，中华书局，1986 年版，第 505 页。

新运动的不断高涨，严复日益感到，要提倡维新和实现"开民智"的思想，亟需自己办报，遂与天津北洋水师总办王修植、天津育才学堂总办夏曾佑等友人，多方筹集资金，购置印刷器材，积极登报宣传，经过几个月的准备，《国闻报》（日刊）、《国闻汇编》（旬刊）于1897年10月正式创刊。

各地维新党人"以书报为起点"，"以学会为归宿"，组织学会，创设学堂，出版报刊。在湖南，谭嗣同就把办报纸和建学校、创学会一同视作维新变法的三个最重要的手段。他在《湘报后叙（下）》一文中谈道："假民自新之权以新吾民者，厥有三要：一曰创学堂、改书院。以造英年之髦士，以智成材之宿儒也。二曰学会，学会成，则向之不得入学堂书院而肆业焉者，乃赖以萃而讲焉。三曰报纸。报纸出则不得观者观，不得听者听"。① 据统计，到戊戌年间，他们所创办的各类报刊达到数十家之多。特别是"准许官民自由办报"的变法新政发布后，各地改良派的办报活动更加活跃，刊物数量迅速增长，总数很快发展到比1895年增加了3倍。② 在这中间，除了有维新改良人士的《知新报》《湘学新报》《湘报》等之外，还有大量的时政刊物，如上海的《译书公会报》、重庆的《渝报》、成都的《蜀学报》、广州的《岭学报》《岭海报》、福州的《福报》、桂林的《广仁报》、上海的《富强报》、《东亚报》、《求是报》、《女子报》等，此时也纷纷创刊。另外，各类综合性报刊、专业性报刊及文摘性报刊，这时也不断出现，其中既有日报，也有旬报、月报，形成一股红红火火的办报热潮。

综上所述，伴随着一次政治运动的开始，总先有一场舆论上的呐喊，报刊舆论对维新运动具有启动之功，对其发展具有促进之效，对其失败较为关注；当然，维新运动的成败无疑是报刊发展与否的一个最重要的因素。

三、维新政论报刊及其舆论与维新运动的共同局限

1.维新政论报刊与维新运动的共同局限

1898年的戊戌变法运动以"六君子"血溅北京菜市口而宣告了这场轰轰烈烈的维新运动彻底失败。究其原因，除了封建势力过于强大、以慈禧太后为首的顽固派极力破坏等客观因素之外，还有另一重要主观因素就是维新运动本身也具有不可忽视的局限性，而这种局限性又与维新报刊有着某种内在

---

① 《谭嗣同全集·湘报后序下》，三联书店，1954年版，第138页。
② 方汉奇：《中国近代报刊史》（上），山西人民出版社，1981年版，第87页。

联系。那就是，维新报刊本身存在着一些严重的不足，致使维新运动缺乏广泛的群众基础。

（1）维新政论报刊的发行不仅依赖官绅群体，而且受众也为士绅群体，而不是普通民众。

近代中国，能识字的只是一些上层人士，下层人民还基本上不识字。所以，维新派认为，普通民众智识太低，在变法活动中是难以担当重任。从报刊的发行到受众，其所凭借的主要力量是官绅群体。戊戌政变前，清廷"屈于外侮，为维新而提倡，……各省大吏，望风承旨，自属当然之事。如鄂督张之洞，在善后局拨款定购《时务报》二百八十八份，是发给全省文武大小衙门及各书院各学堂；浙抚购《时务报》，发给各府州县；湘抚购《时务报》，发给各书院；广西洋务总局，通饬全省府、厅、州、县，购阅《知新报》；直督袁世凯通饬各衙署局所，购阅《外交报》；《湘学新报》见于湖南学政江标之奏牍；《渝报》见于川东道之告示。此皆当时报纸所引以为荣者。而各省大吏，亦颇受报纸之影响，常取其言论以入奏。"①官销《时务报》的盛况致使一些政府官员产生误解，在推销中将本是民报的《时务报》误视为官报。如广西巡抚史念祖称："今京师首辟官书局，上海《时务报》，皆以官报广行天下。"②再来看《时务报》的受众，阅读者基本为士绅官员，而非"普通读者"。如裘廷梁对无锡一地《时务报》读者的估计："以无锡言之，能阅《时务报》者，士约二百分之九，商约四五千分之一，农工绝焉。推之沿海各行省，度不甚相远。"③

因此，在维新运动中，维新派利用报刊"开民智"，所选择的对象从一开始就不是对准普通民众。从《万国公报》到《时务报》，维新报刊的创办者将其读者对象主要定位在绅士和官员群体上。1895年8月，康有为等创办《万国公报》时便意识到"变法本原非自京师始，非自王公大臣始不可，"④于是与送京报者协商，"每日刊送千份于朝士大夫"，"朝士乃日闻所不闻，识议一变焉。"⑤《时务报》创办者对于报刊发行对象的确定上也非常鲜明。期间，就送报对象，黄遵宪于报中同人就有诸多明示。如曰："龚景张太史心铭家富豪，甚有志趣，馆在八仙桥有庆里，可送一份去。"又曰：

① 戈公振：《中国报学史》，中国新闻出版社，1985 年版，第 168 页。
② 史念祖：《广西洋务局奉中丞饬全省阅〈新知报〉札》，《新知报》，第 15 册，1897 年 9 月 7 日。
③ 裘廷梁：《裘廷梁致汪康年书》，《汪康年师友书札》（三），上海古籍出版社，1987 年版，第 2625 页。
④ 康有为：《康南海自编年谱》。转引自《戊戌变法》（第四册），神州国光社，1953 年版，第 132 页。
⑤ 丁文江、赵丰年编：《梁启超年谱长编》，上海人民出版社，1983 年版，第 40 页。

"各关道镇江、芜湖、宁、绍、台均有志此事者，似可每关送数本，他关道亦可送"①，展示出维新派报人经营官绅读者群的良苦用心。他们注重利用绅士的影响力实现变法，甚至将那些还未成为绅士的学堂学生作为报刊的受众对象。鉴于此，时务报馆特别规定，凡新开学堂处皆免费赠送一份《时务报》。就此，维新派官员陶镛在给汪康年的信中就提醒说："《时务报》前又凡开学堂处皆送一份不收资之例，今求是学院将开，理应乞送一份（自一号至近来为止）。"②维新派的这种意图还可以从《时务报》的报道内容上加以确认。从该报前10期的内容来看，主要涉及的是官绅各种改革的举措。包括兴办矿物、开办官书局和商务局、开办铁路、举办洋操、推广学校、整理船政、开办中西学堂内容。同时刊登了银行章程、学规章程等条例。活动主体主要是中央各部局（如户部、官书局）和官员（陈璧、容闳、胡中丞）、地方官员（张之洞、陈宝箴等），以及各地绅士。严复对当时阅报之人作了分析，他说："阅报之人亦略可分为二类：大抵阅日报者，则商贾百执事之人为多，而上焉者或嫌其陈述之琐屑；阅旬报者，则士大夫读书之人为多，而下焉者或病其文字之艰深。"③可见普通老百姓能阅报者则为极少。

（2）从维新政论报刊对题材选取上来看，主要把"眼球"集中在上流社会。

维新变法时期，维新报刊遵循君主立宪制的主张，要求制度变革，因此在题材的选取上特别重视对维新开明官员和光绪皇帝的维新举措。这一时期，包括《致信报》《时务报》在内的维新派主流报刊不仅开设"谕旨恭录""上谕恭录"等栏目集中介绍光绪皇帝与维新官员的谕旨、奏折和皇室变革的举措，各地官员的政治、经济、交通、教育等领域的变革也成为刊设的重点。在维新报刊中，报刊言论题材绝大部分集中在上等社会领域。以《时务报》前40期的言论性文字为例。据统计，除了"谕旨恭录"栏中有关皇帝的谕旨外，前40期言论性文字所涉及内容中，关于中央和地方官员主张变革的文字，如"折""条陈""函""书""禀"以及"回复"等共计49篇，中央和各地政府官员已经实施变法举措的公告性文字，如"启""缘起""示""札""章程"等公告性的文字有25篇，有关绅士阶层活动的文字，如学会、学堂的"章程""序""叙例"有7篇，中外交涉的题材5篇，关于华侨的题材1篇。从比重看，中央和地方官员以及绅士阶层等领域成为

①　上海图书馆编：《汪康年师友书札》（三），上海古籍出版社，1987年版，第2340—2341页。
②　上海图书馆编：《汪康年师友书札》（三），上海古籍出版社，1987年版，第2153页。
③　周振甫选注：《国闻报缘起》，《严复选集》，人民文学出版社，2004年版，第111—112页。

《时务报》编者题材取向的主要范围。活动主体包括中央各部局（如户部、官书局）和官员（陈璧、容闳等）以及各地开明官员等。与此同时，下等社会和中等社会的题材则相对稀缺。尤其是关于下层社会如平民、农民的题材，几乎没有被纳入其言论体系。①由于他们主张多见于奏折条陈，其影响仅限于皇帝和少数官员和士大夫层面。②其它如《国闻汇编》以汇集重要消息及论说译文为主，尤其"详于外国之事"，"以供士大夫读书之人"③参考使用。

（3）维新政论报刊所宣扬的群体观念与维新运动的局限性

维新派意识到群体的力量，他们强烈要求组织学会。如戊戌时期最先具有群体观念的严复在《群治》篇中说："善保群者，常利于存；不善保群者，常邻于灭；此其无可如何之势也。"④是年他又《直报》上所发表《原强》一文中说："群学者何？荀卿子有言：'人之所以异于禽兽者，以其能群也。'凡民之相生相养，易事通功，推以至于兵刑礼乐之事，皆自能群之性以生，……。"⑤康有为在1895年所撰《上海强学会后序》云："今者思自保，在学之群之……沪上总南北之汇，为士大夫所走集，乃群中之外之图书器艺，群南北之通人志士讲求其间，而因推行于直省焉。"⑥稍后，他从创办强学会等学会的经验中深刻体会到立会的重要性："思开风气，开知识，非合大群不可，且必合大群而后力厚也。合群非开会不可。在外省开会，则一地方官足以制之，非合士夫开之于京师不可，既得登高呼远之势，可令四方响应，而举之于辇毂众著之地，尤可自白嫌疑。"⑦梁启超于1896年在《时务报》第十册发表《论学会》一文云："道莫善于群，莫不善于独。独故塞，塞故愚，愚故弱；群故通，通故智，智故强……今欲振中国。在广人才；欲广人才，在兴学会。诸学分会，未能骤立，则先设总会。⑧"

---

① 唐海江：《中国现代媒介意识形态的生成——政治文化视角下的清末政论报刊研究（1895—1911）》，中国人民大学图书馆藏2006年（未刊稿），第187页。

② 刑丽雅：《戊戌变法与立宪运动》，王晓秋编：《戊戌维新与近代中国的改革——戊戌维新一百周年国际学术讨论会论文集》，社会科学文献出版社，2000年版，第81页。

③ 《国闻报馆章程》，《国闻报》，创刊号，1897年10月26日（光绪二十三年十月一日）。

④ 《严复集》（第5册），中华书局，1986年版，第1394页。

⑤ 《严复集》（第5册），中华书局，1986年版，第1548页；第1册，第6页。

⑥ 汤志钧：《戊戌时期的学会和报刊》，商务印书馆，1993年版，第80页。

⑦ 《康有为自编年谱》，光绪二十一年。转见戴元光等编：《20世纪中国新闻学与传播学》，童兵、林涵著《理论新闻学卷》复旦大学出版社，2001年版，第61页。

⑧ 汤志钧：《戊戌变法史》（修订本），上海社会科学院出版社，2003年版，第161页。

在这种思想的指导下，维新派组织了各种各样的学会群体（前有所述），但是这种学会群体缺乏坚强的领导，没有明确的政治纲领和组织原则，没有严格的组织纪律，因此它只能是一个成分复杂，组织松懈的政治团体，不能起到应有的领导和组织作用。以强学会为例，它是中国资产阶级早年的政治团体，康有为等改良派打着"变法图强"的旗号，要求挽救民族危亡，从而"开风气""广人才"，筹设学会。但这种"人才"，是指学习西方社会学说或自然科学的新型知识分子。因而这种学会群体只是由知识分子组成，其目的是结合志同道合之士，讲求学问，并谋求政治、经济、社会之改良与学术之更新，以挽救国家之危亡。通过学习，可以培养和团结一批通晓"西学"的知识分子，组织致力于维新事业的骨干队伍。这样，他们所"合"的"群"，也就局限在地主阶级出身的知识分子和政府官僚中间，而远远地脱离了广大的人民群众。这是由于维新志士们大多是青年知识分子，或为举人、秀才，或为中下级官吏，没有地位、权力与声望，有感于国家的危急，人民的贫穷，他们怀抱救国安民的理想，挺身而出，以天下为己任；那时候还不可能走向民间去动员和组织人民群众，甚至惧怕群众，害怕群众通过自下而上的革命推翻君主专制制度。既要救国又不敢坚决动员国民起来反帝、反封建的懦弱行为，这是维新派致命的弱点。正如毛泽东所说，"民族资产阶级的社会经济地位规定了他们的软弱性，他们缺乏远见，缺乏足够的勇气，并且有不少人害怕民众"。①

既然这么害怕群众，就不难理解作为其舆论工具的报刊很少发表号召群众起来参加运动的时文了。维新派与国民之间产生越来越大的疏离感，使维新派就失去了民众，民众也脱离了维新派。因此，"维新运动只是少数人的运动。他们不仅不接近广大的劳动群众，而且与广大劳动群众对立。康有为公然诬蔑18世纪法国人民的民主主义革命为'无道之甚'，替清朝封建统治者策划防治中国人民革命的方法。维新运动得不到广大群众的支持，只依靠载湉这样一个无权无力的皇帝下命令，其失败是必然的。……戊戌变法失败，宣告改良主义在中国没有出路。②"

维新运动失败后，梁启超逃亡日本期间，总结了1900年以前"中国数十年来报界之情状"时说："中国不但报纸数量少得可怜，而且现有报纸的体例也无一足取。……已故报馆之兴数十年，而于全国社会，无纤毫之影

① 毛泽东：《论人民民主专政》，《人民日报》，1949年6月30日。
② 荣孟源：《中国近百年革命史略》，三联书店，1954年版，第64页。

响"①。

（4）生存环境的不利，制约着维新报刊的发展，严重削弱了其影响力。

A. 创办资本不足，报刊经济不独立

维新报刊的创办资本，主要来自有维新倾向的官员和士绅群体（具体见第四章的第四节）。这说明报刊的资金来源十分有限，随着维新运动受挫，许多官僚士绅（如袁世凯之流）倒向顽固派一边，切断了资金来源，使许多报刊因资金问题难以为继。王修植、夏曾佑在给汪康年的信中说："《国闻报》将来销路不患不广，而独馆中母财不足，开销太大，深恐难以持久。"报刊经济不能独立，而导致所办报刊的短寿。以《时务报》为例，当时年少气盛的梁启超愤而离开《时务报》，究其原因，除两派（维新派与洋务派）之间矛盾日益尖锐外，报刊经济不独立也是一个主要因素。正如梁启超后来所言："无论受何方面之补助，自然受该方而势力之支配，最少变受牵掣。"②而当时对《时务报》的"支配与牵掣"主要来自洋务派的代表人物之一张之洞。我们知道，《时务报》的多数筹办经费来自张之洞的捐款，张也就成为该报的"当然股东"，自然很有资格控制这份报纸。当报中言论过激，超出他的意愿时，他通过汪康年横加干涉，多方排挤梁启超，限制其言论自由。梁走后，《时务报》实际上就沦为洋务派的"喉舌"了。1912年梁启超追忆当年张之洞插手干预《时务报》的情况说："设《时务报》于上海，其经费则文襄与有力焉。而数月后，文襄以报中多言民权，干涉甚烈。其时鄙人之与文襄，殆如雇佣者与资本家之关系。年少气盛，冲突愈积愈甚"③。

B. 风气未开

风气未开，传布困难。如最早的维新报刊《中外公报》开办之初，"该报发行，因风气未开，不敢望有人购阅，……随后谣诼起，认有鼓惑阴谋作用，至是送至各家门首，辄怒以目，驯至送报人祸，及悬重赏亦不肯代送矣。"④特别是交通条件差的广大农村地区，报纸难以深入。梁启超在总结中国报业不能顺利发展的四大原因之一就是"风气不闻，阅报人少，道路未

---

① 转引自胡太春：《中国近代新闻思想史》，山西教育出版社，1987年版，第115页。

② 转引自钟珍维、万发石：《梁启超思想研究》，海南人民出版社，1986年版，第179页。

③ 梁启超：《鄙人对于言论界之过去及将来》，《饮冰室合集·文集》第11册，中华书局，1941年版，第2页。

④ 梁启超：《饮冰室文集》第十一册。转引自李瞻编：《中国新闻史》，台湾学生书局，中华民国六十八年版，第156页。

通，传布为难"。①以《时务报》为例，"士夫僻处乡隅，……甚至有不知《时务报》之名者。现除吉、赣、九江，外如饶、广及万载各处，均销报寥寥。"②窘局顿现。大体而言，《时务报》的主要读者群，分布于江、浙、皖、湘、鄂、川等长江流域以及直隶、广东一带③。又据闾小波的研究，认为"《时务报》的直接受众约为20万人，间接受众约为100万人，这些人主要分布在通商口岸、沿海及两湖地区，以官绅、学生为主。"④

C. 销量太少

近代中国，不仅仅能读书的人很少，同时读过书的人也很少。当时人口"号称四百兆"，但是妇女不读书，已经去掉了一半，再加上农、工、商、兵等都不读书，那中国人口就有十之八九都没读过书。由于识字的人不多，报刊的销售量很少，一般的销售量不过数百份。⑤即使是"创造了当时报刊的最高发行纪录的《时务报》，最高销到一万七千多份"。⑥由于销量少，受众少，盈利也少，资金周转慢，报刊难以为继。如《国闻报》创刊几个月后，王修植、夏曾佑在给汪康年的信中说："《国闻报》现在每天销一千五百张：本津五百张，北京二百张，俄商一百五十张，商埠七百余张。""《国闻汇编》，阅者多以文义艰深为嫌，每期仅售五六百份。实在赔本不起，现已停止不印，专办日报。"因"文义艰深""销量太少"，《国闻汇编》仅出6期就停刊了。

2. 维新政论报刊舆论社会动员力的缺失

（1）报刊舆论中的政治改良思想与维新运动的共同局限

梁启超发表在《时务报》上的《变法通议》中说："变法之本，在育人才；人才之兴，在开学校；学校之立，在变科举；而一切要其大成，在变官制。"⑦在梁启超看来，兴民权、开民智最切要者莫过于"开官智"。又说："绅权固当务之急矣，然他日办一切事，舍官莫属也。即今日欲开民智，开

① 朱传誉：《报人·报史·报学》，台湾商务印书馆，中华民国五十九年版，第30页。
② 《汪立元函（五）、（七）》，《书札》（1），第1023—1024、1028页。
③ 廖梅：《汪康年：从民权论到文化保守主义》，上海古籍出版社，2001年版，第78页。
④ 闾小波：《中国早期现代化的传播媒介》，上海三联书店，1995年版，第277页。
⑤ 戈公振：《中国报学史》，三联书店，1955年版，第102—103页。
⑥ 方汉奇：《中国近代报刊史》（上），山西人民出版社，1981年版，第83页。
⑦ 梁启超：《变法通议》。李华兴、吴嘉勋编：《梁启超选集》，上海人民出版社，1984年版，第13页。

绅智，而假手于官力者，上不知凡几也，故开官智，又为万事之起点。"①开官智最为直接的做法就是对君主思想进行洗礼，以争取君主对变法的支持。1897年在给严复的一封信中，梁启超称："譬犹民主，固救时之善图也。然今日民义未讲，则无宁先借君权以转移之。"②《湘报》对民权的提倡和对专制的批判并未超出改良的范畴；对民权平等学说的介绍，也比较零碎而不系统；所要求的民权，首先是"豪俊"之权，即绅权；而且，不少文章还极力论证民权平等思想出自孔孟经传，也难免牵强附会。③麦孟华在《昌言报》中说："中国之民未能自事其事，即不能自有其权，未能事事而界以权，则权不在秀民，而在莠民"。麦氏主张借君权以扩展民权。同样，在《知新报》的言论中，言辞虽然比内地报刊尖锐、大胆，但还是比较谨慎的。比如，它不仅不敢涉及顽固派的首领慈禧太后，也不敢涉及权贵，甚至不敢挑明维新与守旧、帝党与后党之间客观存在的逐渐趋于白热化的矛盾。对光绪帝自上而下进行变法抱有幻想，试图通过和平渐进的方式实现权力转移。

从上面得知，维新报刊也曾对封建专制制度严加抨击，也曾口口声声嚷喊"民权""民主"，但是他们所说的"民权"，不是真正的民权。梁启超说："欲兴民权，宜先兴绅权；欲兴绅权，宜以学会为之起点。"④他们所说的"民权"，实际上是"绅权"，主要是某些在地方上有一定地位而有新型知识的绅士之权. 他们认为"凡用绅士者，以其于民之情形熟悉，可以通上下之气而已"。"绅"被梁启超当作官与民之间的联系纽带对国家起着舒筋活血的作用。这表明，在戊戌变法时期，刚刚开始由地主阶级向资产阶级转化的代表人物的民权思想还十分薄弱，他们和封建传统思想的联系竟是那么根深蒂固，难解难分。梁启超等对资产阶级旧式民主还没有十分明晰的认识。所以，他的报业思想还拖着一截较长的封建主义尾巴。这不仅表现在当时比起他的先辈或同辈们，他还没有更多地提出什么特别新鲜的东西，而且还表现在连近代报馆是如何产生的，也尚未有一个科学的解释。梁启超和其他维新派人士一样，力图从中国古代奴隶社会、封建社会中去寻找近代报纸的痕迹与证据。他说："古者太师陈诗以观民风，饥者歌其食，劳者歌其事，使乘轺轩以采访之。邻移于邑，邑移于国，国移于天子，犹民报也。公

---

① 梁启超：《论湖南应办之事》。李华兴、吴嘉勋编：《梁启超选集》，上海人民出版社，1984年版，第77页。

② 梁启超：《与严幼陵先生书》。张品兴编：《梁启超全集》，北京出版社，1999年版，第42页。

③ 方汉奇主编：《中国新闻事业通史》（第1卷），中国人民大学出版社，1992年版，第403页。

④ 汤志钧：《戊戌变法史》（修订本），上海社会科学院出版社，2003年版，第165页。

卿大夫愉扬上德，论列政治，皇华命使，江汉纪勋，斯干考室，駉马畜牧，君以之告臣，上以之告下，犹官报也。"①这样，梁启超就把近代资产阶级报刊的产生，比附成中国奴隶社会、封建社会古已有之的采风之举，设立报馆竟成了中国古先王的遗制了，他们此时并不是在进行一种脱离现实的学理上的研究和论证，而是要借助亡灵、用"传统"来为"现代"服务，用"曾经有过"作为"制度创新"的合法性依据。因而他"去塞求通"的办报主张强调把报纸当作改良和加强封建统治的工具，甚至对报刊功能分析的重点是在于化解封建专制体制上下、内外壅塞不通的矛盾。作为"体制内"的改革者，此时他们的目的、重点在于"向上"说明报刊对于国家富强的重要性。因此，他们竭力说明的是报纸对"通上下"的重要性与必要性，只有上下"交泰"、左右"通达"，国家才能臻于富强；他们当时虽然已经触及，但没有、也不可能从言论自由、公民权利、对权力的监督这种角度来详细论证创办现代报刊的必要性与合法性。他们认为，"觇国之强弱，则于通塞而已"，保证上下内外的通畅、和谐与统一是挽救已是残阳暮鼓的满清王朝的一剂良方。他只希望清政府在不动封建专制政权的基础上，对新兴的资产阶级实行点有限的言禁开放，幻想开明的封建专制政权能保护发展资产阶级报馆，并不主张维新派报纸对清政府进行过多的干预。梁启超甚至还想借用西方报律来把刚刚在中国兴起的资产阶级性质的报纸，限制在封建专制制度允许的范围以内活动。他在艳羡西方报馆发达的同时，又匆匆忙忙提出报纸有"无补时艰，徒伤风化，荧惑听闻，贻误大局"②等几条弊病，为清政府实行言论控制献计献说。

总之，维新报刊所宣扬的政治改良思想还未与封建主义彻底决裂，有着千丝万缕的联系，并反映到维新运动之中，束缚了维新派的手脚。

改良派的理论根据，就是利用康有为的孔子改制和"公羊三世"的学说，攻击朱、明理学，打击顽固守旧分子，从而起了一种打破迷信、思想启蒙的作用。但是，他们要进行资产阶级性的改革，捧出的又是封建时代的圣人。把孔子乔装打扮，"托古改制"。要改封建之"制"，却又托"封建"之"古"。康有为等在儒家思想笼罩，"积习深矣"的形势下，在用"祖宗之法"来压人、用孔子之经来骗人的情况中，重新搬用儒术，仍旧想从儒家经籍中找出变法的依据，想借孔子的亡灵来给他们以帮助。以便使迷恋孔子

---

① 《论报馆有益于国事》，《时务报》，创刊号，1896年8月（光绪二十二年七月初一）。
② 《论报馆有益于国事》，《时务报》，创刊号，光绪二十二年七月初一。

的人，信奉改良派改装了的孔子的神。想使迷恋经书的人，咀嚼改良派揭橥的"微言大义"，以便用这种借来的语言，演出历史的新场面。因而，康有为等改良派主张向西方学习，又不能摆脱封建束缚；要改变封建的中国为资本主义的中国，又和封建势力有联系。他们对封建卫道者借孔子以维护封建秩序极力不满，又想依援孔子儒经推行他的维新大业，从而塑造出"维新改制"的孔子，以对抗"述而不作"的孔子。要的是新制，用的还是旧经；这样，就注定他"救中国"的办法，不是采取推翻封建专制制度的革命办法，而是采取在不根本动摇封建专制制度基础上进行政治改革的改良办法，演成了资产阶级改良运动，反映了开始登上政治舞台的资产阶级的软弱性。这也是他们的阶级本性所决定了的。戊戌变法时期，中国民族资产阶级正处于形成阶段。这些投资经营近代工业的，由地主. 官僚. 商人转化来的企业主，从他们一开始出现，就具有双重性格。一方面，他们受到帝国主义的压迫和国内封建主义的摧残，因而渴望参预政权，借以维护和扩大本阶级的利益，所以他们也要求"民主"，要求改革；但另一方面. 他们仍握有大量土地，经营着钱庄、典当、商号，并且同时还是在职的或候补官僚，以封建剥削为其利益的根本所在，和封建地主阶级保持着密切的联系，因而极端害怕人民群众起来根本推翻封建制度，只希望在不触犯地主阶级根本权利的基础上求得一些发展资本主义的条件。以康有为、梁启超为首的维新派. 就是适应这样的阶级要求而出现于历史舞台的。

　　加之，维新派是由刚刚转化为新型近代知识分子组成，他们原来都是地主阶级出身，或是官僚家庭，或是书香门第，他们都倾向仕途，企图以此报效国家，封建的"三纲五常"思想比较浓厚，旧思想转变比较缓慢，新旧思想矛盾交错。虽然也强调中国要变法、要改革；但他们反对激变，反对"奋起自下"的暴力行动，只主张"振兴自上"的体制内的渐进革新。所以，维新派虽然是为了救亡而"反对外敌"和"改革现状"而实行维新，但维新派中的大多数仍对封建政治体制充满信任和期待，对封建皇帝抱有幻想，他们对于封建制度的批判是肤浅的，软弱无力的，并非站在封建制度的对立面进行批判。与之相反，他们对于封建制度的灭亡，抱着一种"无限悼惜的心情"，为之"唱绝望的挽歌"。从主观上来说，维新派是企图用"改良主义的变法，来为这个'暮色凄惨'的旧制度注入新的'生机'"。①翻阅维新运动的历史，从"公车上书"到"戊戌政变"满纸都是"请愿、上奏"等字

---

① 《从鸦片战争到五四运动》（下册），人民出版社，1981年版，第634—635页。

眼，看不到半个"武力推翻"之词，维新派"不能和不敢摧毁封建制度"，^①也不愿意把维新运动当作政治变革运动，而是指望一个毫无实权的皇帝通过自上而下的改革来解脱封建主义束缚，达到救亡图存、富国强兵的目的，到头来"只能是一种幻想"。^②诚如历史学家胡绳所说："光绪皇帝并不真正是维新派的皇帝，他不可能真正实行维新派所主张的资产阶级路线，他不可能超越他的阶级地位而做出维新派所指望他所做的'以开创之势治天下'，不可能由他来开创一个资本主义的天下。"^③即使是在变法运动失败后，梁启超在日本所创办的《清议报》，其宗旨"主持清议"，仍然高举"尊皇、保皇"的旗帜，力主归政光绪皇帝。在康有为、梁启超看来，"中国之能立与否，全系乎改革不改革"；"能改革与否，又全系乎皇上之有权无权"。梁氏在《尊皇论》中说："今日议保全中国，惟有一策，曰尊皇而已。"更为可悲的是，维新派口口声声倡导以日本明治维新为蓝本，所谓"考其变政之次第，鉴其行事之得失"以为"中国变法乡导之卒"^④。却恰恰丢掉了运动中所体现出来的最宝贵的东西——依靠人民群众进行武力革命。试想明治维新之所以能够取得胜利，最为关键的一步就是充分调动群众使用武力推翻幕府的统治。"敌视农民，向帝国主义寻求支持，就是维新派的路线，这种得不到人民支持的政治活动当然是经不起反动势力的一击的。那拉氏代表的顽固派一经发动反攻，变法维新便像一场春梦迅速破灭"。而"维新派根本没有解决依靠什么力量来实现中国走资本主义道路这个远大目标的问题，这就决定了他们的运动只能以失败而告终，不会有别的前途"。^⑤因此，资产阶级改良派尽管要挽救民族危亡，发展资本主义，然而当他刚刚登上政治舞台，就暴露了他们对封建势力妥协的根本弱点。他们活动的范围，也总是局限在上层，远离了民众，结果只能是昙花一现，成为软弱的改良运动，以铁的事实证明了改良的道路在中国是行不通的。

保国会的成立可以说是维新派在运动中所取得的一项重要成果，但从它的身上可以折射出维新派的软弱和维新运动的缺陷。

保国会以保国、保种、保教相标榜。它在《章程》中首列"遵奉光绪

---

① 汤志钧：《关于戊戌变法的评价问题》，《人民日报》，1980年6月20日，第4版。
② 中国社会科学院近代史所编：《中国近代史稿》（第3册），人民出版社，1984年版，第108页。
③ 胡绳：《从鸦片战争到五四运动》（下册），人民出版社，1999年版，第561页。
④ 康有为：《进呈日本明治变政考序》，《戊戌变法》（第3册），上海人民出版社，1961年版，第3页。
⑤ 刘大年：《戊戌变法六十年》。吴玉章编：《戊戌变法六十周年纪念论文集》，中华书局，1958年版，第15页。

二十一年闰五月二十七日上谕"，揭举"保"帝，而思"维持振救之"，说明它所"保"的国，还是以光绪为首的大清帝国，只是要求在不根本动摇封建统治的基础上进行政治改良。尽管康有为等鼓吹"民权"，说什么保国会"从知天下为公产，应合民权救我疆"。但"民权"，实际是"绅权"，也就是地主、资产阶级之权，不是真正民权。至于"保教"，则"保"的是孔教，原系中国封建社会的产物，不过经过改良派装饰，涂上一层资本主义的色彩。保国会标出的宗旨只能是"提倡一种不必消隙旧有统治阶级的主要基础的变更，即是同保存这些基础相容的变更"①。

保国会虽然"合"了一些"群"，而纠合的大都是地主、官僚出身的知识分子，其中有的也具有资产阶级倾向，但妥协动摇，又是它的阶级性使然。这里试就几个人物略加剖析：李盛铎同为保国会发起人之一，后"受荣禄之戒，乃除名不与会。已而京师大哗，谓开此会为大逆不道，于是李盛铎上奏劾会"，等到听到潘庆澜"欲参倡会诸人，乃检册自削其名，先举发之"。杨锐列名会籍："偏当众假寐"，即使是参与强学会，和梁启超在《中外纪闻》共事过的汪大燮，身在京师，对保国会也不从挽救危亡的大局考虑，而从门户出发，坐视其败。②汪大燮和康、梁共事过，在维新运中上做过一些实事。出身地主、官僚的知识分子，他们不能始终团结一致，企求在清朝封建统治者的许可之下进行改革，以达到"保"的目的的政治运动，脱离了广大的人民群众，毕竟是软弱的。

（2）报刊舆论中的经济改革思想与维新运动的共同局限

维新变法时期，由于民族资本本身较弱，民族资本家受帝国主义和封建官僚主义的约束较多，在政治观念和政治觉悟上没有形成与政治改革联系起来的自觉性。同时，这些民族资本家对旧有政治体系的依赖性较强，③具有"素性圆滑"、"避乱趋安"的政治性格。④因此，在与具有变革意义的维新报刊的结合上，他们往往缺乏主动性，这使得维新报刊与民族资本之间较为游离，严重缺乏民族资本的支持。反映在报刊舆论上，只是大力呼吁"我中国诸事官办，必多流弊，不如商办较为有益"等一些无非都是在细节末枝上进行修补的经济改革主张。如《时务报》创刊后，连续刊登了梁启超的

---

① 列宁：《几个争论问题》，《列宁选集》（第二卷），人民出版社，2004年版，第479页。
② 汤志钧：《戊戌变法史》（修订本），上海社会科学院出版社，2003年版，第438页。
③ 朱英：《中国早期资产阶级概论》，河南大学出版社，1992年版，第43页。
④ 马敏：《过渡形态：中国早期资产阶级构成之谜》，中国社会科学出版社，1994年版，第37页。

《变法通议》，汪康年的《商战论》，《论华民自宜速筹自相保护之法》等
文章，提出要大力兴办工商业，"务使开一份利源，中国即得一分利益。"
要求清政府废除厘金，支持民族工商业的发展，并号召成立商务局，兴办商
业公司等。又如《时务报》第44册上发表《论中国银元局》，提出币制改革
"不设一大银元局，鼓铸银元，通过行各省，而于各省零星分设，使其权不
归一，隐隐有相竞之意，举措紊乱，不有甚于此事者"。第64册上所提出的
经济上"开利源，敛民财"。①就是要开矿、商务、种植、制造等，并对中国
已有的商业加以整顿，扩大税收，激励民众。

　　在缺乏一种破除封建经济的先哲理论的情况下，而要一批维新知识分
子去冲决封建主义经济的藩篱是不可能的，相反，维新派所提出各种工业、
农业、商业等方面的方案，不管是"富国养民"为宗旨的发展资本主义经济
纲领，还是"以工定国"的战略目标，都是为了挽救统治危机，以实现他们
的"变法自强、救亡图存"的理想，因而他们在经济领域的改革也仅停留在
表层上。工业上，十分强调民间投资设厂，包括军事工业，企图通过兴办一
批近代军事、民用工业以发民族资本主义。因而，在维新运动中，社会上要
求"设厂自救"的呼声高涨，就连"中外臣工"也纷纷条陈时务，谋求自救
之策。光绪皇帝也锐意推行新政，以求富国强兵。其新政的中心内容不外是
"修铁路、铸钱币、造机器、开矿产、折南漕、减兵额、创邮政、练陆军、
整海军、立学堂，大抵以筹饷练兵为急务，以恤商惠工为本源"。②商业
上，提出了一些振兴商务的具体设想，"劝励工艺，奖募创新，立商政以开
利源以及速办商务局"等，但随着运动的失败也就"胎死腹中"了；农业改
革"兼采中西之法"，切实讲求农政，主张"开农学堂，地质局，以兴农殖
民，而富国本"。③然而，他们的经济改革思想不可能去触及现存经济基础的
层次，难以动摇封建主义经济的核心——土地问题，更动摇不了整个封建统
治阶级的根基即经济基础，因而其农业改革思想无疑就是"无本之木"了，
"流产"也是必然的了。

　　（3）报刊舆论中的教育改革思想与维新运动的共同局限

　　维新运动时期，报刊舆论不遗余力地宣传"中国自强之道在培植人

---

① 　《知新报》第64册，光绪二十四年（1898年）七月初七日。
② 　《时务报》，光绪二十二年（1896年）九月十一日。
③ 　康有为：《请开农学堂地质局以兴农殖民而富国本折》，汤志钧编：《康有为政论集》，中
　　华书局，1981年版，第349页。

才"，"取士之法宜及早变通"，力陈八股为中国致弱之根源，倡议兴学校以储人才。在梁启超看来，当时中国社会最严重的问题是民智不开，人才缺乏，而造成这种局面的根本原因是科举制度。所以他极力主张改革科举，并指出"八股取士，学非所用，用非所学，于内政、外交、治兵、理财无一能举者。"①1896年他在《时务报》上发表《论变法不知本原之害》中断言："变法之本，在育人才；人才之兴，在开学校。学校之立，在变科举；……"②。他又在《时务报》上连续发表《变法通议》，提出"兴学校、养人才，以强中国，惟变科举为第一义。大变则大效，小变则小效"，并具体提出了改革科举的上、中、下三策以供采择。上策就是"合科举于学校"；中策就是"多设诸科"，如明经、明算、明字、明法、学究、明医、兵法等；所谓下策即"一仍今日取士之法，而略变其取士之具"。③严复在《直报》上发表的《救亡决论》中痛斥八股"锢智慧、坏心术、滋游手"，认为："今日中国不变法则必亡"，"然则变将何先？曰：莫亟于废八股"。④维新派虽然提出了"废八股、增科目、广出路"的主张，对封建教育和科举制度产生了强有力的冲击，但是他们还没有能够从思想上彻底认识到科举制度压制人才的危害性，还没有在理论上意识到要彻底废除科举制。因而在整个运动期间，维新派始终没有提出废除科举制度，甚至对科举制度寄予了某种厚望，诚然力所能及的只是对科举制度进行一些变通。这可以从他们的行动可以得到验证。严复这位深受西方先进文化浸润的维新先锋人物，在留学英国回到天津水师学堂任职后，"他又不得不思考重操少年旧业，温习八股制艺，希望博得一第，为社会所重。"第四次走向科举围场。无奈科考失败，严复特别沮丧，他不但没有认识到科举制的不合理性，反倒是认为自己"技不如人"，在八股制艺的揣摩上有欠工夫，而且这一末了情结始终困扰着他。后八股废除，竟然还发出了"无何八股亡，在耻未由濯。晚虽蒙荐赏，何异遭呼蹙。所以平生谈，于此尤刻轹"⑤的无限感慨。

改良派报人一般具有传统的科举功名，并积极融入旧有政治体系之中

---

① 《公车上书·请变通科举折》。张品兴编：《梁启超全集》（第一册），北京出版社，1999 年版，第 162 页。

② 赖光临：《梁启超与近代报业》，台湾商务印书馆发行，中华民国五十七年版，第 2 页。

③ 《变法通议·论科举》。陈学恂编：《中国近代教育史文选》，人民教育出版社，1996 年版，第 139—140 页。

④ 周振甫选注：《严复选集》，人民文学出版社，2004 年版，第 55 页。

⑤ 转引自王金珊：《严复：先进的中国人？时代的落伍者？》，《语文学刊》，2007 年第 2 期，第 136 页。

（参见下表）。张元济中进士，中举人的有康有为、梁启超、麦孟华、汪康年。康有为自14岁起参加科举考试，38岁中举；谭嗣同自18岁起至30岁，六赴南北参加省试，无一及第；梁启超自10岁参加科举，17岁中举。张元济、康有为、梁启超、谭嗣同等曾出仕为官，严复、汪康年等曾在官办的学堂和企事业中当差。因此，百日维新时期维新派对科举制度的改革，包括康有为的建议，也有不彻底的一面。

首先，康有为只要求废除八股取士，但未提出要求废除整个科举制度，当然光绪皇帝不可能走得更远。因为从当时光绪皇帝所处的政治背景看，光绪皇帝是想通过改革科举制度选拔人才，从而利用维新派和他们所动员的社会力量，企图从慈禧太后手里夺取国家的最高统治权力。1898年6月17日，康有为即令宋伯鲁上奏《请废八股试帖楷法试士改用策论折》，要求各级科举考试，一律废止八股文体，而改试策论。指出："今变法之道万千，而草急于得才，得人才之道多端，而莫先于改科举。"①正是在维新志士的鼓吹下，光绪皇帝"因时通变"，迈出了改革科举制度的第一步。6月23日，光绪帝即颁布"停止八股，改试策论"的上谕，宣布"自下科为始，乡会试及生童岁科各试，向用四书文者，一律改试策论，至于士子为学，自当以四子六经为根柢。"②6月30日下令，将经济岁科归并正科，各省生童岁科立即一律改试策论。7月6日传旨："嗣后一切考试，均著毋庸五言八韵诗。"7月19日更在上谕中强调："嗣后一切考试，均以讲求实学实政为主，不得凭楷法之优劣为高下，以励实学而黜浮华"。其后又在上谕中表示："朝廷造就人才，惟务振兴实学，明体达用之才一经殿试，即可量为授职。"③至此，盘踞中国一千余年的科举制度第一次受到了来自皇帝谕论的批判。但是，从八股文到策论，是一种考试文体的改革，而问题的关键是考试的内容，即所采取的办法却是废形式而不废内容。八股文取士制度考试内容都是"四书"、"五经"那一套封建文化，按照康有为的设想，改试策论后，应增加西学的内容，即通过策论考试，要求士人一方面掌握中国古代经典和中国历史，同时增加西方自然科学和政治法律。在考试内容上增加了新的西学内容。对旧的并未提出废除，这显然是由于害怕顽固阻挠而作的让步。

---

① 《请废八股试帖楷法试士改用策论折》，《戊戌变法》（第二册），神州国光出版社，1953年版，第208页。
② 中国史学会主编：《上谕》《戊戌变法》（第2册），神州国光社，1953年版，第24页。
③ 汤志钧、陈祖恩编：《中国近代教育史资料汇编·戊戌时期教育》，上海教育出版社，1993年版，第47—49页。

其次，康有为只要求废除八股这种问题，而对于考试内容却主张增加新的西学内容，未敢触动传统科目，"四书、五经"等经典仍旧保留。他在代徐致靖拟的奏折中说："夫不讲先圣经义、中国掌故，而能为通才任政者无之。我朝尊崇圣道、科举大典，岂宜遗阙五经？"①这说明康有为迷恋旧经典，不愿将旧的一套全部抛弃。

（4）报刊舆论中的中西文化观与维新运动的共同局限

康梁维新派一贯主张全面学习西方最新最先进的文化，对那些只愿片面学习西方坚船利炮的做法予以批评。康有为认为，西方列强"开辟地球，横绝宇内"，根本原因"不在军兵炮械之末，而在其士人之学、新法之书"。②他身体力行，"大攻西学书，声、光、化、电、重学及各国史志、诸人游记皆涉焉。"③在对待中西文化的态度上，康有为讲求从中西学结合的角度来看待西学。他说："故仆以为必有宋学义理之体，而讲西学政艺之用，然而收其用也。故仆课门人，以身心义理为先，待其将成学，我后许其读西书也。"④梁启超对中西文化的"会通"有更深切的体会："要之，舍西学而为中学者，其中学必为无用；舍中学而言西学者，其西学必为无本。无用无本，皆不足以治天下"。⑤维新派对待中西文化趋向于会通和融合的态度，很自然地流露在维新报刊上。

《时务报》认为中西不可偏废，在强调以中学为本，六经大义与历代兴衰之由的有机统一（即"通过六经经世之义，历代掌故之迹，知其所以然之故"⑥）的基础上"参合于西政"，方有实效。而所谓西政，乃以"宪法官制为归"，⑦"略以公理公法之书为经，以希腊罗马古史为纬，以近政近事为用"。⑧

在对待中西文化的态度上，较之于其他维新报刊，《知新报》论述得最全面、最透彻。它主张融合中西文化，认为"天下公理"本质上并无中西

---

① 国家档案局明清档案馆编：《戊戌变法档案史料》，《翰林院侍读学士徐致靖折》，中华书局，1958年版，第223页。

② 《日本书目志·自序》，姜义华等编：《康有为全集》（第3集），上海古籍出版社，1992年版，第583页。

③ 《康南海自编年谱》。中国史学会主编：《戊戌变法》（第4册），神州国光社，1953年版，第116页。

④ 《答朱蓉生书》。姜义华等编：《康有为全集》（第1集），上海古籍出版社，1992年版，第1040页。

⑤ 梁启超：《西学书目表后序》，《饮冰室文集》之一，中华书局，1932年版，第129页。

⑥ 梁启超：《学校余论》，《时务报》，第36册，光绪廿三年七月廿一日。

⑦ 汪康年：《复友人论变法书》，《时务报》，第13册，光绪廿二年十一月初一日。

⑧ 高风谦：《翻译泰西有用书籍议》，《时务报》，第26册，光绪廿三年四月十一日。

之别。"夫理者天下之公理也，法者天下之公法也，无中西也，无新旧也，行之于彼则为西法，施之自我则为中法矣。得之今日则为新法，征之古昔则为旧法矣。"批评了两种假守旧和假开新的人物："拘迂之儒，非真能守旧者也。夫必能守旧，然后乃可与言开新，更能开新，然后乃可与言守旧，彼攘臂奋舌，而一究其实，大号于天下者，而以为守旧者。譬诸今日边省之士，通商口岸之徒，彝其语，西其服，贸贸焉以识时之彦自居，而一究其实，则上不过为彼中通事之用，下可以充洋行服役之才，六经之旨，从未寓目，论语一书，且以当薪，其不可与言开新也，固也，彼守旧者曾何以异之？""警告守旧党'若夫深蔽固拒，自安其陋'，难免亡国灭种"。①

《知新报》批评前人学习西方文化的态度是"言西政但讲船械而不讲学校，所谓不治本而治标，言西学但习文语而不习群书，所谓不务大而务小"。②明确宣布将"译环球之近事，异闻必录；不袭陈言，利病备陈，无取深讳；倡提圣学，无昧本原；采译新书，旁译新书，旁搜杂事，审其其艺，穷其新理，则明者势不抱曲学而愈愚矣；察其土俗，知其形势，则通者势不泥旧章而蔽矣；明其律法，谙其机权，强者势不执成法而振弱矣"。③

如何会通、融合中西文化，取长补短？《知新报》认为，"中国之坏，自人心始，人心之芜，自学术始，学术之谬，自六经不明始，六经不明，未有变法之方也；六经明则学术正，学术正则民智开，民智已开，人心自奋，热力大作，士气日昌，爱力相进，国耻群励，以此凌九州可也，况变法乎？故谓今日欲救中国，宜大明孔子六经之义于天下"，才能"奋吾中学以振夏声"。④黎祖健相信孔教是世界上最好的宗教，"孔子受天命而为素王，以匹夫而定百代之制，其于天天人人之故，条理万绪，本末兼赅，精粗具举，自有地球诸星诸教主以来，未有如斯之美备者也。"⑤陈继俨也认为中国落后的原因在于孔子之教的衰微，"挽变之道，曰变曰教，论政则主维新，言教则主守旧"。⑥这些康门弟子认为应"大明"孔教，光大中国文化。但他们所说的孔教并非历史上曾经有过的，而是他们心目中中西合璧的理想化孔教。

《知新报》还认为，西方文化并非完美无缺，中国文化也远非至善至

---

①　陈继俨：《论中国拘迂之儒不足以言守旧》，《知新报》第54册，光绪二十四年四月十一日。

②　王觉任：《增广同文馆章程议》，《知新报》第35册，光绪二十三年十月初一日。

③　梁启超：《知新报叙例》，《知新报》第1册，光绪二十三年正月二十一日。

④　欧榘甲：《论中国变法必自发明经学始》，《知新报》第38册，光绪二十三年十一月初一日。

⑤　黎祖健：《弱为六极之一说》，《知新报》第47册，光绪二十四年三月初一日。

⑥　陈继俨：《忧教说》，《知新报》第37册，光绪十三年十月二十一日。

美，两者皆需"大明"，才能使西学行之无弊和使孔子之道发扬光大。原因在于"孔子制作六经，其义理制度、大义微言，实足以范中外而治万世，其道不明，则世之见西学者，或震其精深，而以为不可学，或鄙其怪异，而以为不屑求，而不知反之诸经秘讳，皆吾教中所自有，是于孔子既有割地之憾，而于新政必有阻碍之端。新政不行，于是西学不明，西学不明，则彼之良法美意吾既无所取裁，而彼教之条理，凡有合于我孔子与不及我孔子者，吾更无从考见……"①还认为，"朝廷兴学之意与士夫变学之心，固欲储以为振兴中国之具者也，储以为振兴，则宁能舍中学而第从事于西学之哉？……然使果偏重乎西学，则是依然成就通事翻译之才而于振兴中国无与也。使果不偏重乎西学，则中国之学亦奚易得哉？必浸灌于经术以植其柢，旁涉于子史以蓄其材，因讲习于历朝之掌故而又深娴于本朝之政案典律与天下之郡国利病，了然于治乱得失，以得其变革之要，于是合之以西国古今政俗之异同，而比例之，而去取之，定其可"。②

可见，维新报刊所宣扬的这种参合，趋向于中西在政治体制的层面进行融会，强调从制度层面对西方文化加以肯定和引进。主张在不彻底改变和推翻清朝封建专制制度的基础上去有选择地接受西学。在这样一种思维框架下，我们就不难理解维新变法的"精英"们为何在政体上选择"君主立宪制"，而不选取"民主共和制"了。并在运动中，将"确立君主立宪制"作为政治改革的目标，而为之奔走呼号。康有为在1895年的"公车上书"中恳求光绪帝开武英殿，"特论颁行海内"，建议每10万户中推举一名"议郎"，上驳诏书，下达民情，供皇帝咨询；凡内外兴革大事，皆由"议郎"开会讨论，"议郎'，参与国家政事。"议郎"之名借自汉代，实为近代之议员。由"议郎"参与具有立法性质的武英殿，是康有为要求召开国会之发端。1895年6月在《上清帝第四书》中，康有为明确提出"设议院通下情"的主张。1898年，他又提出立法、司法、行政三权分立，说明国会乃"君与国民共议国政法"的立法机构，司法独立山法官负责，行政权属于责任政府。梁启超认为，"强国以议院为本"。严复在论述西方富强的原因时，在政治制度方面将之归为"建民主开议院。"

康有为也认识到制定宪法是实行立宪政治的根本所在。他说："旧本改定国法，变法之全体一也"。康有为在《上清帝第五书》中建议光绪帝"下

---

① 刘桢麟：《论西学与西教无关》，《知新报》第49册，光绪二十四年三月二十一日。

② 刘桢麟：《论今日西学当知急务》，《知新报》第31册，光绪二十三年八月二十一日。

发愤之诏"，"采择万国律例，定宪法公私之分"，明确提出制定宪法的主张。他认为，只有"改定国宪"，才能称之为真正的"变法"。在"百日维新"期间，康有为、宋伯鲁代拟的《请讲明国是正定方针折》进一步陈述制定宪法的重要性。

在当时中国资本主义经济还非常微弱，资本主义只是刚刚起步的情况下，就把高度发达的资本主义政治体制中的一些东西照搬过来。毋庸置疑，他们对"君主立宪制"的理解只会停留在肤浅的东西上，且对这一制度中一系列的理论和实践，诸如宪法、政党、责任内阁及君主不负责任等也缺乏了解，加之又深受数千年忠君爱国思想传统的影响，所以他们设计的议院不是独立的立法机关，而是皇帝甚至或是官员的咨询机关。这表明他们对西方文化的认识仍缺乏一个完整的理解，他们只是完成了中国近代过程中由物质层面过渡到制度层面的伟业，而对最高层次即精神文化的完成则由后来的新文化运动来补上。可见，要完成"救亡图存"这一时代赋予的使命，维新派显得无能为力，因而很难挽救自己的失败命运。

（5）报刊舆论中的帝国主义形象与维新运动的共同局限

维新派虽然意识到正是帝国主义的侵略导致了中华民族亡国灭种的危险，揭露帝国主义"无端而逐工，无端而索岛屿，无端而揽铁路，无端而干狱讼，人之轻我贱我，野蛮我，奴隶我，禽兽我，尸居我，其惨酷至于如此其极也"。[①]但在当时列强环伺的中国，中国官吏和知识分子对清政府外交的政策取向有一个共同的看法，"乃是都认识到中国衰弱，不能独立抵抗列强而求自救自存，必须依赖外力帮助。"[②]加之，寓华西人利用《万国公报》及广学会书籍作为传播媒介，在中国官吏和知识分子中间散播他们的"联英日，抗俄法"的外交路线。深受其影响的维新派人物有：陈炽、康有为、梁启超、麦孟华、杨深秀、谭嗣同、唐才常等人皆是。[③]梁启超曾描述甲午战后时人的外交政见，说："今人谈洋务者，不曰联俄拒英，则曰联英拒俄。"[④]

由于受时代的局限，资产阶级改良派对帝国主义的侵略本质缺乏根本认识，在运动中不仅没有明确提出反帝口号，放过了中国人民最凶恶的敌人，甚至还幻想依靠某些帝国主义来抵制另外的一些帝国主义。康有为代御史杨

① 梁启超：《中国之强将》。张品兴编：《梁启超全集》，北京出版社，1999年版，第99页。

② 梁远生：《林乐知在华事业与〈万国公报〉》，中文大学出版社，1978年版，第122页。

③ 王树槐：《外人与戊戌变法》，上海书店出版社，1998年版，第105—174页。

④ 梁启超：《变法通议》，《时务报》第5册，华文书局，中华民国五十七年版，第277—278页。

深秀草拟的《请联英日以制德氛而坚俄助折》中声称"比闻英实有愿结中华之意，散见各报。即日本亦有联我之心，盖事机立变，虽仇国亦当合也。昔楚王恨商于之诳，怒思伐秦，而陈轸即劝其合秦以攻齐；蜀先主耻虎亭之败，日图报，而诸葛亮即劝其合吴以伐魏。故我若联日本，日本自卫计，亦必可听从，而我仍以济成结英之计也。"主张联结英国和日本，因为"处两大国之中，即无专倚一国之理也。俄与我陆路毗联，诚不可不与深结矣，而英铁舰二百艘，皆大倍他国，海军之强，万国无能与比隆者。今我专倚一俄，反足召英人之怒忌。且非止英而已，日本与俄有宿愤，亦必惧而协英以谋我，我将何与堪之。①"

康广仁也在《知新报》上发表《联英策》，谓："英固不可专倚也，但知其畏俄忌俄之心，有不可并立者，则其必助我无疑也。若夫日人割台之意既得，遏人敌法而非敌俄，岂可援与俄例哉。若舍英不结，则英畏俄之结德、法以大割吾北土也，以均势之例，必不肯攘。英人与日本，急于自卫，必将先为下手，以取吾长江也。故结英非徒拒诸国，扼强俄，亦所以弭日本，且亦弭英国也。故宜遣重使，赠铁路矿务深结英，然后急图变法，庶乎可以图存也"②

唐才常曾发表《论中国宜与英日联盟》，谓："联俄则燃眉噬脐，旦夕即成异类，联日以联英，则皮肤之癣，犹可补救于未来"③。对俄国侵略的"燃眉噬脐"，痛加抵击，主张"联日以联英"。

其实这些帝国主义国家各怀鬼胎，没有一个会真正帮助中国解决危机。康有为等维新派人士力主联合英、日，以制服德、俄的方案，则是与虎谋皮、不切实际的幻想。

维新派甚至幻想可以依靠某几个帝国主义的支持来完成自强革新事业。《知新报》还在第104册发表了《论各国宜干预中国新政》一文，文中说："今政权归于旧党之手，料无维新之机，但以我英而论，尚可助彼维新。我外部衙门，可递一国书与中朝，痛陈中国之危，力请归政光绪君，复行上年新政之令，并宜通知美日两国，同时上此式国书。三国合力如此，西后虽顽，未必敢逃公道，或可不复阻扰新政。皇帝既复其位，自必召还各逋臣，并请外国精明之人为客卿，则不难振起老睡之国。彼之国权不失，我之商利

①　汤志钧：《维新·保皇·知新报》，上海社会科学院，2001 年版，第 99 页。
②　康广仁：《联英策》，《知新报》，第四十五册，光绪二十四年二月二十一日。
③　唐才常：《论中国宜与英日联盟》，《湘报》，第二十三号，光绪二十四年三月十一日。

亦不失，自然化却许多难案。然则我一角书之劳，亦何惮而不为哉？"维新派借英人的口气，希望列强出面干涉，归政光绪帝，再行维新。甚至连创办报刊，都想借助帝国主义分子的力量。早在强学会时期，他们当中的一些人，就曾经有过将广学会的《万国公报》改为"政府的机关报纸"的离奇设想（见李提摩太《留华四十五年记》）。李提摩太也因此混进了强学会，参加了《中外纪闻》的筹备工作，成了他们实际上的顾问。《时务报》的"东文翻译"古城贞吉就是一个日本人，而且是经由日本驻上海总领事代请的。《湘报》则甚至有过和日本帝国主义的文化侵略团体兴亚义会的机关报《兴亚报》，"彼此分派"，和交换主笔的打算。可见改良派对帝国主义的认识，多么幼稚，多么糊涂。

理所当然，对于帝国主义的侵略中国的活动，资产阶级改良派报刊不仅没有进行揭露，反而为他们开脱。把深入中国腹地进行阴谋活动的帝国主义分子，说成了"蒙犯霜雪，跋涉险阻，耗资财，劳筋骨，以求其所谓尽人事天之道"（1898年10月26日《国闻报》）的大善人；把他们的经济掠夺行为说成了使中国的"小贸大力的人，添出许多行业，银钱自然活动，……地方必然日见富足"《湘报》（68期）的大好事；对于人民群众的自发反帝斗争，尤其是反洋教斗争，忧惧超过声援，说"洋人见人最和气，相貌虽异心不异，……我是主人他是宾，何必无故打洋人"（《湘报》27期）。

从以上的错误认识出发，维新派企图"借助外力（帝国主义及其代理人的支持），推动维新"的想法在维新运动中不断显露出来。

维新派对披着宗教外衣、打着帮助中国变法旗号的传教士认识不清。康有为第一次与李提摩太会面时就误把他们当成了"洋兄弟"。李提摩太说，康有为"告诉我，他是相信上帝是天父，世界各国是兄弟的，就如同我们的出版物所教导的。他希望在革新中国的事业中同我们合作。"[①]这样，维新派与传教士交往甚密，经常一起吃饭，一起讨论进行的计划和办法，甚至梁启超还成为李提摩太在北京的华文秘书，"据李氏自言梁且曾任其华文书记"[②]。可知梁氏在京的那段时间里与李提摩太的关系非常密切。梁启超在《时务报》初期发表的言论，不少是"剽窃"《万国公报》的文章[③]。同时梁氏所撰的《西学书目表》，选录广学会书籍二十二种，认为最佳者为李提摩

---

① 转引自顾长声：《传教士与近代中国》，上海人民出版社，1981年版，第180页。
② 康有为：《康南海自编年谱》，中华书局，1992年版，第34页。
③ 梁元生：《林乐知在华事业与＜万国公报＞》中文大学出版社1978年版，第141页。

太的《泰西新史揽要》及林乐知的《万国公报》。

强学会筹议时，就"延请"美国传教士李佳白为"译书"，由梁启超、汪大燮为"笔述"。他们还分别到英、美公使处乞求"支持"，以"得到英国公使欧格讷很大的鼓励"为荣。强学会成立后，李提摩太和李佳白等传教士也都参加进去，强学会的机关刊《中外纪闻》大量转载李提摩太等人在《万国公报》上发表的文章。欧格讷同李提摩太紧密配合，努力从事联络维新派的工作，当然也向维新派领袖们指手划脚，竭力施加影响。据李提摩太在《留华四十五年记》一书中说："维新党得到英国公使很大的鼓励"。①1895年11月，欧格讷离任回国，行前，他敦促恭亲王奕䜣从速实行新政，并嘱咐翁同龢说中国变法"须参用西人"。②

梁启超企图利用日英美等国帮助光绪帝复位，对他们瓜分中国之势曾有美言"至于瓜分土地之害，更不待言，吾信英美日诸国，绝无此心，并永不欲有此事，即有之，亦为他国所逼，出于不得已耳。""现在办北方事务之权，归于各国之手，各国之沾手此事也，非有所贪图也，乃出于不得已耳。"③

"百日维新"期间，伊藤博文来华，康有为认为伊藤曾佐长洲幕"以成日本勤王之业"，力主光绪召见，他自己也到日使馆访晤，希望伊藤"进而教之"，以"维持东方时局"。还请伊藤觐见慈禧太后时"剀切陈说"，以使"回心转意"，减少掣肘；还"请极言宜引见汉臣，通晓外事，切莫受满洲一二老臣壅蔽，听宦官宫妾之簸弄，而与皇上讲求变法条理"，叫他来做说客，说什么"即一席话，亦足救我中国四百兆人"④。

依靠几个国家，抵击另外几个帝国主义国家，这种天真的幻想，当然不可能实现，对帝国主义的幻想，充分说明了他们政治上的幼稚和软弱。

综上所述，维新报刊舆论在以上五个方面存在着严重的不足，致使维新派在领导这场运动中缺乏统一的思想、坚强的领导，改革不彻底，对运动的失败应承担不可推卸的责任。正如伟大导师列宁所言："没有革命的理论就没有革命的运动"。

---

① 李提摩太：《留华四十五年记》。中国史学会主编：中国近代史资料丛刊《戊戌变法》（第3册），神州国光社，1953年版，第555页。
② 《翁文恭公日记》第34册，商务印书馆，1925年影印本，第94页。
③ 梁启超：《论今日各国待中国之善法》，《梁启超全集》，北京出版社，1999年版，第433页。
④ 《闽报》，光绪二十四年八月引《日日报》"伊康问答"。转引自《戊戌新政上谕》，光绪二十六年十月上海排印本。

第五章　资产阶级革命报刊舆论与辛亥革命

孙中山所领导的辛亥革命推翻了清王朝，结束了两千多年的封建帝制，是中国近代史上一次伟大的反帝反封建的资产阶级民主革命。在这场革命中，资产阶级革命报刊以其鲜明的立场、激烈的言词、高度的热情，奏出了时代的最强音，成为宣传政治纲领和开展政治运动的武器，排满革命，推翻帝制，功不可没。"光宣以来之报纸，大都以倡革命之说为归，舆论所趋，革命蜂起，武昌发难，全国景从，清社既屋，共和成功，报纸鼓吹宣传之效，实有以成之也。"[①]冯自由认为，辛亥革命的胜利，文化的作用大于武力的力量，"中华民国之创造，归功于辛亥前革命党之实行及宣传之二大工作。而文字宣传之工作，尤较军事实行之工作为有力而普遍。蒋观云（智由）诗云，'文字收功日，全球革命潮！'诚至信也。"[②]孙中山更是明确地总结道："推翻满清，因赖军人之力，而人心一致，则由于各报馆鼓吹之力"[③]，认为："革命成功，全仗报界鼓吹之。"[④]因而他在1912年《民立报》为他举办的一次欢迎茶会上，总结前一段革命报刊工作的成绩时，说道："此次革命事业，数十年间屡仆屡起，而卒观成于今日者，实报纸鼓吹之力。报纸所以能居鼓吹之地位者，因能以一种之理想普及于人人之心中。其初虽有不正当之舆论淆惑是非，而报馆记者卒抱定真理，一往不渝，并牺牲一切精神、地位、财产、名誉，使吾所抱之真理屹不为动，作中流之砥柱。久而久之，人人之心均倾向于此正确之真理，虽有其他言论，亦与之同

---

① 《民国丛书》第三编·41，黄天鹏：《中国新闻事业》上海书店据上海联合书店 1930 年版影印，第 46 页。
② 《开国前海内外革命书报一览》，冯自由《革命逸史》第三集，中华书局，1981 年版，第 139—159 页。
③ 孙中山：《孙中山全集》第 2 卷，中华书局 1982 年版，第 431 页。
④ 孙中山：《孙中山全集》（第一卷），中华书局 1982 年版，第 495 页。

化，惟知报纸有此等力量，则此后建设，关于政见政论，仍当独抱一真理，出全力以赴之，此所望于社中诸君子者也"。① 即便是保皇派首脑人物梁启超在1912年的北京报界欢迎会上，他也认为辛亥革命的成功，是"黑血革命"即报纸宣传的成果："去秋武汉起义，不数月，而国体丕变。成功之速，殆为中外古今所未有。南方尚稍烦战事，若北方则更不劳一兵、不折一矢矣。问其何以能如是，则报馆鼓吹之功最高，此天下公言也。世人或以吾国之大，给数千年之帝政，而流血至少，所出代价至薄，诧以为奇，岂知当军兴前军兴中，哲人畸士之心血沁于报纸中者，云胡可量。然则谓我中华民国之成立，乃以黑血革命代红血革命焉可也。②"

第一节　近代国人自办报刊第二次高潮的成因

20世纪初，中国近代报刊发展再掀高潮。据统计，在1905年至1911年间，革命派报刊或虽非革命党人所办但具有明显革命倾向的报刊约有200种左右③，中国新闻事业进入了一个空前繁荣的时期。究其原因：

1. 国内政治形势呼唤新媒介的出现

《辛丑条约》签订后，民族危机加重，晚清社会内部矛盾也尤为激烈。"今者中国以千年专制之毒而不解，异族残之，外邦逼之，民族主义、民权主义殆不可以须臾缓"④。在这种形势下，政治诉求需要新媒介向国民传播各种政见与论争，刺激了近代报业的勃兴。于是，中国大地上又一次出现了办报高潮。⑤。如1900年1月创刊于香港的《中国日报》，1905年11月创刊于日本东京的《民报》，1910年10月创刊于上海的《民立报》等。这些报刊一创办，就积极宣扬资产阶级民主革命思想，揭露清政府实际上沦为"洋人的朝廷"，卖国求荣。对保皇派、立宪派反对革命的谬论进行批驳，推动着广大人民投入到这场反清民主革命斗争中去。单看该时期报刊的刊名就明显具有十分浓厚的民族民主意识。《中国日报》之所以以"中国"命名，其用意一

---

① 《民立报》，1912年4月17日。

② 梁启超：《鄙人对于言论界之过去及将来》，《庸言》1卷1期，1912年12月1日。

③ 方汉奇《中国新闻事业通史》（第一卷），中国人民大学出版社1992年版，第987页。

④ 《民报发刊词》，《民报》，1905年10月20日。

⑤ 单波：《20世纪中国新闻学与传播学·应用新闻学卷》复旦大学出版社，2001年版，第21—22页。

是强调"中国者，中国人之中国也"①，以及"复兴"中国，"光复祖国"，借此来否认大清国，明显具有排满民族意识和宣传资产阶级革命思想；二是在当时救亡图存的语境下，"中国"二字乃针对列强瓜分中国之企图，意取"中国人之中国也"。中国古称"神州"，那么，《神州日报》的意旨就是要"唤起中华民族之祖国思想，激发潜伏的民族意识"②。《汉帜》（1907年1月《洞庭波》改为《汉帜》月刊在东京出版）请宋教仁为其作发刊词一篇，并刊登在《民报》第11号："此刊宗旨：光复祖国、防护人权，唤起黄帝种魂，扫除白山靺鞨，建立二十世纪民国，还五千年神州，而尤以维持各国公共安宁，鼓吹汉人实行革命为要素。"③其他如《汉声》（由《湖北学生界》更名而来）、《夏声》（由《秦陇》等报名更名而来）也都具有这种强烈的民族民主意识。当时，带"民"字的报刊还真不少，如《民报》《民呼日报》《民主报》等，民主意识昭然若揭；当然这一时期还有一些带有明显的地方名称的报刊，如《直说》《江苏》《浙江潮》等，也是宣传民主革命思想的武器。

2.资产阶级力量的崛起

1895—1912年间的中国资本主义经济获得了较快的发展，新开设资本在万元以上的工矿企业有549家，资本总额达120288万元，为1895年前所有工矿企业的2.7倍和3.4倍。交通运输业发展也很迅速，除官办的轮船招商局外，商办小火轮公司达561家，拥有小火轮978只。据海关登记，1894年中国轮船为140只，共29410吨，1912年增至897只，共95447吨，分别增加541%和225%。20世纪初还出现了铁路建设高潮，全国15个省设立18家商办铁路公司，共修建铁路9000余公里。邮政通讯事业初步奠基，到1912年共修建6万余公里的电报线，建设了19万公里的邮差路。金融业到1911年共开设30余家。④

随着资本主义经济的发展，中国资产阶级的力量有了新的增长，成为这一时期民主革命的领导阶级，这个新兴的、当时力量还较为薄弱的阶级，急需要用新的思想组织和动员群众，尽力争取群众，把群众团结在他们周围，

---

① 陈少白：《兴中会革命史别录》，中国史学会编《辛亥革命》第1册，上海人民出版社1957年版，第83页。

② 方汉奇：《中国近代报刊史》山西教育出版社，1981年版，第478页。

③ 《汉帜》，1907—01—25.

④ 以上数据引自汪敬虞：《中国近代工业史资料》、樊百川：《中国轮船航运业的兴起》、许涤新等主编《中国资本主义发展史》等。

进行民主革命的斗争。办报是达到这一目的的一个重要手段。辛亥革命时期革命党人在用起义、暗杀等暴力手段不断冲击清王朝的统治的同时，充分利用报刊杂志这一舆论宣传的重要方式，从社会心理层面对"旧的社会、经济、心理义务"进行"侵蚀"、瓦解，排满反清，宣扬"民主共和"，破旧立新。

3.对报刊功能认知的深化

辛亥革命时期，以孙中山为首的革命派是很注重革命思想和主张的宣传，他们对报刊舆论的强大功能有了更进一步的认识。同盟会成立以后，资产阶级革命派所创办的报刊公开地把革命反清作为自己的办报宗旨，一再宣称："革命报之工作，所以使人知革命也①"；"推到专制政体，鼓吹民族主义，大声疾呼，惊醒睡魔。挽狂澜于既倒，扬国旗于将来"②外交上，"报馆曰玉帛宜，则以玉帛相见；报馆曰兵戎宜，则以兵戎相接。驯至条约之只字，往返之微仪，报馆皆从而可否之。"③报纸具有与军队同样的力量，"拿破仑曰'有一反对之新闻纸，其势力可畏，视四千毛瑟枪殆加甚焉'，还说'报馆一家，犹联队一军也'。傅斯麦曰：'经营社会者，不可不利用新闻纸，……。'竹越氏之言曰：'君侧之权衰，移于政府，政府之权衰，移于议会，议会之权衰，移于报馆。'十九世纪后半期以来，实报馆执政之时代也。斯言也，吾取之以为欧美报馆之定评"。④同时，报刊及其舆论具有监督政府的功能。"举其善善恶恶，悉录记之，而披露之，而批评之人视之也，如默监之鬼神然，如行刑之大堂然，而人类之德义，借以日进，而社会之鳌贼借以日消，自由制度愈进化，而不失败者，又报馆之功也。朝作道德说，而夕出无量数之大君子；夕唱尚武论，而朝产无量数之军国民。"⑤正如时评云："报馆者，发表舆论者也。舆论何自起，必起于民气之不平，民气之不平，官场有以激之也。是故舆论者，与官场万不能相容者也，既不相容，必生冲突。于是业报馆者以为之监督，曰某事有碍于国民之公利，曰某官不能容于国民，然后官场所忌惮或能逐渐改良以成就多数之幸福。此报馆之天职

---

① 汉民：《民报之六大主义》《民报》1906 年 4 月。

② 《云南杂志万岁！云南杂志万万岁！》，方汉奇：《中国近代报刊史》山西人民出版社 1981 年版，第 637 页。

③ 筑髓：《论欧美报章之势力及其组织》，《浙江潮》，第 4 期，第 15 页。

④ 筑髓：《论欧美报章之势力及其组织》，《浙江潮》，第 4 期，第 14、15 页。

⑤ 筑髓：《论欧美报章之势力及其组织》，《浙江潮》，第 4 期，第 17 页。

者，即国民隐托之于报馆者也。^①" 更有甚者认为报纸及其舆论与国家强弱密切相关。"报纸者，代表舆论者也，责任颇重，关系极大，然非有折锐披坚之笔、惊天动地之文，以周旋竞争于毒雾漫漫、妖气阵阵之大舞台上，断不足福国家而利人民。忆夫前清专制之时固多，所忌讳不得自由言论。今者民国成立，共和伊始，万端庶务建设方殷，鼓吹提倡岂可稍缓，又况耽耽逐逐之邻邦，恃其国富兵强，或侵占边界，或干预内政，或破坏条约，或要求权利，种种蛮横阴险之手段日相紧逼，无所顾忌。……欲整顿前途，挽回劫运，须先唤醒同胞，提倡实业，补助政务，促进文明，固国基而厚民力，非报纸不为功，试观欧美诸强国，无不赖报纸之鼓吹，以增长其势力。故国家之强弱，恒视乎报纸之发达与否，以为高下，国家愈强则报纸欲发达，报纸愈发达则国家愈文明……固然今贵报亦念国势之艰危，人格之卑下，不忍坐视，组织天觉……惟望确定宗旨，大声疾呼，以周旋于黑暗昏沉之稽山镜水间，慑服强房，痛锄奸恶，可提倡则提倡之，须调和则调和之，宜匡辅则匡辅之，整旗抱鼓，勇往直前，庶达到造福越民之目的。^②"

孙中山不仅充分肯定报刊在开民智、阐新理、育人才等方面的作用，认为报刊能够"推陈出新，开世人无限之灵机，阐天地无穷之奥理"^③，而且极其重视报刊的舆论宣传。兴中会成立后，《兴中会章程》中明确提出"本会拟办之事务，须利国益民者，方能行之。如设报馆以开风气，立学校以育人材，兴大利以厚民生，除积弊以培国脉等事，皆当惟力是视，逐渐举行"^④主张。将"设报馆以开风气"置于从事反清革命活动的首位，同时强调要更加广泛地发动群众，将救国主张"务使举国之人皆能通晓"。^⑤他还说："成功极快的方法，宣传要用九成，武力只可用一成。"^⑥

1905年同盟会成立后，孙中山亲自参加和领导了同盟会机关报《民报》的创办和宣传工作。在他撰写的《民报》发刊词中，阐述了自己的舆论观和革命报刊应有的职能。指出报刊是"舆论之母"，且具有凝聚力作用，并作了阐释，"夫缮群之道，与群俱进，而择别取舍，惟其最宜。此群之历史既与彼群殊，则所以掖而进之之阶级，不无后先进止之别。由之不贰，此所以

① 《论湖南官报之腐败》，《苏报》1903年5月26日。

② 史和、姚福申、叶翠娣编：《中国近代报刊名录》，福建人民出版社1991年版，第321页。

③ 孙中山：《上李鸿章书》《孙中山选集》上卷，人民出版社1956年版，第8页。

④ 孙中山：《孙中山全集》（卷1），中华书局1981年版，第20页。

⑤ 孙中山：《孙中山全集》（卷1），中华书局1981年版，第22页。

⑥ 孙中山：《革命成功全赖宣传主义》《中山全集》第三集，台湾三民图书公司，1935年版，第155页。

为舆论之母也。"①"惟夫一群之中，有少数最良之心理，能策其群而进之，使最宜之治法，适应于吾群，吾群之进步，适应于世界，此先知先觉之天职，而吾'民报'所为作也。"②可见，革命派创办《民报》的目的在于利用报刊媒介进行宣传、教育民众、组织民众，一起进行反清革命；同时提出报纸的根本任务就要将最适宜中国实际的学说，坚持不懈地灌输于民众，化为常识，再去实行革命的话就容易多了。"抑非常革新之学说，其理想灌输于人心而化为常识，则其去实行也近"③。孙中山的好友郑贯公曾在《有所谓报》上对政党报纸作为机关喉舌的功能做了进一步的阐述，他说："报之设，非徒开民智，鼓民风，使抵制之普及已也。若只欲开智鼓气，使抵制普及，则到处演说可，到处以图画使触目惊心亦可。然则必急急于设机关报者何？"对于未掌握国家政权的政党而言，机关报要担负起国家政权的种种功用："报纸能宣布公理，激励人心，何异政令告示？报纸能声罪致讨，以警效尤，何异裁判定案？报纸能密查侦察，何异侦察暗诇讼冤，何异律师？报纸能笔战舌争，何异军人？由是观之，则报纸与会之关系重要如此，岂可不设？岂可不急设？④"

不仅如此，孙中山还多次提到报刊舆论对民国创始之功。1912年4月16日，他在上海《民立报》之答词中称："此次民国成立，舆论之势力与军队之势力相辅而行，故曾不数月，遂竟全功。"接着说，"此次革命事业，数十年间，屡起屡仆，而卒睹成于今日者，实报纸鼓吹之力。报纸所以能居鼓吹之地位者，因能以一种之理想普及于人人之心中。"⑤9月2日和10月12日他在北京、上海两次报界欢迎会上对报刊功能的认识作了高度概括。他说："今共和告成，建设伊始，报界之力量较前日为宏，而报界之责任较前日尤重。上而监督政府，下而开导人民，为全国文明进化之导引线。故报界之力量日大，则国家之文明程度日高。"⑥"革命成功，全仗报界鼓吹之力。今民国成立，尤赖报界有言责诸君，示政府以建设之方针，促国民一致之进行，而建设始可收美满之效果。故当革命时代，报界鼓吹不可少，当建设时代，

---

① 《民报·发刊词》，《民报》，1905年10月20日。
② 《民报·发刊词》，《民报》，1905年10月20日。
③ 孙中山：《孙中山全集》（卷1），中华书局1981年版，第288页。
④ 郑贯公：《拒约须急设机关日本议》《有所谓报》1905年8月14日。
⑤ 孙中山：《孙中山全集》第2卷，中华书局1981年版，第336、337页。
⑥ 孙中山：《孙中山全集》第2卷，中华书局1982年版，第434页。

报界鼓吹更不可少，是以今日有言责诸君所荷之责任更重。"①"余深望报界诸君，将悲观之心理打除，生出一极大之希望，造一进取之乐观，唤起国民勇猛真诚之志气，则于民国建设前途，实有莫大之利。而使全国俱焕发一种新气象，厥维报界诸君是赖!"②

于右任指出革命派创办报纸的目的："使吾国民之义声，驰于列国；使吾国民之愁声，达于政府；使吾国民之亲爱声，相接相近于散漫之同胞，而团体日固；使吾国民之叹息声，日消日灭于恐慌之市面，而实业日昌。并修吾先圣先贤、闻人钜子自立之学说，以提倡吾国民自立之精神；搜吾军事实业、辟地殖民、英雄豪杰独立之历史，以培植吾国民独立之思想。重以世界之知识，世界之事业，世界之学理，以辅助吾国民进立于世界之眼光。"③于右任创办的《民呼日报》也在1909年的宣言书中说："盖报纸者，舆论之母也，造因之无上乘也，一切事实之所由生也"④。

胡汉民说："革命报为我国人们之不自由、不平等而呼吁，而与谋其改革；保皇报则视我国人民之不自由、不平等为适宜，而与谋改革者为反对。简括抨（评）之，则革命报真以开通民智为己任，保皇报乃以闭塞民智为己任而已。"⑤他将革命报刊的政治动员与国人争取自由、平等结合起来，已经超越近代报刊一般意义上的"开民智"定位。他还说："革命报之作，所以使人知革命也。盖革命有秘密之举动，而革命之主义，则无当秘密者。非惟不当秘密而已，直当普遍于社会，以斟灌其心理而造成舆论。行于专制之国，格于禁令，应而和者不遽显，然深蓄力厚，其收效乃愈大。"⑥事实也的确如此，在晚清社会剧烈动荡之际，《民报》"鼓吹三民主义"，高举反清革命大旗，有力地推动着这场轰轰烈烈的资产阶级民主革命运动。

《中国日报》创刊初期，陈少白在其亲自撰写的《中国报序》中称："报主人见众人皆醉而欲醒之""因思风行朝野，感惑人心，莫如报纸，故欲借此一报，大声疾呼，发声振聩，中国之人尽知中国之可兴，而闻之起舞，奋发有为也。"故《中国日报》能"开中国人之风气识力，祛中国人之

①　《孙中山全集》第 2 卷，中华书局 1982 年版，第 495 页。

②　《孙中山全集》第 2 卷，中华书局 1982 年版，第 496 页。

③　于右任：《发刊词》《民立报》，1910-10-11（1）。

④　于右任《民呼日报宣言书》《民呼日报》1909 年 5 月 15 日。

⑤　胡汉民：《近代革命报刊之发达》，杨光辉等编：《中国近代报刊发展概况》新华出版社 1986 年版，第 22 页。

⑥　中国人民大学新闻系：中国近代报刊史参考资料（上册）（内部资料，未刊稿）1979 年，第 467 页。

萎靡颓庸，增中国人奋兴之热心，破中国人拘泥之旧习，而欲使中国维新之机勃然以兴，莫之能御。"①将报刊功能进一步深化。

秋瑾在《中国女报》的《发刊词》中说："具左右舆论之势力，担监督国民之责任者，非报纸而何!吾今欲结二万万大团体于一致，通全国女界声息于朝夕，为女界之总机关，使我女子生机活泼，精神奋飞，绝尘而奔，以速进于大光明世界。"②《国民日日报发刊词》中说："一纸之出，可以收全国之视听；一议之发，可以挽全国之倾势"。③这些言辞对报纸制造舆论的作用给予了极高的评价。

资产阶级革命派知识分子在创办报刊的实践中，对于报刊的功能认识进一步深化，提出了"报馆是第四种族"的思想，这和近代"报纸是第四种力量"的新闻观已有很多相近的地方，如此也就把资产阶级革命派的报刊理论提高到一个新的高度。

综上所述，步入二十世纪初而又处于内外交困的晚清中国，在一场血雨腥风的革命风潮来临之前，资产阶级革命派对于报刊的功能认识进一步深化，将资产阶级革命派的报刊理论提高到一个新的高度，近代国人掀起了中国报业发展的第二次高潮。

第二节　资产阶级革命报刊舆论中的民主革命思想

革命导师毛泽东同志说："凡是要推翻一个政权，总要先造成舆论，总要先做意识形态方面的工作。革命的阶级是这样，反革命的阶级也是这样。"一个政权的瓦解往往是从思想领域开始的，思想领域的失守是最危险的失守。军事防线不稳固一打就垮，思想防线不稳固不打自垮，"政治动荡、政权更迭可能在一夜之间发生"。作为以推翻清朝统治，建立民国为目标的资产阶级革命派，同样也有此认识。到1911年辛亥革命之际，革命派先后在东京和中国地区以及南洋、美洲和国内其他地区，创办发行报刊图书230

---

① 《中国报序》《中国日报》1900 年 1 月 25 日。
② 史和、姚福中、叶翠娣编《中国近代报刊名录》，福建人民出版社 1991 年版，第 86 页。
③ 《国民日日报发刊词》，转引自戈公振：《中国报学史》商务印书馆 1927 年版，第 47 页。

余种，其中杂志50种，日报67种，图书115种①。以上海为例，1905年—1911年革命派先后出版了十五家报刊，它们是《国粹学报》《竞业旬报》《中国女报》《神州女报》《民呼日报》《民吁日报》《民立报》《越报》《中国公报》《民声丛报》《光复学报》《锐进学报》《大陆报》以及《天铎报》。通过这些报刊和革命宣传品，揭露了清政府对内残酷镇压人民，对外出卖民族主权的种种罪行，介绍了西方资产阶级上升时期的革命历史和革命学说；举起"民主"和"自由"的旗帜，动员群众起来参加反对封建政府的斗争，对革命形势的发展，起了很大的激励和推动的作用。

1.《中国报》

《中国日报》与《中国旬报》统称《中国报》，1900年1月25日创刊于香港，这是中国最早宣传国民的报纸，有"革命党机关报之元祖"之称，创办人陈少白。他宣称："《中国报》出，以悬一线未断之革命工作，唤醒多少国民昏睡未醒之迷梦，鼓吹'中国乃中国人之中国'之主义，战胜康氏保皇之妖说，号召中外，蔚为大革命之风。"②可见，作为革命舆论先声的《中国报》，创刊伊始就确定其为兴中会的宣传喉舌，一直是资产阶级革命团体的舆论宣传阵地，为民主革命呐喊助威。

首先，宣传排清，提倡反清革命。创刊伊始，刊登理论性文章，正面阐述反清革命理论，如长达两万余字的《民主主义与中国政治革命之前途》等。它喊出了寓有反清思想的"复兴中国"的口号，并一再提醒读者注意"中国"两字报名的"深且远乎"的"命意"，指出中国人不应"失其本真，昧厥源流，昏昏然甘居奴隶，听人驱策，受人牢笼，数典而忘其祖，而不知中国之当思复兴也"③。字里行间流露出反清意愿。半年后，严复、唐才常等人在上海发起召开"中国国会"，与会者之一的章太炎热血沸腾，当场剪辫，并称"避断辫发以明不臣满洲之志"。随后他作《剪辫发说》文，寄给在香港的陈少白，要求在《中国日报》全文发表。陈少白收到文章后，除发全文外，还为此专写按语称："章君炳麟余杭人也，蕴结孤愤，发为罪言，霹雳半天，壮者失色，长枪大戟，一往无前。有清以来，士气之壮，文

① 冯自由：《开国前海内外革命书报一览》，《革命逸史》（3）中华书局1981年版，第155页。

② 陈少白：《香港中国报经过略史》，中国史学会编：《辛亥革命》（一），上海人民出版社2006年版，第83页。

③ 陈少白：《<中国报>序》，《中国旬报》1900年1月25日。

字之痛，当推此次之第一"。①强烈表明了该报的反清排满立场。

《中国旬报》（副刊，十日出一期）则多刊登形式活泼、文字生动的歌谣、谐文等，并以"鼓吹录"为题，通过文艺形式讽刺时政、抨击时弊，剥去清王朝在人们心目中原有的神圣外衣，较早地刊载一些显示"革命"色彩的文字。如《英雄与时说》（1900年3月15日）盛赞洪秀全为"英雄"，痛斥曾国藩、左宗棠为"满洲之鹰犬"，称康有为等人为"忠君党"，批评康"身在通显，反排民权，而欲为专制之宰相"；《民智篇》（1900年5月23日）认为中国民智未开的原因之一是"独夫之专制"；《满汉不能并治说》（1900年5月3日）主张中国"应尽民权而倾其政府"。1900年8月8日，章太炎致信《中国旬报》，称："今者满政府狂悖恣行，益无人理，联军进攻，将及国门，覆亡之兆，不待著察。……友人乃立中国议会于上海，推□□君为会长，□君天资伉爽，毫益精明，诚支那有数人物。"章太炎出席"中国议会"，"鄙人先作一状，请严拒满、蒙人入会，会友皆不谓然，愤激蹈厉，遽断辫发，以明不臣满洲之志，亦即移书出会。"即章太炎以断发申排满之志。"方今支那士人，日益阘茸，背弃同族，愿为奴隶，言保皇者十得八九，言复汉者十无二三，鄙人偶抒孤愤，逢彼之怒，固其宜也。兹将《拒满、蒙人会状》及《解辫发说》寄呈左右，所望登之贵报，以示同志，虽词义鄙浅，傥足以激发意气乎？"②第二天，《中国旬报》刊发章太炎的信及《请严拒满蒙人入国会状》。

其次，宣传资产阶级的民权思想。在陈少白的主持下，《中国日报》曾发表《论民权》《民主主义与中国革命之前途》等文章，明确指出："人莫不有自由之性质"，中国封建君主是"独以一夫侵天下人自由，而皇然奉以至尊之号"③的"民贼"，大力谴责慈禧太后等的独断专横、卖国罔民，指出这一切均源于封建专制制度，大声疾呼"民权主义"、"民主主义"等口号，要求改革这种"以一夫侵天下人自由"的不合理制度，同时大量介绍英、法资产阶级革命的历史，赞美欧美的自由平等制度，宣传天赋人权等思想，认为"造物之生人原赋以自由之性，人生之乐趣无过于自由之权"，世界发展的趋势是"国国鼓自由之气，人人思自由之权，将使全地球之尽变为

---

① （台湾）中国国民党中央委员会党史史料编纂委员会印行《中国日报》，第四册，台北：文海出版社1969年版，第463页。

② 马勇编：《章太炎书信集》河北人民出版社2003年版，第54页。

③ 《民权篇》《中国旬报》1900年7月30日。

民主国而后已"。①中国要实现民权之治，要"冲二千年之罗网，解二千年之束缚"，鼓动人民冲破封建罗网的束缚，争取民主自由权利。

再者，《中国报》满怀激情地动员国人只要奋发努力，中国完全可以崛起，进行政治舆论总动员。发刊词称："斯报也，将使中国之人明外交之道，不为邻邦所挠，致沦于危亡；将使中国之人识内治之理，不为旧制所牵，致助于贫弱；将使中国之人知农工商矿之利弊，有所师承而底于兴旺；中国人心已携贰也，而欲有以合之；中国积习已痼闭也，而欲有以破之；举凡中国旧染污俗，又将一洗而新之。"还说："报主人见众人之皆醉而欲醒之，俾四万万众，无老幼男女，心怀中时刻不忘乎中国，群策群力维持而振兴之，使茫然坠绪得以复存，挺立五洲不为万国所齿冷。无如草茅伏处，莫假斧柯，怅望龟山，奈何徒唤。因思风行朝野，感格人心，莫如报纸。故欲借此一报，大声疾呼，发聋振聩，俾中国之人尽知中国之可兴，而闻鸡起舞，奋发有为也。"因此，通过创办《中国报》，"以开中国人之风气、识力，祛中国人之萎靡颓庸，增中国人奋兴之热心，研中国人拘泥之旧习，而欲使中国维新之机勃然以来，莫之能御也。②"

2. "竖三民"

于右任1907年创办的第一份报纸《神州日报》就不用清廷年号，改用公元和干支纪年，以示对清廷的反抗。创刊后不久即发表长篇社论《论本报所处的地位并祝其前途》，指出清廷立宪不过是"以宪政之浮文，蒙专制之政体"，"用立宪饵天下，以一切新政涂民耳目"，对清廷假立宪进行了无情揭露和批评。③该报"以革命精神，一方宣传主义，一方抨击朝廷……深得人心，销路大增。几为上海各报之冠"。

于右任宣布辞职《神州日报》后，1908年在上海创办《民呼日报》，被反动势力扼杀，翌年该办《民吁日报》，又遭封禁，1910年再办《民立报》。"三报"以代表"人民的呼声"为己任，以"振发国民精神，痛陈民生疾苦，保存国粹，讲求实学"为宗旨，发表了一系列短文，进一步宣传孙中山的三民主义，有力地加速了清政府的倒台。其中《敬告希望政府之国民》《论国民最近之心理与今后之责任》等文章，列举了清朝政府"有心误国"的罪证，号召人们"以自力救国"，推翻反动统治；在宣传民权主义问

①　《主权篇》《中国旬报》1900 年 12 月 26 日。

②　陈少白：《＜中国报＞序》，《中国旬报》1900 年 1 月 25 日。

③　转引自王建辉：《出版与近代文明》河南大学出版社 2006 年版，第 103 页。

题上，他对于清政府的"立宪"骗局，从一开始就进行了揭露和批判。他的《宪法问题》《宪法大全》《呼吁宪法》等文就是专门就此而写，这个"竖三民"报系进行革命宣传成效卓著。

在《资政院之悲观》一文中，于右任指出：资政院"不过为政府官吏之玩物，即使其日日建议，事事解决，而一经大力者之摧陷，则不难立化为烟云"，"资政院之所以能监督政府，非贵其能空言，贵其能实行也"。① 对于清政府费尽心机"推行"的新政，于右任不屑的指出："凡百新政，自表面观之，固在在皆立宪国所有事，而政府且三令五申，谆谆于一切政治之改革，以表示其真实立宪之意。然其究也，所谓中央议会之资政院，经一次之争议，而院章遽加以限制，此已足以令人寒心矣。而况亲贵专态之内阁，百撼而不可撼，丧权失利之外债，百争而不可己"，"今日之望吾政府能立宪者，殆不啻与狐而谋其皮也"。清政府"预备立宪"的结果必然是"臣民未受宪法大纲之利，先受宪法大纲之害"，"四万万人托命之宪法，而国家纂定无一代表，其权利义务之不平也可想"。他认为，国民要"享宪法之幸福"，只有"先摧毁旧日误国病民、抄袭不通之宪法草纲，而后真宪法始有可望"，并号召人们都来研究宪法问题。② 在他看来，当时美国的合众制度是中国未来建国的榜样："自武汉事起，各省响应，共和政治，已为全国舆论所公认。然事必有所取，则功乃易于观成。美利坚合众制度，当为吾国他日之模范。"③

在"民族主义"问题上，于右任承继了孙中山的民族革命主张。他列举了清政府"有心误国"的种种罪证，揭露了其腐朽没落、卖国的本来面目，号召民众起来推翻清政府的反动统治，实现"以自力救国"④。他指出，"卖国者，国家臣民之极恶大罪也。故无论何政体之国，苟发现一卖国之罪案，朝野必共起而殛之，未闻有他说者"，但清政府对于"阿瞒卖国之事"却姑息纵容，以"查办""改调""涂饰耳目"，且迟回审顾而不果为"。于右任一针见血地揭出清政府的本来面目："国可亡，民可弃，而孤寡专制之政体永永不可变易而已！"

于右任的政论不仅阐述民族革命思想，还对具体的"救国之术"提出了

① 《于右任辛亥革命文集》，复旦大学出版社 1984 年版，第 176–177 页。
② 《于右任辛亥革命文集》，复旦大学出版社 1984 年版，第 209 页。
③ 《于右任辛亥革命文集》，复旦大学出版社 1984 年版，第 218 页。
④ 傅德华编《于右任辛亥文集》复旦大学出版社，1986 年版，第 158 页。

自己的看法。他认为，"人民责任心"是最为重要的[①]，真正的救国之术只能产生于民众团结一心的奋斗。他批判了"希望政府之真实立宪以救亡者"和希望"英雄救国"者，认为"今日之望吾政府能立宪者，殆不啻与狐而谋其皮也"，而现世所谓"英雄""名士"，只不过是翻云覆雨的"政客"，是不足以信赖依靠的。他认为"人民责任心""结合公共之大团体以从事于根本救国之术，则吾国其庶几矣。嗟我国民，幸各免旃"。[②]

在"竖三民"中，以《民立报》办的时间最长。于右任明确表示《民立报》的宗旨、任务："一方面在揭发清政府之鸩毒，唤起民众；另一方面在研讨实际问题，做建国准备。"[③]时人称它"振振有辞，崇论闳议，大为党人张目"，[④]是辛亥革命前夕同盟会在国内最重要的舆论阵地。"万国和平之的，系于中夏政治之修明；政治修明之朝，依于民主立宪之成立。革命既成，共和自观，周道如砥，足以供万国之观瞻"。[⑤]这是刊载于《民立报》上的《中国革命宣言书》中的一段。

宋教仁主《民立报》笔政时的大量政论，揭露了帝国主义侵华行径，清政府丧权辱国、搞假立宪，积极宣传反清革命。

对于清政府的伪立宪骗局，《民立报》上先后有《告哀篇》《呜呼先笑而后号啕》《噫！吾民之迷梦犹未醒乎?》等文章，针贬清政府自"宣言预备立宪以来，无日不以筹备宪政为藉口，而行其集权专制之策略，甚至假政策之名，济其私利，视国事若弁髦，往往不惜犯大不韪之为之"。[⑥]并清楚地告诉读者："日日言立宪，言改制"，不过是"徒务虚声，假饰面目"，"藉其威力，日日为亡国之事"。[⑦]他还列举："官制改革"是"非驴非马"，根本不合法理，资政院名为议院，实际上连讨论借款及向国民征收公债的权力都没有，毫无"立宪精神"，皇族内阁明明不合法，各省谘议局请愿，政府便加压制……所以，所谓的立宪便是"伪也，不过欲假之以实行专制者也"，"其所谓宪法大纲者，不过欺人之门面，赖人之口实，万不可信

① 傅德华编《于右任辛亥文集》复旦大学出版社，1986 年版，第 208 页。

② 傅德华编《于右任辛亥文集》复旦大学出版社，1986 年版，第 210 页。

③ 傅德华《于右任辛亥文集》复旦大学出版社，1986. 第 260 页。

④ 冯自由：《记上海志士与革命运动》，《革命逸史》第二集，新星出版社 2009 年版，第 86 页。

⑤ 《中国革命宣言书》，《民立报》，1911-10-28

⑥ 宋教仁：《希望立宪者其失望矣》《民立报》1911-07-09（1）.

⑦ 宋教仁：《论近日政府之倒行逆施》，《宋教仁集》（上）中华书局 1981 年版，第 216 页。

也。"①

宋教仁指出：中国外患的产生是因为政府的腐败。"滇中危急存亡之象，迫在眉睫……皆前此当局愚昧不谙边事之结果也"②，北方俄患严重，是政府"唯知秘密，不欲使国人洞悉其无能，致国人不能指陈利害，造成舆论"，是"政府之罪恶大矣"的铁证。③对外借款是"开门揖盗以断送四百余州之运命"④，政府种种"变相之割让，势将"茫茫禹域"彻底断送。他大声疾呼："吾国民安可不鸣鼓而攻，以急图挽亡之方也?!"

在揭露各帝国主义侵华罪行时，宋教仁特别将矛头集中于俄国与日本。

在瓜分中国时，"俄国政府恐怕是最先伸出魔掌的"⑤，它攫夺了中国大片领土，为实现其"黄俄罗斯"迷梦，又向中国的蒙古、新疆伸出了魔爪。宋教仁认为俄国侵略中国是继承了"彼得大帝遗传之帝国主义政策"。宋教仁还写了《二百年来之俄患篇》，"警告国人"，俄国已将蒙古、新疆当作了"西伯利亚第二"，进一步就要"席卷西藏"，"驶进中原"，鲸吞中国。

对于日本这个后起的军事封建帝国主义国家，宋教仁则告诫国人，东亚的祸源就是日本的侵略政策。"其有假同洲同种之谊，怀吞噬中原之心，日日伺吾隙，窥吾间，以数数谋我者，此则真为东亚祸源唯一之主原因。吾中国既往将来之大敌国，吾人不可不知之，且不可不记忆之也。所云为何?则日本是已。⑥宋教仁还预言，美国必将与日本发生冲突，"而竞争之日的物则必为极东问题之支那，而为其导火线者，又必为满洲问题"⑦。

宋教仁为《民立报》所作第一篇长文：《东亚最近二十年时局论》即指出：由瓜分到"保全"，是因为"各国亦以势力未均，相持不久，故未即举瓜分之实耳。""保全"不过是"以为将来瓜分之张本。"这就道出了帝国主义"保全"中国的真相。宋教仁还进一步指出，列强各国以日本为中心，缔结各式各样的"同盟"、"协约"，以"领土保全、门户开放、机会均等为主旨"欺蒙世人，都不过是"暂时休息，以图远大，结交各国，使毋先我

---

① 宋教仁：《希望立宪者其失望矣》《宋教仁集》（上）中华书局 1981 年版，第 252–255 页。
② 宋教仁：《滇西之祸源篇》，《宋教仁集》（上）中华书局 1981 年版，第 156 页。
③ 宋教仁：《政府之罪恶大矣》，《宋教仁集》（上）中华书局 1981 年版，第 187 页。
④ 宋教仁：《政府借日本债款十兆元论》，《宋教仁集》（上）中华书局 1981 年版，第 202 页。
⑤ 列宁：《中国的战争》，《列宁选集》第一卷，人民出版社 1995 年版，第 214 页。
⑥ 宋教仁：《东亚最近二十年时局论》，《宋教仁集》（上）中华书局 1981 年版，第 137 页。
⑦ 宋教仁：《论日英同盟条约之修改》，《宋教仁集》（上）中华书局 1981 年版，第 263 页。

为之，以待己之羽毛丰满"，这就是"种种同盟协约之原因与目的。"所以，这种政策不过是侵略的"预备政策"，是极为恶毒的"列强墟人国，屋人社之最新法。"①

《民立报》将帝国主义侵略中国行径的揭露与反清民主革命的宣传紧密结合在一起。它详细刊载新近发现的日本侵华组织东亚协会的章程，揭露日本觊觎中国东北、福建等地的野心；大量报道西南边疆划界问题交涉的情况及刊载有关评论，揭露英国侵占中国云南领土的行为；刊出《二百年来之俄患篇》《中俄交涉痛史》《讨俄横议》等时论文章，详细介绍沙俄在中国扩张领土的历史。《民立报》刊载上述文章的目的，除了警醒国人、向国人展示帝国主义的真面目之外，更重要的是要告诉读者，清政府是一个"因循尚且，视国事若传舍，无复公忠之意，至于其极，则且不恤营私罔上，学秦桧、严篙之所为而毫无顾忌"②的政府，是"宁赠友邦，毋与家奴"的"甘心亡国之政府"③。

3.《民报》

1905年11月26日《民报》在日本东京创刊。孙中山在《中国之革命》一文中说："《民报》成立，一方为同盟会之喉舌，以宣传正义；一方则力辟当时保皇党劝告开明专制，要求立宪之谬论，使革命主义，如日中天。"④道出了《民报》极强的革命斗争性。创刊之际，孙中山亲自撰写了《民报发刊词》，提出了三民主义：民族、民权、民生，将这一"非常革新之学说，其理想输灌于人心，而化为常识。"⑤指出《民报》的宗旨就是"为革命言，为知革命言，使读《民报》者，能知《民报》之主义，让三民主义深入人心，变成国民的常识，这样才能实行革命，革命也能成功"⑥。据不完全统计，《民报》创刊号初印6千册，国内销3千余册，7次重版，仍供不应求。其他各期也常印4、5版，销数达4、5万册以上，成为最畅销、最有影响的杂志。此诚如孙中山先生所说："同盟会成立未久，发刊《民报》，鼓吹三民主义，

① 宋教仁：《蒙古之祸源篇》，《宋教仁集》（上）中华书局1981年版，第153页。
② 宋教仁：《论今日政府之倒行逆施》《民立报》，1911-06-10（1）。
③ 于右任：《告哀篇》《民立报》1911-04-12（1）。
④ 孙中山：《中国之革命》，《中山全书》上海三民图书公司1935年版，第8页。
⑤ 中国人民大学新闻系：中国近代报刊史参考资料（上册）（内部资料，未刊稿）1979，第465页。
⑥ 中国人民大学新闻系：中国近代报刊史参考资料（上册）（内部资料，未刊稿）1979，第469—479页。

遂使革命思潮弥漫全国，自有杂志以来，可谓成功最著者。"①

《民报》创办后也的确担负起了民主革命的舆论宣传。据统计，《民报》出版的25号正刊共发表政论110篇，标题有革命字样的28篇，占总数的25.45%，标题有"民主""宪法""宪政"等字样的7篇，占总数的6%。文章皆从不同角度对保皇派进行批判。如汪精卫《民族的国民》，着重批判改良派"满汉不分，居民同体"的谬论；朱执信的《论满政府虽欲立宪而不能》，驳斥康梁的"立宪易，革命难"的谬论；陈天华用笔名思黄写的《论中国宜改创民主政体》，批驳改良派"欧美可行民主，中国不可以行民主"的谬论。《民报》第1号和第2号连载他的另篇文章《中国革命史论》，文中将历史上的革命分为国民之革命与英雄之革命，认为："有国民之革命有英雄之革命，革命而出于国民也，革命之后宣布自由设立共和，其幸福较之未革命之前增进万倍 如近日泰西诸国之革命是也革命而出于英雄，一专制去而一专制来，幸福之得不足以偿其痛苦，中国历来之革命是也。"②而国民革命则"革命之后宣布自由，设立共和，其幸福较之未革命之前增进万倍，如近日泰西诸国之革命"。③系统地批判改良派的"中国不如泰西，泰西可革命，中国不可革命"④的观点。胡汉民在《民报》上发表了多篇文章，对革命的合理性进行了有力的阐述。他指出："依于生物学者之言，则进化之事，其道至多，有必经革命而后进化者，而历史上所号为革命者，又不必皆生混乱痛苦于社会也。"⑤从进化论的角度说明了革命的合理性。接着，他又从社会经济制度的变革必然伴随着革命的角度出发来论述了革命的合理性。他说："我数千年文明之旧国，一旦举其生产方法，改革纪元，旧制度随之破坏，而日与社会周遭之情状能相应，不至生其混乱苦痛，其谁信之？"⑥并且他驳斥了改良派散布的"革命只能招致破坏"的反动论调，阐明了革命的目的。"今之言革命者，其所欲破坏者，异族铃制之势力也，专制之淫威也，社会经济组织之不完全也，凡是皆不适于社会者也。而其所欲建设者，民族的国家也，民主立宪政体也，国家社会主义也，本此建设之目的，以欲破坏，是

---

① 孙中山：《革命原起》。转引自方汉奇：《中国近代报刊史》（下）山西人民出版社1981年版，第355页。

② 《中国近代期刊汇刊·民报一》，中华书局2006年版，第203页。

③ 思黄：《国革命史论》《民报》，第2号。

④ 孙中山：《中国之革命》，见《中山全书》1935年版，第4册。

⑤ 《民报之六大主义》，《民报》第3号。

⑥ 《告非难民生主义者》，《民报》第12号。

其革命当无恶果。"[1]

《民报》第1号《本社简章》第一条所说：倾覆现今之恶劣政府；建设共和政体；土地国有；维持世界真正之平和；主张中国、日本两国之国民的联合；要求世界列国赞成中国革新之事业。可见，上述六条主义更是具体清晰地表明了同盟会的对内、对外的政策主张，二者又"合为一大主义，则革命也。"[2]

汪东署名"寄生"，在《民报》上连续发表《革命今势论》《论支那立宪必先以革命》等文，大力宣传革命思想。其中《革命今势论》在论述革命目的时指出"惟革命足以自强，惟自强足以息列国觊觎之心。"[3]汪精卫撰写发《民报》第25号的《论革命之趋势》在论述革命发生的原因时指出："革命之主义非党人所能造也，由平民所身受之疾苦而发生者也，使平民之疾苦日深一日，则革命之主义日炽一日，而革命党之实力亦日盛一日。"[4]章太炎在《驳康有为论革命书》中说"公理之未明，即以革命明之；旧俗之俱在，即以革命去之"。他认为"惟革命之不可以已，而不可以有二也，故有共和之政，均土之法，以维持于无极。事虽未形，规模则不可以不阂远"。

1906年12月，孙中山在《民报》创刊周年庆祝大会上更加明确地阐述了革命排满的内在涵义。他说："民族主义并非是遇着不同种族的人，便要排斥他，""惟是兄弟曾听见人说，民族革命是要尽灭满洲民族，这话大错。""我们并不是恨满洲人，是恨害汉人的满洲人。假如我们实行革命的时候，那满洲人不来阻害我们，决无寻仇之理。"即要推翻"把持政权，实行排汉主义，谋中央集权、拿宪法做愚民的器具"的清政府。他还强调说："中国数千年来都是君主专制政体，不是专靠民族革命可以成功……我们推翻满洲政府，从驱除满人那一面说是民族革命，从颠覆君主专制政体那一面说是政治革命，并不是分作两次去做。讲到那政治革命的结果，是建立民主立宪政体。照现在的政治论起来，就算汉人为君主，也不能不革命。""我们革命的目的，是为众人谋幸福。因为不愿少数满洲人专利，故要民族革命；不愿君主一人专利，故要政治革命；不愿少数富人专利，故要社会革

---

[1]　《与<国民新闻>论支那革命党书》，《民报》第11号。

[2]　《中国近代期刊汇刊·民报一》，中华书局2006年版，第161页。

[3]　《中国近代期刊汇刊·民报五》，中华书局2006年版，第2718页。

[4]　《中国近代期刊汇刊·民报六》，中华书局2006年版，第3887页。

命。达到了这三样目的之后，我们的中国当成为至完美的国家。"①章太炎也作《民报一周年纪念会祝辞》刊于《民报》第10号称："……相我子孙，宣扬国光，昭彻民听，俾我四百兆兄弟，同心戮力，必底虏酋爱新觉罗氏之命。扫除腥膻，建立民国，家给人寿，四裔来享。呜呼！发扬蹈厉之音作而民兴起，我先皇亦永有依归。"②最后高呼："《民报》万岁！""汉族万岁！""中华民国万岁！"排满之意溢于言表。接着，他又在《民报》第21期发表《排满平议》，进一步完善了对"排满"口号的阐释，强调"吾侪所执守者，非排一切政府，非排一切满人，所欲排者，为满人在汉之政府"，指出："举一纲而众目张，惟排满为其先物，此贞实切事之主义，所以异于夸大殉名之主义矣"。

更有甚者，《民报》为了宣传暴力革命，紧紧抓住"非我族类，其心必异"的传统思想，连篇累牍地发表文章，论证满族非中国臣民，满族入主中原，中国实际早已亡国，满族入关后对汉民族实行血腥统治，二百六十年如一日；满族以少数"劣等"民族高居于汉族"优等"民族之上，从历史到现实，都为绝对不合理；满族统治者如果真正搞立宪，行民主，无异于使自己马上下台。他们决不肯放弃自己手中的权力，故此只有革命才能解决根本问题。

"革命论盛行于中国……其旗帜鲜明，其壁垒益森严，其势力益磅礴而郁积，下至贩夫走卒，莫不口谈革命，而身行破坏"，革命风潮一日千里，"如，沛然而莫之能御"③，为辛亥革命的爆发做了充分的思想舆论准备。

4.《苏报》

《苏报》创刊于1896年6月26日的上海，创始人为胡璋（铁梅）。1902年11月，当《苏报》与爱国学社建立联盟，成为其舆论机关之后，一篇又一篇鼓吹革命的文章陆续在《苏报》上发表，如《释仇满》《康有为》《汉奸辨》《代满政府筹御汉人之策》《论中国学生同盟会之发起》《哀哉无国之民》《论中国当道者皆革命党》《读〈革命军〉》等。以"鼓吹革命为己任"，以"排满""反康"相号召，举起民族民主革命的大旗，大力宣传革命思想，言论日趋激烈，发出了战斗的号角。如在《释仇满》中称："近日

---

① 孙中山：《在东京民报创刊周年庆祝大会的演说》《中国近代政治思想论著选辑》（下）中华书局1986年版，第133页。

② 汤志均编：《章太炎政论选集》（上册），中华书局1977年版，第326页。

③ 黄顺力：《孙中山与章太炎民族主义思想之比较》《厦门大学学报》2001年第3期，第108页。

纷纷仇满之论，皆政略之争，而非种族之争也。"对于那种"无满不仇，无汉不亲"的看法，该文说："事之有利于满人者虽善亦恶，而事之有害于满人者虽凶亦吉，此则纯乎种族之见者。"在《苏报》看来，"今之唱仇满者，其所指挥，其所褒贬，与吾前者云云相反，是非真仇满者也。"①表述看似平淡，革命立场显而易见。又如在论说《康有为》中，称："康有为者，开中国维新之幕，其功不可没；而近年之倾，则康有为于中国之前途绝无影响。"但"今日之新社会已少康有为立锥之地"。"而天下大势之所趋，其必经过一躺之革命，殆为中国前途万无可逃之例。"②显然指出康有为的维新主张已不合时宜，只有革命才是大势所趋。

邹容的《革命军》宣传民主革命思想，赞颂革命是"天演之公例""世界之公理""顺乎天而应乎人""扫除数千年种种之专制政体"。大声疾呼中国人民"作十年血战之期，磨吾剑，建吾旗，各出其九死一生之魄力"推翻清朝政府，永远根绝封建主义君主专制制度，建立一个独立、平等和民主、自由的"中华共和国"。他主张中国人民不分男女，都享有言论、思想、出版的自由以及选举、被选举的权利，如果政府侵犯人民的权利，人民不仅有权利而且有义务立即起来革命，重建新政府，将革命矛头直指清政府。《苏报》对《革命军》进行了不遗余力的宣传。6月9日，刊载了章士钊的《读<革命军>》一文，内有："吾国乡曲之间，妇孺之口，莫不有'男降女不降，老降少不降，生降死不降'之谚。而见满人者，无不呼为'鞑子'，与呼西洋人为'鬼子'者同。是仇满之见，固普通之人所知也。而今日世袭君主者，满人；占贵族之特权者，满人；驻防各省以压制奴隶者，满人。夫革命之事，亦当有外乎去世袭君主、排贵族特权、复一切压制之策者乎？是以排满之见，实足为革命之潜势力，而今日革命者，所必不能不经之一途也。"6月10日，又发表了章太炎写的《序<革命军>》，在序言中称："抑吾闻之，同族相代，谓之革命；异族攘窃，谓之灭亡；改制同族，谓之革命驱除异族，谓之光复。"在他看来，革命与光复在语义上是有所区分的，"今中国既灭亡于逆胡，所当谋者，光复也，非革命云尔。容之署所名，何哉？谅以其所规画，不仅驱除异族而已，虽政教、学术、礼俗、材性，犹有当革者焉，故大言之曰'革命'也。"③文章还强调"今容为是

①　《释仇满》《苏报》1903 年 3 月。

②　《康有为》《苏报》1903 年 6 月 1 日。

③　汤志均编：《章太炎政论选集》中华书局 1977 年版，第 193 页。

书……以是为义师先声，庶几民无异志。"指出书的主旨专在驱除满族，光复中国。6月27日《苏报》又发表章太炎《驳康有为论革命书》一文的摘要，题为《康有为与觉罗君之关系》，痛骂康有为曾把清政府吹捧为"大地万国所未有"的奴颜婢膝谬论，说："康熙以来，名师之狱，嗣庭之狱，景祺之狱，周华之狱，中藻之狱，锡候之狱，务以摧折汉人，使之嗫不发语；虽李绂、孙嘉淦之无过，尤一切被赫贯木以挫辱之。至于近世，戊戌之变，长素所身受，而犹谓满洲政治为大地万国所未有，呜呼！斯诚大地万国所未有矣！"文章还指斥"载湉小丑，不辨菽麦，铤而走险……故戊戌百日之政，足以书于盘盂，勒于钟鼎，其迹则公，而其心则祇以保吾权位也"。据此，章氏得出结论："非种不锄，良种不滋，败群不除，善群不殖，自非躬执大慧，以扫除其故家污俗，而望禹域之自完也，岂可得乎！"只有用革命的手段才能扫除一切邪恶。

《驳<革命驳议>》一文，是章士钊等针对改良派的《革命驳议》一文写的。他们对改良派主张维新、反对革命的主张进行了批驳。文中说："国民与政府，立于对待之地者也。革命之权，国民操之，欲革命则竟革命；维新之权，非国民操之，不操其权，而强聒于政府，亦终难躐此革命之一大阶级也。"针对改良派的革命将招致外来干涉，批驳道："干涉亦何足惧，使革命思想能普及全国，人人挟一不自由毋宁死主义，人人自立于搏搏大地之上，与文明公敌相周旋，则炎黄之胄，冠带之伦，遗裔犹多，虽举扬州十日、嘉定万家之惨剧，重演于20世纪之舞台，未必能歼我种族。"

在驳斥保皇立宪的同时，他极力陈述革命的必要性及可行性，认为"各国新政无不以革命而成"，"无掀天揭地之革命军，则民族主义不伸；民族主义不伸，而欲吾四万万同胞，一其耳目，齐其手足，群其心力，以与耽耽列强，竞争于20世纪之大舞台，吾未闻举国以从也"。又描绘了革命的美好前景和远大目标："革命之举，虽事体重大，如诚保数千百铮铮之民党，遍置中外，而有一聪明睿智之大人，率而用之，攘臂一呼，四海响应，推倒政府，驱除异族；及大功告成，天下已定，而后实行其共和主义之政策，恢复我完全无缺之金匮，则所革者，政治之命耳；而社会之命，未始不随之而革也。"

5.《民主报》

宋教仁在1910年至1911年任《民主报》主笔期间，先后发表了《清太后之宪政谈》《钦定宪法问题》《宪政梦可醒矣》《中国古宪法复活》和《希望立宪者其失望矣》等文，针对清政府的"立宪"骗局，进行了深刻的揭露和尖锐的批判，阐述了自己对于中国立宪之路的理解。他指出：实行宪政主要目的决不会是以"利于国民而不利于满政府"为出发点，"西太后纵发大慈悲"，也决不会"舍己从人，而行此上背祖宗成法，下削子孙权利之非常举动"的。清政府明明承认资政院是议会的基础，具有议决国家预算与决算，制定和修改新的法律（宪法除外），有着"奏陈行政大臣侵夺权限违背法律之事"的权力，然而他们的一切举动却"无不侵夺资政院之权限"，甚至修改院章竟然"专委之于一二家奴，不使国民丝毫参与其间"。至于组织皇族，那就更加不合立宪的原则了，对此，宋教仁在《希望立宪者其失望矣》指出[1]"夫立宪之根本，孰有大于宪法者?立宪之精神孰有大于立法机关之作用与责阁内出任政府之组织者?天下岂有虚悬一宪法于此，政府不必遵守，徒责人民之服从，而犹谓之立宪者乎?又岂有立法机关之作用与政府之组织不和宪法政治之原则，而犹谓之立宪者乎?吾人试观北京近口之举动，其果若何矣。"对于资政院，宋教仁提出："虽不必有立法机关之实，然设立之始，非明明经救裁而定为议院之基础者耶?"其章程上之职掌曰（第十条）"议决国家岁出入预决算事件及税法公债"也，曰"议决新定法典及嗣后修改"也（但宪法不在此限），曰"奏陈行政大臣侵夺权限违背法律之事"也，此数者，非又以煌煌之法律所赋予而不可抹杀者耶?乃顷者彼辈一切举动，无不侵夺资政院之权限，即以公债一项论，已足以见其他而有余。……至于近口，又恐资政院于开例会时攻击己等，则更议修改院章，而专以内阁总协理与正副总裁任其事，道路相传，皆谓将制限资政院之弹劾权。夫院章明明有其规定，而彼辈偏不遵守，独断独行，其心目中尚有所谓法律乎?……修改宪章，原无何等己成之规定，然资政院既为议院基础，立宪国议院法之修改，固夫有不经议院自身得协赞之，固立宪国所以保立法神圣之道而必不可少者，而彼辈竟专之于一二家奴，不使国民丝毫参与其间，其暴戾无道，不合立宪精神为何如者?…此等现象，而犹望其尊重立法机关之作用，以成立宪政治，其不谓之痴人说梦其可得乎?[2]

6.《中国白话报》

《中国白话报》坚决主张用革命的手段推翻清王朝统治。它说："现在的皇帝是怕外国人不过的，外国人说一句话，他都是要依的，京里的王大臣，城里的州县官，都是依得外国人不能违拗的。"[3]因此它大声疾呼：

[1]　《民立报》，1911 年 7 月 9 日。

[2]　中国近代人物文集丛书，《宋教仁集》，中华书局 1981 年版，第 252–253 页。

[3]　《时事问答》《中国白话报》1904 年 1 月 2 日。

"你们要想不受苦，快点儿把北京的政府倒去吧！"①同时对"革命只能带来破坏的思想"进行反驳："天下的事情，没有破坏就没有建设。……中国到了现在，国里头的政府既坏得不堪，十八省的山河都被异族人占了去，中国的人民不实行革命，断断不能立国。就是破坏二字，也是断断不能免的了。"②"既然是中国人，无论中国的甚么事情，你都可以出来做，方才叫做尽责任。"③并发出呼吁，号召中国人明确自己的社会责任，勇敢地站出来，为恢复汉族的独立而奋斗。

《中国白话报》对封建的政体和法律制度进行了深刻的批判，主张建立共和政府。该报指出中国是封建专制国家，人民在法律面前极不平等。它说："中国的政体都是君主专制，皇帝的意思就是法律，国里面的法律都是共皇帝有利益的，不是共百姓有利益的。"做百姓的一点都不能干预，而皇帝自己却不受法律约束，所以法律只是有利于皇帝，用法律的权，都在皇帝共做官的手里。"④所以它主张："建个独立的共和政府。"⑤刘师培认为"满清的刑罚，是个顶惨毒不过的。况且满汉的刑罚，决不平等，满人欺负汉人，都是汉人理曲，满人打死汉人，是可以不抵命，这种不合公理的刑罚，真真是五洲万国未有的了，那里能够不革命。"主张借鉴外国资本主义的法律制度，制定出中国自己的新法律。刘师培在《刑法》里说："中国定律，以礼制为主；外国定律，以权利为主。但礼制两字，本是专制时代的护符，依礼制定刑，自然就不能平等了。所以中国的法律，是最君权父权的，把臣权子女权，弄得一点儿没有。"⑥提出"国民凡出租税的，都应该享有自由权"，向读者宣传了资产阶级的"思想自由，言论自由，出版自由"，和"天赋人权，人类平等"，地方上应该实行自治，"这一地方的事，叫这一地方的人出来管理。这等管理地方的人，凭着地方公举，没有什么钦命不钦命。"⑦并公开宣称"天下是我们百姓的天下""皇帝是百姓的公仆""官吏是百姓第二等的奴才"的观点，为民主革命作了舆论上的鼓吹，具有强烈的民主革命色彩。

---

① 《时事问答》《中国白话报》1904 年 4 月 16 日。
② 刘师培：《论激烈的好处》《中国白话报》1904 年 3 月 1 日。
③ 刘师培：《论责任》《中国白话报》1904 年 4 月 2 日。
④ 刘师培：《论法律》《中国白话报》1904 年 5 月 15 日。
⑤ 林白水：《再告当兵的兄弟们》《中国白话报》1904 年 8 月 30 日。
⑥ 刘师培：《历史第七章刑法》《中国白话报》1904 年 6 月 16 日。
⑦ 《国民的意见》《中国白话报》1904 年 2 月 16 日。

另外，刘师培还对清廷出卖国家主权执行卖国政策进行了揭露鞭挞："不过中东开战以来。旅顺威海地方，都被日本兵陷下去。到了庚子这年，大沽地方，又被联军陷下去。……况且这满清政府里面，把沿海险要的地方，都让把外国，把旅顺让俄，把威海香港让英，把胶州让德，把广州湾让法。把沿海的形势，弄得一点儿不能抵抗了，还能算什么海防呢？"①

我们知道，辛亥时期的资产阶级革命报刊比比皆是，除了上述列举的几种报刊之外，还有如章士钊、陈独秀于1903年8月7日，在上海创办《国民日日报》。《国民日日报》的革命立场是鲜明的。它继承了《苏报》宣传革命的主旨，是当时屈指可数的资产阶级革命报纸。"发行未久，风行一时，时人咸称为《苏报》第二"。它称清朝统治者为"独夫民贼""北敌"；它指责清朝统治者所维护的封建政体，是"以民为畜类"，"任凭作弄"的"专制政体"。它发表《黄帝纪年说》，并且公然摒弃清朝皇帝的帝号，改用公元和黄帝纪元并列的办法纪年，"以发汉种民族之观念"，成为第一个用黄帝纪元来纪年的革命派报纸。

《国民日日报》进行反清政治舆论的鼓吹，把反对君主专制，宣传资产阶级民主思想作为自己的中心内容。它指出"国民"与"奴隶"为对峙之词，"奴隶者，国民之对点也。民族之实验，只有两途，不为国民，即为奴隶，断不容于两者之间，产出若国民非国民，若奴隶非奴隶，一种东倾西倒不可思议之怪物。"这里所指的"国民"，是指资本主义国家享有民主、自由、权利的人；"奴隶"指的是专制政体下毫无权利的臣民。该报以"国民"命名，公开宣称："以当今狼豸纵横，主人失其故居，窃愿作彼公仆，为警钟适铎，日聒于吾主人之侧，敢以附诸无忘越人之杀而父之义，更发狂呓，以此报出世之期，为国民重生之日。"②担负着"为国民重生"的历史使命，《国民日日报》刊载了一系列批判国民奴隶性的文章，对此进行了无情地揭露和批判，进而鞭挞了封建君主专制的腐朽统治。③

晚清时期，随着那一篇篇脍炙人口、激动人心的反满革命文章通过报刊的流播，不几年间，"革命论盛行于中国，……其旗帜鲜明，其壁垒益森严，其势力益磅礴而郁积，下至贩夫走卒，莫不口谈革命，而身行破坏"，

① 刘师培：《论中国地理的形势》《中国白话报》1904年4月2日。
② 《国民日日报发刊词》，转引自戈公振：《中国报学史》商务印书馆1927年版，第47页。
③ 《试论＜国民日日报＞对国民劣根性批判述论》中华心理教育网2012-11-18.

革命风潮一日千里，"如决江河，沛然而莫之能御"①。为辛亥革命做了充分的思想舆论准备。正如梁启超指出："他们反抗满洲的壮烈行动和言论，到这时因为满洲朝廷丢尽中国人的脸，国人正要推勘他的责任，……他们有些人曾对君主专制暴威作大胆的批评，到这时拿外国政体来比较一下，觉得句句人心切理，因此从事于推翻几千年旧政体的猛烈行动。"②大众传媒的催化作用，使"革命"二字开始深入人心，晚清革命如欲来的山雨已指日可待了。

第三节　资产阶级革命报刊舆论与辛亥革命

资产阶级革命派抓住报刊这种传播媒介，以舆论为中心，大势宣扬资产阶级民主革命思想，鼓吹"革命排满"，对辛亥革命的启动、组织、推动起到了极其重要的作用。

一、"革命"语境下的辛亥时期报刊舆论的社会动员力

"余于乙未举事广州，不幸而败，后数年，始命陈少白创《中国报》于香港，以鼓吹革命。庚子以后，革命宣传骤盛，东京则有戢元丞、沈虬斋、张溥泉等发起《国民报》。上海则有章太炎、吴稚晖、邹容等，借《苏报》以主张革命。邹容之《革命军》、章太炎之《驳康有为书》，尤为一时传诵。同时国内外出版物为革命之鼓吹者，指不胜屈，人心士气，予以丕变。及同盟会成立，命胡汉民、汪精卫、陈天华等撰述《民报》。章太炎既出狱，复延入焉。《民报》成立，一方为同盟会之喉舌，以宣传主义；一方则力辟当时保皇党劝告开明专制、要求立宪之谬说，使革命主义，如日中天。由是各处支部，以同一目的，发行杂志、日报、书籍；且以小册秘密输送于内地，以传播思想。学校之内，市肆之间，争相传写，清廷虽有严禁，未如之何。"③这段话是孙中山先生在回忆革命历程时所说的，高度概括了资产

---

① 与之：《论中国现在之党派及将来之政党》《辛亥革命前十年间时论选集》第 2 卷（下册）上海三联书店，1963 年版，第 70 页。

② 梁启超：《中国近三百年学术史》中国书店影印本，1985 年版，第 28—29 页。

③ 孙中山：《中国革命史》，《孙中山全集》（第 7 卷）中华书局 1985 年版，第 64 页。

阶级革命报刊对辛亥革命事业的推动之功。

1.报刊舆论加速了辛亥革命的启动

《辛丑条约》签订后，随着革命形势的发展，资产阶级革命派秦力山创办《国民报》月刊于日本，大力倡行"民族主义"，并刊登了章太炎的《正仇满论》，吹响了革命的号角。该文首先指出，清朝政府"制汉不足，亡汉有余"，统治腐朽，革命不可避免。"处于今日，非推翻清朝政府不可，非革命不可。"并指出梁启超提出要建立君主立宪政体，实际是"害怕革命，反对革命。"甚至于梁启超"迫于忠爱而忘理势之所趋"，也只是自欺欺人而已。"这是中国报刊上革命派向保皇派进行论战放出的第一枪。①"

接着，年轻的革命家邹容在1902—1903年写的《革命军》中系统地、明确地鼓动民主革命："扫除数千年种种之专制政体，脱去数千年种种之奴隶性质，诛绝五百万有奇披毛戴角之满州种，洗尽二百六十年残惨虐酷之大耻辱，使中国大陆成干净土，黄帝子孙皆华盛顿，则有起死回生，返魂还魄，出十八层地狱，升三十三天堂，郁郁勃勃，莽莽苍苍，至尊极高，独一无二，伟大绝伦之一目的，曰革命。巍巍哉!革命也。皇皇哉!革命也。……我中国今日不可不革命。我中国今日欲脱满洲人之羁缚，不可不革命。我中国欲独立，不可不革命。我中国欲与世界列强并雄，不可不革命。我中国欲为地球上名国，地球上主人翁，不可不革命。革命哉!革命哉!我同胞中老年、中年、壮年、少年、幼年、无量男女，其有言革命而实行革命者乎?我同胞其欲相存相养相生活于革命也，吾今大声疾呼，以宣布革命之旨于天下"。②突出了革命的必要性和重要性，并认为革命有"野蛮之革命与文明之革命"之分，"野蛮之革命有破坏，无建设，横暴恣睢，知足以造成恐怖之时代，如庚子之义和团，意大利加波拿里，为国民添祸乱。"③显然，清政府的野蛮统治已与世界大势格格不入，很有必要通过文明革命的手段来改造社会，实现社会变革。

该文热情讴歌了资产阶级民主制度，提出了建立"中华共和国"方案的设想。邹容认为西方资产阶级的民主思想和政治制度，是中国当前的救世良方。"吾幸夫吾同胞之得闻文明之政体，文明之革命也。吾幸夫吾同胞之得卢梭《民约论》、孟德斯鸿《万法精理》、弥勒约翰《自由之理》《法国革

---

① 方汉奇编：《中国新闻事业通史》（第1卷）中国人民大学出版社2004年第3版，第481页。
② 邹容：《革命军》（单行本）上海的大同书局印行，1903年版，第1-2页。
③ 中国史学会主编：《辛亥革命》（第1册），上海人民出版社1957年版，第349页。

命史》《美国独立檄文》等书译而读之也"，"夫卢梭诸大哲之微言大义，为起死回生之灵药，返魄还魂之宝方，金丹换骨，刀圭奏效，法、美文明之胚胎，皆基于是"①。

邹容以尖锐、辛辣的言辞表达了对封建专制的痛恨及对民主共和的召唤，在当时国人思想深处产生了极大的震动，点燃了他们心中的革命火焰。"邹容的《革命军》出版，革命的旗帜更为鲜明了。邹容已无比的热情歌颂了革命，他那犀利沉痛的文章，一时脍炙人口，其了很大的鼓舞作用。②"

自1903年起，《苏报》言论十分激进，革命色彩非常浓厚。《苏报》先后刊登了《异哉满学生异哉汉学生》《释仇满》《汉奸辨》《代满政府筹御汉人之策》《俄据满洲后之汉人》等文，公开宣扬"反清革命"。同时，该刊对爱国学生运动进行言论声援。如在1903年5月6日的"世界要闻"专栏中刊载"俄国学生大冲突"，并作了按语："……呜呼！学生何人而遭此毒乎！然压制愈甚，抵力愈大，……况改革政体，无不从学界起点。此东西各国通例也。我中国专制之毒弱于俄，故学界风潮至今始有萌芽，而其前途之变幻，必波谲云诡，发现于二十世纪之大舞台。"

1902年至1905年，由于《苏报》的转向革命，《大陆》《童子世界》《国民日日报》《警钟日报》和《二十世纪大舞台》等革命报刊的相继创刊，《革命军》《章邹合刊》《黄帝魂》《孙逸仙》《沈草》《猛回头》《警世钟》《苏报案纪事》等反清宣传小册子的大量翻印出版，使得上海成为革命重地和舆论传播的中心。不少革命报刊都经由上海，输入内地，发行全国，在全国人民当中进行了革命思想的启蒙，播撒了革命的火种。

就在离辛亥革命爆发还未到三个月时间，武汉的《大江报》于7月17日和26日先后发表了何海鸣、奇谈（章太炎的弟子黄侃）所写的两篇倡言革命的时评《亡中国者和平也》与《大乱者救中国之妙药也》。前篇中作者怒斥清政府颁布的宪法大纲是"摧抑民气之怪物"，驳斥立宪派企图用"伏阙上书"促使清廷改良政治的主张，认为是愚蠢和行不通的，"如不亟起革命，必然招致亡国"。大力鼓吹暴力革命的合法性及对社会秩序重建的意义。后篇中说："中国情势，事事皆现死机，处处皆成死境，膏肓之疾，已不可为，然犹上上醉梦，不知死期将至。长日如年，昏沉虚度，软痈一朵，人人

---

① 《革命军》，《辛亥革命前十年间时论选集》（第1卷下册），生活·读书·新知三联书社1959年版，第625–626页。

② 吴玉章：《辛亥革命》人民出版社1974年版，第58页。

病夫。此时非有极大之震动，极烈之改革，唤醒四万万人之沉梦。亡国奴之官衔，行见人人欢然自戴而不自知耳。和平改革既为事理所必无，次之则无规则之大乱，予人民则深创巨痛，使至于绝地，而顿易其亡国之观念，是亦无可奈何之希望。故大乱者，实今日救中国之妙药也。呜呼，爱国之志士乎，救国之健儿乎，和平已无望矣！国危如是，男儿死耳，好自为之，毋令黄祖呼佞而已。"[1]文章阐明了中国已"病入膏肓"，只有"大乱"即革命才是救中国的唯一途径，公开鼓吹暴力革命，公然挑战清廷言禁制度。

可见，"排满革命"四字充斥着资产阶级革命报刊的版面，几成为"无理由之宗教"[2]。而近代传媒所具有的冲击力，无疑成为晚清革命爆发的主要推动力，催化并点燃了辛亥革命的启动。

2.在革命过程中，报刊成为必不可少的力量。

武昌起义前后，革命党人在武汉、上海、广州等地创办了许多支持革命、推动革命进展的报刊。

在武汉，影响较大的有《大江报》《大汉报》《中华民国公报》。《大江报》推动武汉革命形势的发展中功不可没。该报是武汉革命党人所组建的文学社的机关报，它的读者对象主要是新军士兵和下级军官，与新军关系颇为密切。"每日到报社的士兵同志，户限为穿。"[3]士兵们把它当作自己的喉舌，有何问题都会向报社反映和商量。在该报的影响下，许多新军士兵都纷纷加入革命团体。据统计，加入到"文学社"的新军人数有3000多人；"共进会"的新军人数达5000多人，占湖北新军编制总人数15000人的三分之一。他们成为发动武昌起义的一支重要革命力量。此外，《大江报》对当时发生的重大事件进行报道，发表时评，给读者以极大的启发、鼓舞和激励。如：在两湖地区保路运动中，对力主将"商办"铁路收归国有的邮政部尚书盛宣怀、督办接收"商办"铁路的端方，以及参与出卖路权的洋务大员郑孝胥等进行了猛烈的抨击，有力声援了全国各地的保路运动；连续报道广州将军孚琦和凤山被革命党人刺杀事件，赞扬革命烈士英勇献身的精神；及时报道湖北各地人民抗捐、抢米斗争，鼓动人民奋起推翻腐败专制的清王朝。

在上海，《民立报》创办之时，正是上海和长江流域各省民主革命运动

---

① 黄侃：《大乱者救中国之妙药也》《大江报》1911 年 7 月 26 日。

② 杨度：《复梁启超书》，丁文江编：《梁任公先生年谱长编初稿》，台北：世界书局，1958 年版，第 237 页。

③ 温楚珩：《辛亥革命实践记》，湖北省政协主编：《辛亥首义回忆录》（第一辑），第 51 页。

恢复发展之日。因此，该报理所当然成为全国革命党人在上海的联络机关，许多内地来上海的革命党人"均假《民立报》为东道主"，开展各种革命工作。

武昌起义的前奏曲——四川保路运动正如火如荼进行着，宋教仁即在《民立报》上发表了《四川之历史》一文，对四川人民的革命斗争进行了回顾并提出了希望："勿为威动，勿为势屈，万众一心，坚持不懈，苟有以强力来压迫者，亦以强力应之，必期得最终之胜利而后已。"宋教仁还分析指出，四川的斗争必将引起"湘、鄂、粤人及各省人同时并发，风起水涌，以与川人同其目的，吾恐数千年充塞东亚天地之专制恶毒，或将因此一扫而尽"。①后来事实证明，四川保路成为辛亥革命的前奏曲，起了"引起中华革命先"。②的历史作用。

可谓武昌起义前的一次军事演习——黄花岗起义后的第三天，《民立报》就在要闻版头条进行详尽报道，如《广州血战记》、《革命流血之广州》等，大造舆论为之声援。配合新闻，报刊还发表了不少社论和短评。如于右任（骚心）的《天乎……血》《粤事镜原》等"近事短论"及社论，指出"此惊天动地之杀声，亦足为河山壮气"，极力宣扬"革命党者，不良政治下之产业也"，"假面政治之下，革命党万不能断"，并对清王朝提出了警告："汝兵虽劲，汝刑虽厉，吾敢断言，为汝自杀之具而已"！③黄花岗起义失败的消息一传到《民立报》，立即发表《祭七十二义士文》，对死难义士进行祭奠，并撰挽联颂扬："有侠女子，有好男儿，激种族大义，光照日月；非为帝王，非为卿相，争满汉平权以至死，气壮山河。"在《粤事感言》中指出起义"虽败犹荣，虽败犹健"，黄花岗"必成为中国之纪念地"。④当很多人对革命悲观失望时，《民立报》却"借此宣传民族主义，鼓荡民族精神，竟载殉义烈士之嘉言轶事，如数家珍，遂令全国之革命思潮，有黄河一泻千里之势"。⑤教育和鼓舞了全国人民，同情和支持革命的人越来越多，参加同盟会的人"异常踊跃"，在很短时间内即将民主革命推向高潮。

武昌起义爆发时，于右任即撰《长江上游之血水》作响应："秋风起兮

---

① 宋教仁：《论川人争路事》，《宋教仁集》（上），中华书局1981年版，第318页。
② 朱德：《辛亥革命杂咏》，载《辛亥革命回忆录》（一），中国文史出版社2012年版，插页。
③ 于右任：《粤事镜原》《民立报》1911年5月2日。
④ 丁守和编：《辛亥革命时期期刊介绍》第三集，人民出版社1983年版，第673页。
⑤ 冯自由：《革命逸史》第2集，商务印书馆1947年版，第334页。

马肥，兵刃接兮血飞。蜀鹃啼血兮鬼哭神愁，黄鹤楼头兮竖革命旗。" 宣扬革命、宣传武昌起义，激发了其他地方的革命运动，为早日建立民主共和政府而呼喊。接着，该文给清廷当头棒喝："嗯!革命党者，万恶政府下之产儿。故有倒行逆施之政府，欲求天下不乱而不得。何也?制造革命党也!天乎!天乎!谁为祸首，使天下糜烂至此，政府尚不自责?"①当革命党人攻占了武昌城时，宋教仁发表《湖北形势地理论》一文，分析了革命党人攻得武昌后利好形势，断定汉口保卫战必将取得胜利。当上海部分群众担心革命会造成金融混乱，宋教仁便以武汉三镇商民为例，认为"在革命权力之下，安居营业，绝无何等之妨害"②，起了稳定民心的作用。

第二天，《民立报》通过专电、专栏（如"武昌革命大风暴""武汉大风云"等）各种形式对起义进行报道，包括起义进展的消息、图片和通讯以及各地响应起义的消息等。这些详细报道，深受广大读者欢迎。"报纸一出，购者纷至，竟至有出银元一元而不能购得一份者"。③《民立报》不仅成为当时上海报道武昌起义消息的第一家报纸，而且十分关注统一政权建设问题。据统计，自1911年11月9日至1912年1月1日，短短四十八天，《民立报》共发表关于组建统一政权的文章达到三十篇。《民立报》发表的关于统一政权的许多观点对南京临时政府的酝酿与组建产生了实际影响。

此外，其他如《神州日报》《中国日报》《汉民日报》等报或多或少地推动者辛亥革命的进程。

《神州日报》在辛亥革命第一阶段的八十天中，即刊登各地武装起义的消息62篇，其中对钦廉、黄岗、惠州七女湖的三次起义报道得较多；武昌起义爆发后，该报也辟各种专栏，配发有关起义的资料和鄂军政府各项文告，并出版《临时增刊》。同样，《中国日报》也详细报道同盟会在各地的武装起义活动，并派出"从军特派员"随军及时发回消息。如黄兴的助手黎仲实就属于该类人员，"是役前后经过，均由其即时向中国日报报道，故海内外各党报皆以中国日报所载为根据。"④1902年春，革命党人和留日学生在东京召开"支那亡国二百四十二年纪念会"，《中国日报》作了详细报道，独家发

---

①　于右任：《长江上游之血水》《民立报》1911年10月13日。

②　宋教仁：《上海市面无意识之恐惊》，《宋教仁集》（上），中华书局1981年版，第346页。

③　沈焕唐：《上海光复前夕的一次重要会议》，《辛亥革命回忆录》（第4辑）文史资料出版社，1981年版，第42页。

④　冯自由：《革命逸史》第5集，中华书局1983年版，第137页。

表了章太炎为该会撰写的宣言，还邀集港、粤人士在香港举行响应性集会。

此外，《中国日报》还大力报道和推动省港人民反美拒约和维护路权的斗争。1905年全国各地掀起反对美国政府取缔华工禁约和抵制美货的怒潮，港穗商、工、学、报各界组织拒约会响应。《中国日报》和《有所谓报》对这一活动大力报道，迫使美国商会代表与港穗各界磋商转圜办法，"是时粤港人士之对美外交，竟为革命党两报言论所左右"①。同年粤都芩春煊强行将粤汉铁路收为官办，港穗股东组织"维护路权会"极力抗争，《中国日报》不仅在舆论上加以声援，而且成为这次风潮的组织和发动者，"中国日报之社长室无形中成为争路会之秘书处"，该报实际上也就成为"粤汉铁路股东维持会之机关报"②。因此，《中国日报》是该时期同盟会香港分会和南方支部的舆论机关了。1902年春，革命党人和留日学生在东京召开"支那亡国二百四十二年纪念会"，《中国日报》作了详细报道，独家发表了章太炎为该会撰写的宣言，还邀集港、粤人士在香港举行响应性集会。

显然，《中国日报》实际上沦为组织和领导革命的机关，组织策划多次武装起义。1902年1月28日，孙中山抵达香港，居士丹利街二十四号《中国报》楼上③；1903年苏报案起，苏报主人陈范避难至港，曾至中国报馆。冯自由称1905年"十一月，黄克强自日本来，下榻《中国日本》，旋赴广西桂林，访巡防营统领郭人漳有所活动"。等等此类情况，后来国民党元老邹鲁在他的《中华民国开国前革命史》一书中，曾阐述了《中国日报》的历史作用："自广州一役失败后，中山久在日本重图大举，知创设宣传机关之必要，始于己亥秋间，派陈少白至香港筹办党报，兼为一切党务军务之进行机关……香港中国日报为革命机关之枢纽，自己亥以迄辛亥年此十三年中，兴中会及同盟会所经历之党务军务，皆藉此报为唯一之喉舌，中间遭遇无数之风潮，及重大阻力，均能独立不挠，奋斗不懈，清、英二国政府，均无如何……"

3. "革命"二字深入人心

从前面的分析可以看出，报刊宣传无疑也是非常成功的。在革命报刊舆论的鼓吹下，无数国人开始同情和支持以孙中山先生为首的革命党人的反清活动，"鲜闻一般人之恶声相加，有识之士且多为扼腕痛惜，恨其事之不

---

① 冯自由：《革命逸史》第3集，中华书局1983年版，第222页。
② 冯自由：《革命逸史》第5集，中华书局1983年版，第98页。
③ 陈赐祺主编：《孙中山年谱长编》（第1卷），中华书局1991年版，第274页。

成"。①社会舆论发生转向，进步青年都"以不言革命为耻"。据老同盟会员汪东先生回忆说："（当时）有许多《新民丛报》的读者，转而看《民报》了，也有平素在帽内藏着辫子、倾心立宪的人，这时噤口不谈，并与革命党人拉起交情来了。"而且"形成了这样一种气氛，在人前谈革命是理直气壮的，只要你不怕麻烦；若在人前谈立宪，就觉得有些口怯了。"②甚至连清王室中人也受到《民报》的一些影响，"民政部尚书肃亲王善耆爱读民报，早服其论。"③他还说："我生平最爱读《民报》，出一期我读一期，我当时说过《天讨》（即《民报》增刊）所插的画（为苏曼殊所幽"翼土夜啸图"等），我说民党内有如此的人才，可以言革命矣。但是《民报》所标的三民主义，我犹稍狭隘得一点，我想将来不但五族大同，即世界亦将有大同的时候。"④鉴于此，赖光临先生不无感叹道："一位王室贵族，竟然爱读'大逆不道'之刊物，因读之爱之，遂对革命党人油然生同情与饮敬之思。革命报刊发挥之功能，堪是臻于极致矣。"⑤"孙中山先生以及其他革命志士使我们的革命情绪不断高涨，到了重要关头，引发革命行动的就是这种情绪。"⑥

而当报刊刊登有关辛亥革命的负面报道时，民众怒不可遏。如：1911年10月19日《时事新报》在报社门口贴出革军战败、官军战胜的号外，登时就有千百读者前往攻诘，"索阅电稿，无著，大哗，当即毁去牌子一块，号外数张，该报接得匿名信数封，谓倘若再登官军胜革军败之谣，即将以炸弹奉赠。"⑦在此之后，《申报》11月初，该报根据外国通讯社新闻报道革命军失手汉口，曾激起群众愤怒，捣毁该报橱窗。《中外日报》《新闻报》等报，也均以刊载革命军失败的消息被捣毁。

就是袁世凯篡夺革命胜利果实后，报刊舆论继续高举革命的大旗，将辛亥革命深入下去，对袁世凯倒行逆施的行为大张挞伐，将袁世凯视为人民"公敌"，"组织内阁不及旬日，议借之外债已一万万元以上，势非将我国之土地人民卖尽不止。呜呼，我爱国之健儿，苟为我四万万同胞除此公敌

① 孙中山：《孙文学说·有志竞成》上海亚东图书馆，1919年，第170页。
② 中国人民大学新闻系：中国近代报刊史参考资料（上册）（内部资料，未刊稿）1979年，第574页。
③ 萧一山：《清代通史·卷下》中华书局，1986年版，第2543页。
④ 赖光临：《中国近代报人与报业》（下）台湾商务印书馆，1980年版，第427页。
⑤ 赖光临：《中国近代报人与报业》（下）台湾商务印书馆，1980年版，第428页。
⑥ 李瞻主编：《报学》丛书第六种《中国新闻史》，台湾学生书局印行，第282页。
⑦ 方汉奇：《中国近代报刊史》，山西人民出版社1981年版，第631页，。

者，其速注意于袁世凯一人"①。袁世凯掌握大权之后，解散国会，修改了《临时约法》，对内独断专制，对外行卖国之举，《汉民日报》先后发表了《政党政治之危机》《谁不顾大体?》《草木皆兵》等文章，进行了猛烈抨击。

中华民国成立之初，邵飘萍洞悉袁世凯对共和口是心非，实则密谋"家天下"之举，写下了不少深刻且具有预见性的时评。面对还沉浸在对袁世凯抱有期望的同胞，他痛心疾呼："果以袁世凯为能逼清帝退位与同胞开诚布公建立统一共和国乎?袁世凯而果若是，何必至今日而始为此迁缓之举动?袁世凯决不然也。帝王思想误尽袁贼一行。议和，停战，退位，迁延，皆袁贼帝王思想之作用。清帝退位，袁贼乃以为达操莽之目的，故南北分立之说，今已隐有所闻矣!同胞苟无统一南北之能力，旷日相持，各国将群起而收渔人之利，瓜分惨剧乃由理想而见诸实行。袁贼信有罪，吾民之坐误时机，岂能辞亡国祸首之名哉?呜呼!当断不断，反受其乱。袁贼不死，大乱不止。同胞同胞，岂竟无一杀贼之男儿耶?"②

总之，辛亥革命过程中，资产阶级革命报刊舆论以无所顾忌的勇气，向满清王朝发出了愤怒的吼声，成为革命党人宣传政治纲领和开展政治运动的工具，排满革命，推翻帝制，功不可没。

二、辛亥革命促进了报刊的发展

在辛亥革命的顺利推进的过程中，资产阶级革命报刊得到了进一步的发展，主要表现有：

1.办报热情高涨，报刊数量增多。

在资产阶级民主革命思想的感召下，社会上出现了一股出资办报的热潮，以中国同盟会的机关报《民报》为例就可略见一斑。《民报》创办的资金来源主要是社会捐款及同盟会的专款。在《民报》多次出版的《本报简章》中声称："有慨捐本社经费10元以上者，奉酬本杂志一年，20元者两年，30元者三年，50元以上者永远奉酬，俱推为本社名誉赞成员。"并将捐助者及款数刊登在《民报》广告的公告栏中，"名誉赞成员与读者名单及款

---

① 夷则：《鸣呼共和国人民之生命》《汉民日报》1911 年 12 月 6 日。

② 童然星：《"五四运动"前后的李大钊与邵飘萍》，《东方博物》，第 25 辑，浙江省博物馆编 2007 年，第 115 页。

数"，足以证明《民报》很大程度上依靠社会上的公开捐助来维持。另据记载，《民报》创刊一周年纪念大会（1906年12月2日）时，孙中山等人发表了演说。在演说过程中，以周君、罗君为首的参会人员自动发起了一次为《民报》捐助经费的义举，并率先捐出日币10元作为垂范，说："吾辈欲尽革命的责任，须立于自动的地位，积极的地位。即如《民报》，既与吾辈宗旨相同，则宜引为己责。吾辈有理想者，当担任其文字，有财力者当担任其经费。"顿时会场响应者云集，共有181人捐出日币770元。数目可谓相当可观，因当时花两角日币就可购买一份《民报》。照这样计算，所得捐款可印《民报》3850册。关于《民报》的经费来源，我们还可以从1907年至1908年章太炎等人与孙中山的争执中看出端倪："……总理到东京，则云南洋资本家尽吾同志，至南洋则云日本留学生尽入吾党，岂南洋资本家如此众多，民报支细，分文不助？"①可见，一些爱国华侨也是《民报》得以顺利创办与维持的捐助者。

武昌起义爆发后，为了及时宣传各地起义消息，鼓吹革命，鼓舞民心，大量的临时性小型报刊如雨后春笋般勃然兴起。数量可观，大大超过了三十多种，其中有：《革命军》（亦名《新中国之少年革命军》《少年中国革命军》）《警报》《新事报》《午报通信》（后改《午报》）《国民晚报》《紧报》《国民日报》《国民军事报》《电报》《大汉报晚报》《大汉新报》《大汉报》《大汉公报》等。这些小型报刊，积极宣扬革命，报道有关起义的消息，揭露清廷的腐朽、抨击清军的暴行，为辛亥革命的深入开展起了强有力的推动作用。如1911年10月19日创刊于上海的《警报》（由朱少屏发起、柳亚子和胡寄尘协助编辑），朱少屏亲自为该报翻译外国通讯社电讯②。当时南北两军对峙，武汉战斗激烈，该报为使读者尽快知道最新消息，"所得要电新闻，接到随刊，晨暮不计"，因此每天出版二三次，在中国新闻史上写下了一日多版的首次记录。《警报》不但报道迅速，而且内容充实，"除'要电''专电''无线电'、消息通讯和时评外，还刊有大量专稿、新闻照片等。如专稿有《武汉革命军之命令》《中华民国军政府鄂军都督之布告》《革命军都督黄兴小史》《孙逸仙略》等。新闻照片有《瑞督逃匿之兵舰》《革命军占领蛇山轰击衙署时之写真》等"。《警报》在当时报

① 邹鲁：《中国国民党党史稿》商务印书馆1944年版，第86页。

② 柳亚子：《辛亥光复忆语》中国革命博物馆编：《磨剑室文录》（下册）上海人民出版社1993年版，第1101页。

道武昌起义的三十多种临时性小型报刊中鹤立鸡群，对鼓舞士气、激励民心产生了一定的影响。

武昌起义后的半年之中，"报界的黄金时代"又一次出现了，报刊数量急剧攀升，销量扶摇直上。据统计，当时全国的报纸由100家猛增至500家，总销量达到4200万份，创下历史新高。在上海，倡言革命的报纸深受民众欢迎，那些刊登革命新闻的报纸"则销路大增，售至绝市"，而"倘有诋毁革命言论，即无人购阅"①。

更令人欣喜的是，辛亥革命时期，中国女子报刊的纷纷创办。据不完全统计，该时期全国各地陆续出版的女子报刊共有四十种，其中上海为最多，达十八种②。这些女子报刊突出宣传了反对封建主义、要求妇女解放的思想，具有鲜明的反封建色彩。其中秋瑾1907年在上海创办的《中国女报》影响最大。她在《发刊词》中说："吾今欲结二万万大团体于一致，通全国女界声息于朝夕，为女界之总机关，使我女子生机活泼，精神奋飞，绝尘而奔，以速进大光明世界，为醒狮之前驱，为光明之先导，为迷津筏，为暗室灯，使我中国女界中放一大光明灿烂之异彩。"③她在《警告姊妹们》一文中，鼓舞姊妹们为谋求自救自活的出路为努力奋斗，要改变那种受奴役、受折磨的悲惨命运。此外还有陈撷芬主办的《女报》、丁初我、曾孟朴创办的《女子世界》以及张汉昭、杨季威主编的《神州女报》等。总的来说，该时期的女报在创办的规模数量、内容新颖、影响广泛性等方面在中国近代妇女史上是最具典型性、代表性与先进性的，它们作为启蒙妇女觉醒的舆论工具，推动者广大妇女踊跃投入到这场伟大的资产阶级民主革命运动之中去。

2.不断开辟新的报刊宣传手段

报刊为了汲取读者的眼球，他们不断开辟新的报刊宣传手段。第一，在编排版面上有了较大的突破，由通栏长行，逐步改为多栏短行。此外，为了突出时效性、新闻性，运用多种编辑手段，如：大字体、多行、通栏标题，加花边、加框，配评论、配图片等，这样做的目的就是将那些最为重要与紧急的新闻放在显要版面的显要位置。这些非语言符号提高了办报的艺术，扩大了报纸的宣传效果，加强了编辑工作者在报纸工作中的主导地位，使报纸

---

① 方汉奇：《中国近代报刊史》（下册）山西人民出版社1981年版，第609页。

② 沈智：《辛亥革命在上海的妇女酵素》上海市社会科学界联合会等编：《"辛亥革命与中国近代化"学术讨论会文集》上海人民出版社2012年版，第164页。

③ 秋瑾：《＜中国女报＞发刊词》《中国女报》第1期，1907—1—14。

与期刊的分野更加清楚，报纸的特点更加突出。

其次，增设各种栏目，重视新闻评论。辛亥革命前后，报纸上除常见的《社论》《论说》《时评》《专电》《译电》《要闻》《通信》等固定栏目外，还出现了不少新的栏目，其中有专门报道某方面新闻的《政界纪闻》《外交纪闻》《学界纪闻》；有专门发表简短言论的《言论界》《演说台》《新鼓吹》《议事亭》《社会声》；有专门研究怎样发展民族资本的《经济》《实业》《商学》；有专门介绍科学新知的《译学馆》《科学谈》等等。有些栏目是长期固定于一定位置的。更多的栏目，则是临时设置，用来在一个时期内集中报道某一事件或某方面消息的，如1911年武昌起义爆发后，《申报》立即在要闻版中增辟了《中国光复史》专栏，及时而详尽地报道了当时各派政治力量的动态和有关南北议和、民军北伐等当前重大政治问题的言论。有的报纸还开辟了《答问》《邮筒》《来书》等栏目，反映读者要求，回答读者问题，为读者服务，加强了报纸与读者的联系。

在新闻评论方面，很多报刊大量辟有《社论》《社说》《论说》《时论》《代论》《来论》等栏目，将评论刊登在醒目的位置，并且报刊舆论篇幅所占比例有全报的三分之一左右。除社论、论说外，不少报纸增设了专刊时事短评的栏目，其中如《新民丛报》《浙江潮》《醒狮》的《时评栏》《河南》《神州日报》的《时事小言》栏，《民吁日报》的《大陆春秋》《公言》栏，《天铎报》的《悱言》《痛言》《遁职》《珠矶沙砾》《上海阳秋》栏等，对每一新近发生的政治事件，用短、平、快的方式予以阐述，针砭时局，深受广大读者欢迎。此外，文艺性的小品作为报刊言论的一种也开始出现。这种小品文，多数刊登在报纸副刊上，说古道今，谈天论地，称引百端，旨丰意远，开后世杂文或报刊"花边文学"之先河。

报刊为了最大程度地满足广大读者的需求，不断扩大版面，加大力度对革命进行报道和宣传，纷纷出版增刊、专刊，如《天铎报》、《民权报》和《大共和日报》等。还有相当大的一部分报纸都在版面上辟有专门刊头的副刊，《中国日报》的《鼓吹录》、《国民日报》的《黑暗世界》、《申报》的《自由谈》、《闻闻报》的《庄谐丛录》（后改为《快活林》）等。有的报纸虽然没有印出专门刊头，却拿出了固定的版面，如《神州日报》的第六版、《民吁日报》的第五版、《民立报》的第八版等。这些副刊，借文艺作品为民主革命作鼓吹，与副刊以外的新闻报道和评论文章相配合，成为它们进行革命思想宣传的又一个重要阵地。

　　为了急速报道突发事件，增加新闻的时效性，满足读者的需要，许多报纸除正常出版正版之外，采用增出号外的办法，把新近接到的重要新闻报道出去。如《中国日报》发过关于萍乡起义的"革命大胜利"号外；《光华日报》发过革命军攻占保定的号外；《大汉报》在武昌起义时期，在半天中连发六期号外，使前线获捷的消息迅速传遍整个武昌。

　　再者，新闻摄影图片在报刊上的出现。

　　1902年以后，留学日本的中国学生创办的《湖北学生界》《浙江潮》《江苏》等刊物都刊有摄影图片，虽以风光、建筑的题材居多，但大都带有明显的政治倾向。"《江苏》所刊的《明太祖之陵》（第2期），《浙江潮》所刊的《禹陵》、《会稽大禹之庙》（第6期）、《岳飞墓》（第10期）等，则是为了使读者'发思古之幽情'，鼓励他们去光复'旧物'，是和这些报刊的民族民主革命宣传紧密结合的。"《洞庭波》和《汉帜》第1期刊登的在萍、浏、醴起义中牺牲的会党领袖马福益和在上海为悲愤国事而投江自尽的华兴会会员姚宏业的肖像，都是引人注目的新闻人物照片，配合了爱国、革命思想的宣传。纪事性的新闻照片较少，其中较有代表性的是《新民丛报》刊登的《檀香山焚烧华人市场惨状图》（第8期）、《中国新报》的《光绪三十二年秋季陆军大操图》（第1期）和《云南》第2期刊出的法国帝国主义迫害越南人民的照片，这些照片都具有浓烈的现场气氛。

　　1905年在东京创刊的同盟会机关报《民报》，尤为重视摄影图片宣传。该刊所出的26期当中，就有20期有照片插页，刊用各类新闻照片50幅。《民报》刊用的照片，概括起来有以下几个特点：一是树立革命派领袖人物的形象和表彰革命志士的献身精神。曾先后刊出革命家陈星台、孙中山、章炳麟、邹容、史坚如、吴樾、徐锡麟、秋瑾、陈伯平、马宗汉、杨卓林、刘道一等人的肖像。二是宣扬暗杀，鼓吹进行个人恐怖活动。这方面的照片有《吴樾烈士》（炸清五大臣者）、《俄国暗杀团首领该鲁学尼狱中之肖像》（该氏亲自美洲寄赠）、《首先枪击葡王者毕夏》、《杀葡王子者克斯德》、《韩人刺杀伊藤博文于哈尔滨之景》等多幅。三是直接利用新闻照片驳斥君主立宪派的主张，宣传民主革命的必要性。如第23期选登的一幅《立宪国之暴尸图》，并附有说明："此俄国立宪后杀人暴尸之惨状也，希望立宪者盍鉴诸！"①四是通过巧妙的文字说明，使风光照片服从于政治宣传的需要，如第24期刊登的《南京城门之图》，编者冠以"昔日帝王都，今为狐狸

---

① 《立宪国之暴尸图》《民报》第23期，1908年9月26日。

窟"的说明，使这幅纯粹的风光照片涂上一层政治油彩。五是支持亚洲人民的民族解放运动，如第9期刊登的《菲律宾大统领雅圭拿度君之真像》、《中国助菲律宾战胜美国者侯将军宝华之真像》等。《民报》选用照片，具有较强的针对性和时事性，不论题材如何，经过编辑加工，都能体现出鲜明的资产阶级民主革命的立场，文字说明也尖锐泼辣，做到图文并茂，颇具鼓动性。

重视新闻照片的宣传效果几乎成为上海所有报刊的共识。如《申报》、《新闻报》、《时报》和《时事新报》等大报，大肆刊发新闻照片，数量大大超过以前任何时候，特别突出的是柳亚子主编的《警报》，及时、准确和频繁地刊发新闻照片，一时名气大振。刊登新闻照片作为报纸办报的常规手段在上海遍地开花。

《时事新报》在拓展宣传手段方面也不甘落后。这份报纸开办之初属于立宪派的，对"君主立宪"主张极力之吹捧，但在革命浪潮的冲击下和民心向背的影响下，违背原来的办报宗旨，"改弦易张"，在10月17日增设《时事新报·午报》，加快革命信息传递的时效。更值得一提的是，从1912年1月开始，该报馆还编辑出版发行了32开本、以《革命文牍类编》为题的小册子，该书"例言"中写道："以革命军政府业经发表之文牍为主，故名为《革命文牍类编》。"该书分门别类地进行整理，共分为檄告、布告、照会、示谕、函牍、祭告、章程及规则、电报等九大类，收辑了从武昌起义到南京临时政府成立之初的有关革命文献，及时公之于众，传播了革命、扩大了社会影响。在短短的两个月内，共编印出版了十册《革命文牍类编》，每册皆一版再版，甚至三版，可谓读者甚众；且在每册的封底内页还刊登广告，计有《中国革命现世图》一张、《中国革命论》十五册、《中国革命史》一册、《革命党小传》三册、《革命文牍类编》十册、《大革命写真画》十五集等宣传辛亥革命的图书推荐广告。总之，《时事新报》馆当年运用多种手段进行革命宣传的举措，虽在主观上存在着以拓宽经营面来增加收入的逐利目的，但客观上为宣传革命、推动革命做出了不可磨灭的历史功绩。

3.辛亥革命的顺利进展促进报刊舆论反转

A.《申报》

初期，《申报》对革命持非议的态度，立场保守、稳健。但随着武昌起义以后革命形势的迅猛发展，《申报》的原有立场开始转变，对革命党人的同情具有明显倾向。如对徐锡麟、秋瑾案的系列报道中有：《查封徐锡麟家产之骚扰》（1907年7月18日）、《新军骚扰学堂之罪状》（1907年7月22

日）、《浙省大吏骚扰绍郡录闻》（1907年7月25日）等。这些文章对徐案进行了一系列报道，着力揭露了清廷在徐案中对徐锡麟所施之酷刑，且发表《论法部严禁各省州县滥用非刑事》一文，对政府施暴行为进行抨击，并明确指出政府严重践踏了立宪精神，"非实行立宪，不足以挽回之"①。对于这些"叛乱的"革命党人，《申报》的态度是有所同情，并倾向革命的。武昌起义后第三天，《申报》刊登了署名"无名"的该报评论称："夫革命党人之每次被获而被杀，非特有伤革命党人之元气，而于中国之元气，亦大有伤焉。何则？彼党人者，虽其所抱之主义不同，而其不畏杀戮，不惧艰难，勇往任事，则固中国难得之少年也。愿主持此狱之官吏稍加注意，勿肆杀戮，留以御他日之强暴也，则亦中国之幸也"②。次日，同一署名的该报评论又说："武昌之革命，已成一发难收之势。此为革命党举事以来最为成功之事。"③

《申报》在革命之初态度不明朗，甚至有些怀疑，对革命的信心不足。报馆接到"武昌失守"的电报还误以为是"宜昌之误"，也因此没有刊登。当第二天得知确认是"武昌失守"后才对起义消息加以重新刊登。随着革命军的顺利进展，起义队伍迅速壮大，反观清政府面对危亡的局面却束手无策，《申报》在审时度势之后转为倾向革命、支持革命，并与革命形成同盟。

在胜负形势不明确时，《申报》所论明显倾向于革命军，"革命军胜，则革命事业已成大半，其余各地之军必多影响，而政府实无可用之兵，虽有袁世凯亦无能为，区区禁卫军，唯有保守京师而已，则革命军与政府军第二大战即在京城外，而其外战无大战也"④。人心是决定战争胜负的关键，"其一般平民，久憔悴于虐政之下，钦闻革军之文明，几有奔走恐后之势，故胜负已分"⑤。

B.《时报》

武昌起义之后，《时报》评论的态度颇有变化，从要求清政府立宪逐渐转到附和革命。起义后的第三天，即10月13日的社论《论政治思想与革命势力消长之影响》，文中对革命爆发的原因进行了不痛不痒的分析。文章指出："今天国民政治思想之发达与否，全视乎国民政治运动之操术以为衡，

---

① 《论法部严禁各省州县滥用非刑事》《申报》，1907年8月10日。

② 《革命党又事泄》《申报》，1911—10—12。

③ 《武昌革命》《申报》，1911—10—13。

④ 《希革命军胜》《申报》，1911—10—20。

⑤ 《呜呼今日之人心》《申报》，1911–10–24

国民政治操术有二端：有督促立宪者，有实行革命者。二者皆发表政治思想之见端，或直接，或间接，以促政治之进行者也。比年以来有政治思想者，本不乏人，无如政府必欲铲除之，驱迫之，使彼辈无所容身而后已"，"于是有政治思想之人，已不见于政府，安知明日不可投身革命，与政府立于对抗之地位。如是，则主张立宪政治之辈，日见其少；附和革命政治之辈，日见其多。"又说，"种族革命实缘政治革命而发生。政治革命又缘政治思想而发生。使外侮不至如是之函，国家荣誉不至于如是之堕落，则彼辈亦无由煽动"①。对于革命的出现，《时报》认为，"革命为专制政治下之产儿"，并且进一步分析政府制造革命原料有以下八点："言乎外交，则全不顾国家之荣誉，但求偷安于目前"，"澳门界务，不乘葡人革命之时，与葡人开严重之交涉"，"妄弄政策，叠次与外人立最不名誉损失国权之借债约"，"政以贿成"，"无事时，则待兵士过于苛酷，视之如草芥；一旦有变，则又顿生疑忌，视兵士若寇仇"，"各省铁路开办既已经年，不商之于各路公司，不交资政院与谱议局核议，无端而忽下收归国有之途"，"为种族观念所刺激"，"终日言不分满汉，而满人之权利独优于汉人"。②

三天后，《时报》发表《哀哉制造革命之政府》的社论，尚希冀清廷"知所悔悟"。11月1日之后，态度大为转变，称革命军为"义师"。11月7日社论《论国民今日不可存疑虑之见》，非常清楚地宣称"今日战衅已开，政府与国民决无并存之望"③，完全与清政府立场对立，前后态度截然相反。

综上所述，辛亥革命以劲风疾雨之势，狂扫整个中华大地，无疑推动者资产阶级革命报刊的发展，反过来有为革命运动的深入提供了舆论支持与导向。

三、资产阶级革命报刊舆论社会动员力的缺失

辛亥革命推翻了中国两千多年来的封建君主专制，民主共和的观念深入了人心，资产阶级革命报刊舆论功不可没。但另一方面，报刊舆论中所存在的不足在辛亥革命过程中也得到了不同程度的显现。

报刊舆论过分强调反清，迷失了革命的方向。1906年12月孙中山在《民报》创刊周年纪念大会上说："民族革命的原故，是不甘心满洲人灭我们的

① 《论政治思想与革命势力消长之影响》《时报》1911—10-13
② 《哀哉制造革命之政府》《时报》，1911-10-16
③ 姚公鹤：《上海报纸历史》《小说月报》第8卷第1期。

国，主我们的政。定要扑灭他的政府，光复我们的民族的国家。"①"废除鞑虏清朝，光复我中华祖国，建立一汉人民族国家。"②这种视满人为"异种"非我族类的观点在《民报》增刊《天讨》上得到充分体现。革命派以"军政府"名义发表各种"讨满檄文"，历数"逆胡爱新觉罗氏"之罪十四条，慷慨激昂地"与内外民献四万万人契骨为誓曰：'自盟以后，当扫除鞑虏，恢复中华，建立民国，平均地权'，有渝此盟，四万万人共击之。"在檄文中，言辞激烈，有明显的种族复仇主义倾向。如在《吴樾遗书》中就有"手提三尺剑，割尽满人头，此日正其时矣！""欲立革命者，不得不前以暗杀，后以复仇"等言辞，公开煽动民族仇杀。曾把满洲看作"鞑虏"，反满革命就是要"将满洲鞑子从我们的国土上驱逐出去"，③宣传过"如冰山之难恃，满汉之不容"④等偏狭观念。此外还有汪精卫发表在《民报》第1期的《民族的国民》中也有类似话语："他日我民族崛起奋飞，举彼贼胡悉莫能逃无斧锧。"《民报》对无政府主义的广泛宣传，使革命党人深受影响，无政府主义所主张的暴力暗杀则为革命党人奉为真谛。可见，反清言论也屡失偏颇，这种反清民族主义宣传在今天看来是存在着严重的民族偏见的。

　　《民报》虽然以三民主义为发刊词，实际上却没有真正宣传它，只有反清的民族主义宣传得最充分。满族人搞"嘉定屠城，"扬州十日，""文字狱"等伤心怵目的历史，水深火热的黑暗现实，阶级苦、民族恨、二百六十年的积怨如火山喷发，极容易唤起举国上下的民族激情，所以，反清是《民报》最成功的宣传。"自有杂志以来没有象《民报》这样脍炙人口、激动人心的……青年学生一读到《扬州十日记》《嘉定屠城记》等书，民族意识得到激发，就容易把他们卷到革命狂潮中去。"⑤经过《民报》的大力宣传，清政府在人民群众心目中威信扫地，极端孤立。1908年光绪、慈禧相继去世，各地发丧，"官吏号啕大哭，学生中却有许多人哈哈大笑。"⑥一个国家的政府和人民间感情如此敌对，这个政权的灭亡指日可待了。可见《民报》在

---

① 《孙中山全集》第1卷，中华书局1981年版，第325页。

② 《孙中山全集》第1卷，中华书局1981年版，第441页。

③ 孙中山：《中国问题的真解决》《中国近代政治思想论著选辑》（下）中华书局1986年版，第54页。

④ 孙中山：《敬告同乡书》《中国近代政治思想论著选辑》（下）中华书局1986年版，第75页。

⑤ 高一涵：《辛亥革命前后安徽学生思想转变的概况》，《辛亥革命回忆录》（四），中国文史出版社2012年版，第454页。

⑥ 高一涵：《辛亥革命前后安徽学生思想转变的概况》，《辛亥革命回忆录》（四），中国文史出版社2012年版，第454页。

制造革命舆论上，功绩显著。但是，孙中山所倾注全力想要实行的民主共和国、发展资本主义的目的却没有在《民报》上得到很好的宣传，因为三民主义并没有真正成为辛亥革命的统一指导思想。当时中国的资本主义生产关系尚很微弱，社会内部的经济变化还没有达到爆发革命的程度，人们是因为要救亡才走上革命道路的。孙中山等人所宣传的西方的"自由、平等、博爱"对大多数中国人来说太遥远、太陌生。革命派内部的分歧也很大，章太炎对民权、民生主义都持不同看法，并坚持在《民报》上宣传自己那一套。孙中山提出的土地国有是一种资产阶级的方案，不会给农民带来任何实际利益，所以农民丝毫不感兴趣。失去农民的同情、平均地权成了空话。孙中山满腔热忱地宣传土地国有以后中国人民将不再纳任何赋税，仅土地税一项，中国即可成为世界上最富的国家，人们都以为是海外奇谈。孙中山把平均地权列入同盟会的纲领，曾遭到很多非难，胡汉民为此与他争执到深夜，才勉强同意。辛亥时被视为孙中山左右手的汪精卫，在《民报》上从未宣传过平均地权问题。对于民权主义，《民报》宣传得更少，几乎没有专文论及。他们虽然初步认识到封建专制毒害人民，"去沮遏之道，在声专制君主政体之穷凶极恶。"①却始终没有"声"起来。孙中山在《民报》周年纪念会上讲实现共和制"最为相宜"，为什么最相宜，他也没讲清楚。由于三民主义本身有这些弱点，所以它在《民报》上最终为章太炎的一民主义取而代之，而辛亥革命也只是达到了推翻清朝政权的目的，历史注定中国人民必须在斗争中寻觅新的解放道路。

革命派元老章太炎在"反满"的问题上是最积极、活跃的，思想行动也是最为极端的。他曾说《苏报》："要之当时凡可以挑拨满汉感情，不择手段，无所不用其极。"②章太炎早年即"仇满之念固然在胸"，在以后相继撰写的《正仇满论》《革命军序》《驳康有为论革命书》《讨满洲檄》《排满平议》等文章中极力宣宣扬清王朝的种种倒行逆施，煽动汉人的民族复仇情绪。章太炎认为革命派的主要任务是复仇光复，革命尚在其次，"逆胡羶房，非我族类，不能变法当革，能变法亦当革；不能救民当革，能救民变当革"。即便是行革命之实也需先行"排满"，因为"满洲弗逐，而欲士之争自濯磨，民之敌忾效死，以期至乎独立不羁之域，此必不可得之数也。浸微浸衰，亦终为欧、美奴隶而已矣"。而且"排满"要排得彻底，甚至导致瓜

① 《驳最近"新民丛报"之非革命论》，《民报》四期，1906 年 9 月。
② 章炳麟：《疏"皇帝魂"》，《辛亥革命回忆录》（一），中华书局 1961 年版，第 147 页。

分裂土也在所不惜。这种"排满"的狭隘与偏执固然存在着一定的缺陷，也给革命失败、国家分裂带来一定的危险。

被誉为"革命军马前卒"的邹容也是极力宣扬民族复仇主义的代表之一，他在《革命军》一书中愤怒地指出：

吾同胞今日之所谓朝廷、所谓政府、所谓皇帝者，即吾畴昔之所谓曰夷，曰蛮，曰戎，曰狄，曰匈奴，曰鞑靼。其部落居于山海关外，本与我黄帝神明之子孙不同种族者也。……我中国固具有囊括宇内，震耀全球，抚视万国，凌轹五洲之资格者也。……倘使不受努尔哈赤、皇太极、福临诸恶贼之蹂躏，早脱满洲人之羁缚，吾恐英吉利也，俄罗斯也，德意志也，法兰西也，今日之张牙舞爪以蚕食瓜分于我者，亦将屏气敛息，以惮我之权威，惕我之势力；吾恐印度也，波兰也，埃及也，土尔其也，亡之灭之者不在英、俄诸国，而在我中国，亦题中应有之义耳。……吾今与同胞约曰：张九世复仇主义，作十年血战之期，磨吾刃，建吾旗，各出其九死一生之魄力，以驱逐凌辱我之满人。

剑锋所指，邹容无疑还沉醉于传统"华夷之辨""天朝上国"的陈腐观念和狭隘的民族情感中，也没有看到西方列强殖民侵略与被压迫民族反抗之间的是非关系，使其民族主义思想缺乏鲜明的时代性。

可见，辛亥革命时期的报刊舆论就直接服从于宣传的需要了。方平的研究发现："辛亥革命前的二三年中，一些新创办的政治性报刊几乎完全成为政治集团的喉舌和传声筒，如《政论》之于政闻社，《国风报》之于立宪派，《预备立宪公会》之于预备立宪公会，'竖三民'之于革命党等。这些报刊的政治立场虽不尽相同，甚或截然对立，但它们却有一些共通的准则，即首先提出一个目标，继而鼓吹采取共同一致的行动，并相信通过一致行动可以达到预定的目标。因此，在这些报刊中，社会舆论几乎完全为政治宣传所取代，甚或成为政治集团意识形态的代称，而独立的受众的声音则难觅踪影。社会舆论随政治集团的政治主张而流转，日渐政治化、党派化，既是公共领域趋于繁盛的表现，也是其发生某种转折和畸变的开始。"①甚至为了宣传其主义与主张，常不惜杜撰新闻，从而制造舆论和"民意"。

他们虽然反对封建主义，但却过分强调反满，同时又不敢发动农民彻底摧毁封建的土地制度；他们看不到以农民为主体的人民大众是革命的主力军，反而害怕和限制人民革命。所有这些都反映了资产阶级革命派反帝反封

---

① 方平：《晚清上海的公共领域（1895—1911）》上海人民出版社，2007年，第1页。

建的不彻底性。资产阶级的这种局限性，限制了他们同改良派实行思想上的彻底决裂，同时也是资产阶级领导革命不能成功的重要原因之一。

　　辛亥革命的领导者未能发动广大人民群众，特别是农民群众参加斗争。在同盟会的纲领中，虽然提出"平均地权"口号，但实际上并没有被全体革命党人所接受，也没能找到解决土地问题的措施。因而也未能实行"平均地权"，从而失去动员农民群众的作用，既然革命党失掉农民的支持，就把注意力转到新军和会党。正是由于脱离人民群众，革命力量才是显得十分弱小，毛泽东曾指出："国民革命需要一个大的农村变动，辛亥革命没有这个变动，所以失败了，因而在帝国主义和封建势力勾结下，革命遭到失败是在所难免的。"[①]

---

① 毛泽东：《毛泽东选集》（横排本第一卷）人民出版社1966年版，第16页。

第六章　报刊舆论与新文化运动

新文化运动是在文化思想领域中的变革运动，是资产阶级新文化和封建阶级旧文化的一次激烈交锋。新文化运动的基本主张是：反对封建的特权政治，要求政治民主；反对封建旧道德，提倡民主主义的新道德；反对封建的旧文学，提倡为民主主义文化服务的新文学。新文化运动还主张"思想自由"原则，实行"包容主义"，允许各种学派自由发展。所有这些，无疑都起到保护进步的学术思想、促进思想的解放的作用。它在政治上和思想上给封建主义以空前的打击与破坏，对中国人民特别是青年知识分子的觉醒起了巨大的作用。

这是在新的历史条件下又一次思想解放的潮流，它促使人们更迫切地追求救国救民的真理。

第一节　政治文化视角下新文化运动报刊的勃兴

袁世凯企图复辟帝制遭到彻底失败后，在中国大地上再度掀起一股办报的热潮，出现了近代中国报业发展的又一个"黄金时期"①。社会现实的需要、国人的诉求、言论自由的空间都为该时期报刊业的发展提供了坚实的基础，催生了新媒介的诞生。

①　余英时：《中国知识分子的边缘化》，《二十一世纪》（香港），1991 年 8 月号。

一、尊孔复古思想逆流的横行需要报刊进行揭露和批判

辛亥革命之后，袁世凯盗取胜利果实，登上了民国大总统的宝座。他破坏民主共和，实行专制独裁，大搞帝制复辟。为了给自己找到冠冕堂皇的理由，将中国几千年封建正统思想的老祖宗"孔子"重新搬出来，打着"维护传统""顺乎国情"的招牌到处招摇撞骗，混淆视听。主要事实有：1912年9月13日，袁世凯政府教育部规定每年10月7日为孔子诞辰纪念日，令全国各学校届时举行尊孔、祀孔纪念会。接着，袁世凯颁布《整饬伦常令》，宣布：中华民国以孝、悌、忠、信、礼、义、廉、耻为人道之大经，政体虽更，民彝无改。1913年6月22日，袁贼又推出《大总统尊孔令》，宣布："近自国体改革，缔造共和，或谓孔子言制大一统，而辨等威，疑其说与今之平等自由不合，浅妄者流至悍然倡为废祀之说，此不独无以识孔子精微，即于平等自由之真相亦未有当也……天生孔子为万世师表，既结皇煌帝谛之终，亦开选贤与能之始，所谓反之人心而安，放之四海而准者"并要求"查照民国体制，根据古义，将祀孔子典礼折衷而当，详细规定，以表尊崇，而垂永远。"①。11月26日，袁世凯又颁布《尊孔典礼令》，称："所有衍圣公配祀贤哲后裔，膺受前代荣典，祀典均仍其旧"，②并要求相关部门稽考尊圣典故事以备正式祭祀孔圣之用。第二年，袁世凯在其正式颁发的祭孔告令中声称："孔了之道，亘古常新，与天无极。…国纪民彝，赖以不坠"。随即他亲率百官到孔庙祭孔。在袁世凯及其政府的强权和高压政策的推动下，各种各样的尊孔复古组织，如孔教会、孔道会、孔社、宗圣会、尊崇孔道会、尊孔文社、经学会、读经会等等，在全国遍地开花，无疑尊孔复古思潮一时间在中国大地上愈演愈烈。与此同时，鬼神迷信思想在社会上也甚嚣尘上。在中国传统文化中，积淀了许多鬼神迷信和神秘主义的消极内容，民国成立后，对鬼神迷信思想的鼓吹带有一些新的特点，即与西学的某些内容相结合，甚至披上科学的外衣。如：1917年，俞夏、陆费逵与长期从事扶乩活动的杨光熙等人在上海成立灵学会，会刊《灵学丛志》接着出版，刊物的宗旨就是将西方的灵学参入到中国传统的鬼神迷信之中，大搞迷信活动，于是祭天、请神、祀鬼、扶乩流行一时，非常具有欺骗性。因此，灵学会一成立，得到了不少军阀、政客以及一些社会名流的支持，搞得整个社会乌烟瘴气。

---

① 《中华民国史档案资料汇编》（第三辑）江苏古籍出版社 1991 年版，第 1–2 页。
② 舒新城：《中国近代教育史资料》（上册）人民教育出版社，1981 年版，第 18 页。

　　严酷的现实引发了以陈独秀为代表的先进知识分子的反思。尊孔复古思想逆流的猖獗，迫使许多具有进步思想的资产阶级知识分子不得不进行深刻地反思，去探求辛亥革命以后民主共和体制下"招牌依旧"窘境的原因。他们认为，辛亥革命虽然推翻了中国两千多年来的封建君主专制，但积淀在民族文化深层结构中的封建传统思想并没有彻底涤荡。并认为要想改变这一现状，使民主共和观念真正深入人心，必须发动一场改造国民内心世界的思想启蒙运动，对辛亥革命进行及时"补课"。如何补课？首先要"革中国人思想的命"，中国人头脑中固有的封建主义思想严重，必须从根本上加以剔除，所运用的武器就是资产阶级民主主义思想。也就是说，要想维护共和就必须进行文化思想上的补课，这就需要创办一批专事"思想革命"的刊物。正基于这一思想认识，以《新青年》为首的报刊率先发出了冲决封建主义网罗的号召，以"改造国民性"为目的，揭开了新文化运动的序幕，一场思想文化上的新的革命渐渐地迈开了征途。从这层意义上讲，新文化运动可以说是辛亥革命在思想启蒙方面的深入和发展，它将资产阶级革命派未能扛起的反封建伦理与迷信的旗帜扛在了自己的肩上。

二、报刊高举民主与科学的大旗切中了近代国人的脉搏

　　对民主与科学的向往一直是近代国人的一贯追求，到五四运动时期达到高潮。鸦片战争以来，近代国人面临着两大主题："民族救亡"与"思想启蒙"，一些先进的中国人开始追求并试图引进科学与民主以救国。但他们所着眼的还只是科学与民主的工具价值——科学的范围只及于声、光、化、电之学。民主的意义只是君主立宪或共和制。辛亥革命后，陈独秀、李大钊、胡适、吴虞、鲁迅等一些激进的民主主义者目睹在共和政体下黑暗、专制如故，引进声、光、化、电的社会里民众蒙昧、迷信如故的现状，认为只有使国民达到近代意识的觉醒，才能从根本上解决中国的问题。"国人而欲脱蒙昧时代，羞为浅化之民也，则急起直追，当以科学与人权并重。"[①]从政治观点、学术思想、伦理道德、文学艺术等方面向封建复古势力进行猛烈的冲击。他们集中打击作为维护封建专制统治思想基础的孔子学说，掀起"打倒孔家店"的潮流，动摇了封建思想的统治地位，号召人们用西方的自由、平等、独立的伦理观来取代儒家别尊卑、明贵贱的伦理观，实现民主自由和个

---

① 《敬告青年》，《新青年》，1915年9月15日。

性解放，建立真正的资产阶级民主共和国。中国先进的知识分了唤醒近代中国人民人文精神的觉醒意识，他们大力介绍和宣传西方资本主义的自由、民主、平等、独立意识及自然科学知识，使近代西方资产阶级民主与科学精神拨动着神州大地。五四新文化运动的思想家们厉声疾呼"民主"与"科学"，引入一种新的理性的人文精神，去替换自己的传统道德，认为只有"西化"，才能救国，实现工业化和建立现代化国家。

三、政治权力中心的外围为报刊发展提供了相对自由的空间

新文化运动时期，恰逢帝国主义在欧洲进行厮杀，无暇东顾，暂时放松了对中国的侵略，为中国民族资本主义的进一步发展提供了一次难得的机遇，无疑对中国工人阶级队伍的壮大也赢得了生存空间，从而"使中国反帝反封建的资产阶级民主革命出现了一个壮大了的阵营，这就是中国的工人阶级学生群众和新兴的民族资产阶级所组成的阵营。"①社会变迁和发展推动着人民观念的向前发展。一部分激进民主主义知识分子从彷徨中看到希望，认为过去革命失败的根本原因是多数国民不觉悟。因此，他们认为当前救国的首要任务就是要冲破封建主义思想的藩篱，将国民从旧的传统封建的思想中解放出来。于是乎，一个高举"民主"与"科学"大旗，对封建旧文化、旧思想发起猛烈攻击的新文化运动，在全国悄然兴起。

另外，民国初至"五四"时期，中国政治舞台上活跃着各种政治势力，势均力敌，政治统治松散，没有一个权利中心能够对全国实行有效的统治，这给报刊发展创造了一个有利时机，出现了一个相对自由的空间，可谓"统治秩序出现过渡性混乱"②。究其原因，首先，在上海等一些大城市租界内所办的报刊，因受外国政府的保护，无论哪种政治势力难以插手并控制。1915年10月10日、1916年1月22日先后创刊于法租界的《中华新报》和《民国日报》，前者在发刊词中说："特延在野名流，誓以忠言报国，根据确当国情，宣达真正民意，只求公理正义所在，不为金钱势力所倾。"③体现了反袁世凯的政治舆论导向。第二，该时期中国境内军阀割据严重，各派军阀各

---

① 《毛泽东选集》（四卷合订本）人民出版社 1969 年版，第 522 页。
② 桑兵：《清末民初传播业的民间化与社会变迁》华中师范大学中国近代史研究所编：《辛亥革命与 20 世纪中国》湖北人民出版社 2001 年版，第 532 页。
③ 方汉奇：《中国新闻事业编年史》（上册），福建人民出版社 2000 年版，第 781 页。

有地盘，无权过问与干涉本辖区外的任何事物，因而在甲地所办报刊所发言论，乙地军阀无能为力。第三，当时军人当政，各派军阀为了扩大地盘，连年征战，对于报刊上的评说只要不攻击本人，一般不予理会，也不会遭到禁止。尤其是自1917年始，北京的舆论环境有了明显的改善。一方面，段祺瑞重新执政后，对新闻的钳制有所放松，内务部咨行各省"准将曩时禁止发行邮递挂号之大小二十余种新闻杂志一概迟禁"；另一方面是新闻通讯社的纷纷成立，打破了由外国通讯社"任意左右我国之政闻"（邵飘萍语）的局面。

在境外，诚然日本的东京因政府控制鞭长莫及，也是国人办刊的理想之所。如1913年4月15日创刊的《国民杂志》、1914年创刊的《民国》等。前者是国民党驻日机关报，总编胡汉民、发行人居正。该刊称："赞扬党纲，阐明平民政治原理"，办刊侧重思想启蒙，以民智、民德、民力之人文精神重建为旨趣。后者是孙中山领导的中华革命党机关报，积极倡导反袁世凯的舆论。

综上所述，新文化运动时期，国人掀起了近代中国报业发展的又一次高潮。具有初步共产主义思想的知识分子利用报刊高举"民主与科学"的大旗，对封建主义进行了一次彻底的批判，是一次伟大的思想启蒙运动。

第二节　新文化运动时期报刊舆论中的民主、科学思想

辛亥革命推翻了帝制，在中国近代史上第一次建立了资产阶级共和政体，虽中间又有复辟帝制的反复，但总体而言，中国近代社会完成了政治制度层面的变革。然而中国近代社会观念层面及文化层面的改革还没有跟上政治制度层面的变革，于是以陈独秀、李大钊为首的接受西方新思潮影响的先进知识分子又掀起了以改造国民性为主要目的新文化运动，致力于新思想、新文化的启蒙宣传。在这一历史时期，承担这一伟大运动载体功能的还是文人报刊。在这场运动中，《新青年》《每周评论》《晨报副刊》《新潮》这些民间自由报刊高举民主与科学的旗帜，对封建专制主义、蒙昧主义及其所依托的传统文化进行了激烈的批判和抨击，将中国近代启蒙思潮推向了最高峰。

1.《新青年》

《新青年》月刊于1915年9月在上海创办，第一卷名为《青年杂志》，第

二卷起改称《新青年》，初时由陈独秀主撰。

新文化运动的兴起是以《新青年》杂志的创办为标志。《新青年》一创刊，就提出两大口号："民主"和"科学"即"德先生"（Democracy）和"赛先生"（Science ）。"要拥护那德先生，便不得不反对孔教、礼法、贞节、旧伦理、旧政治。要拥护那赛先生，便不得不反对旧艺术、旧宗教。要拥护德先生又要拥护赛先生，便不得不反对国粹和旧文学"①。《新青年》明确表示："我们认定只有这两位先生，可以救治中国政治上、道德上、学术上、思想上一切的黑暗。若因为拥护这两位先生，一切政府的压迫，社会的攻击笑骂，就是断头流血，都不推辞！……西洋人因为拥护德、赛两先生，闹了多少事，流了多少血，德、赛两先生才渐渐从黑暗中把他们救出，引到光明世界。"②这里所提倡的"民主"是法兰西式的资产阶级民主，把"自由、平等、博爱"视为"近世文明的精华"。③所主张的"科学"则是运用近代自然科学和西方资产阶级唯物主义，反对迷信落后，宣传无神论。同时认为，科学除了狭义上的自然科学外，在广义上还指"社会科学"，并解释"社会科学是拿自然科学的方法用在一切社会人事的学问上，像社会学伦理学历史学法律学经济学等，凡用自然科学方法来研究说明的都算是；这乃是科学最大的效用。"④陈独秀指出："我们中国人应该用科学的方法，来研究旧学问，那末新文化运动，就蒸蒸日上。若说科学无用，只要研究哲学。哲学没有科学，是断断不行的。譬如美国的詹姆士、英国的罗素、法国的柏格森，那一个不用科学方法于人心中去呢?所以新文化运动，看轻科学，是很大的误会。"⑤他并明确指出，科学与人权，"若舟车之有两轮焉"，"国人而欲脱蒙昧时代，羞为浅化之民也，则急起直追，当以科学与人权并重。"⑥"自人权平等之说兴，奴隶之名非血气所能忍受。世称近代欧洲历史为'解放历史'——破坏君权，求政治之解放也；否认教权，求宗教之解放也；女子参政运动，求男权之解放也。解放之者，脱离夫奴隶之羁绊，以完其自主自由之人格之谓也"。这里，人权与民主为同义语。陈独秀在此阐述了民主的两层意义：一是就个人而言，不仅要获得政治和经济上的民主，而

①　陈独秀：《本志罪案之答辩书》，《新青年》第 6 卷第 1 号，1919 年 6 月 1 日。

②　《本志罪案之答辩书》，《新青年》，第 6 卷第 1 号，1919 年 6 月 1 日。

③　《法兰西人与近世文明》，《新青年》，第 1 卷第 1 号，1915 年 9 月 15 日。

④　陈独秀：《新文化运动是什么》《新青年》第 7 卷第五号，1920 年 4 月 1 日。

⑤　陈独秀：《新文化运动是什么》《新青年》第 7 卷第五号，1920 年 4 月 1 日。

⑥　《陈独秀著作选》（第一卷）上海人民出版社 1993 年版，第 135 页。

且还要获得人格独立、个性解放，做一个自主自由的人。一是就国家而言，就是要推翻君主专制统治，建立自由平等的资产阶级民主共和国。

①猛烈抨击封建专制主义，提倡新道德，反对旧道德。

李大钊愤激地指出："民与君不两立，自由与专制不并存，是故君主生而国民死，专制活则自由亡"。李大钊尤其对现实生活中的专制政治深恶痛绝，他在《民彝与政治》一文中，坚决反对袁世凯的帝制复辟。他认为在民国已经建立的情况下，"有敢传播专制之余烬，起君主之簧火者"，不管他是"筹安之徒"与"复辟之辈"，"一律认为国家之叛逆，国民之公敌而诛其人，火其书，珍灭其丑类，摧拉其根株"，[①]表示了与封建专制主义不调和、不妥协、誓死斗争到底的决心。他们从历史进化的观点出发，认为民主代替君主，自由代替专制是历史发展的必然"轨道"，是不可抗拒的时代潮流。激进民主主义者对民主共和制度在中国的真正实现充满了胜利的信心，认为民国以来中国人民没有得到真正的民主，这并不是民主共和制度不好，而是因为没有实行名符其实的民主政治，专制主义思想没有清除，存在着与民主政治不相一致的旧的伦理道德、文化习俗，存在着守旧的武人与学者。他们认为，中华民国代替清朝专制是个不可逆转的历史进步，即使民主政治在今后还可能被别的东西代替，但可以料定，"其起而代之者，度亦必为较代议政治益能通民彝于国法之治，决非退于专制政治"。[②]

因而，向封建专制主义及其精神支柱发动了全面的攻击。在他们那里，什么纲常名教，圣人贤者，什么金科玉律，偶像崇拜，什么伪君子，假道学，旧风俗，旧习惯，全都失去了昔日的光彩，一一被押到被告席上。正如鲁迅所说："无论是古是今，是人是鬼，是《三坟》《五典》，百宋千元，天球河图，金人玉佛，祖传丸散，秘制膏丹，全都踏倒他"。[③]这就极大地刺激了人们的思想，促进了人们的觉醒，增强了人们的民主意识和民主观念，唤起了人民对国家政事的关心。这在我们中华民族的进步史上，具有十分重要的意义。毛泽东同志对此多次予以高度的评价，他说："如果'五四'时期不反对老八股和老教条主义，中国人民的思想就不能从老八股和老教条主义的束缚下面获得解放，中国就不会有自由独立的希望"。[④]

---

① 李大钊：《民彝与政治》，《李大钊选集》人民出版社 1959 年版，第 56 页。

② 李大钊：《民彝与政治》，《李大钊选集》人民出版社 1959 年版，第 50 页

③ 鲁迅：《忽然想到》，《鲁迅全集》第 3 卷，人民文学出版社 1957 年版，第 36 页。

④ 《毛泽东选集》（四卷合订本）人民出版社 1969 年版，第 789 页。

建设新道德是新文化运动的一个重要内容。陈独秀在《新文化运动是什么》的讲演中说到："我们要促进新文化运动，还要注意道德问题。我们知道旧道德是有许多地方不对的，是不完全的，我们须要建设一种新道德，这新道德以爱字为标题，个个人以父子之爱、兄弟之爱，移而用之于四海之内，扩充到最大范围，那末社会就发达得很快了，新文化运动，就有达到完美地步之一日了。"①

②深刻批判封建的尊孔复古思想

针对中国是一个长达两千多年深受皇权思想熏染、饱含家族宗法制度结构的封建专制国家，陈独秀把批判的矛头首先指向了统治中国几千年的孔教。提出了"打倒孔家店"的口号，对孔子学说和尊孔思想进行了猛烈的抨击。他认为，"孔教之为国粹之一，而影响于数千年来之社会心理及政治者最大"，②但孔教"果实行于今之社会，不徒无益而且有害"。③对儒家的"忠孝节义"伦理思想进行了批判和分析，指出这是"奴隶之道德"，与自主自由、独立平等的人格是根本对立的，它是君主专制和帝制复辟的祸根和思想基础。陈独秀指出："孔教与帝制有不可离散之因缘"，"别尊卑、重阶级、事天尊君"这些孔教思想是"制造专制帝主之根本恶因"，正为历代帝王所利用。袁世凯的帝制虽然失败了，可是"康先生"很怕人们丢掉"帝王根本思想"，所以仍然"锐意提倡"。④他还说："孔教本失灵之偶像，过去之化石，应与民主国宪法不生问题。只以袁皇帝干涉宪法之恶果，遂于第十九条附以尊孔之文，敷衍民贼，致以今日无谓之纷争。然既有纷争矣，则必演变吾国极重大之问题。其故何哉?盖孔教问题不独关系宪法，且为吾人实际生活及伦理思想根本问题也。"⑤李大钊说孔子是"历代专制之护符"，"专制不能容于自由"，将孔教载入宪法，是"专制复活之先声也"。⑥钱玄同也在《新青年》第4卷第4号上，发表了《中国今后之文字问题》一文，提出："欲使中国不亡，欲使中国民族为二十世文明之民族，必以废孔学、灭道教为根本之解决；而废记载孔门学说及道教妖言之汉文，尤为根本解决之根本解决"。易白沙更是第一个点名批判孔子。他在《孔子评议》一文中

---

① 陈独秀：《新文化运动是什么》《新青年》第7卷第五号，1920年4月1日。
② 陈独秀：《四答常乃惠》《陈独秀著作选》第1卷，上海人民出版社1993年版，第290页。
③ 陈独秀：《四答常乃惠》《陈独秀著作选》第1卷，上海人民出版社1993年版，第290页。
④ 陈独秀：《驳康有为致总统总理书》，《新青年》第2卷第4号，1916年6月15日。
⑤ 陈独秀：《宪法与孔教》《新青年》第2卷第3号，1916年5月15日。
⑥ 《李大钊文集》人民出版社1984年版，第77页。

说："孔子尊君权，漫无限制，易演成独夫专制之弊"，"孔子讲学不许问难，易演成思想专制之弊"。这些弊害的存在，使孔子成了历代封建专制统治者乐于利用的"百世之魂"。[①]孔子与民主政治势不两立，也同现代生活绝对不能相容，这二者"存其一必废其一"，绝不能和平共处。他们批判了康有为要求定孔教为国教并列入宪法的荒谬主张。陈独秀认为，定孔教为国教不但违反思想自由之原则，而且违反宗教信仰自由之原则，在民主国家祭祀孔子正如主张专制国家祭祀华盛顿、卢梭一样荒唐可笑。

他批判孔教的原因之一就在于，孔教文化之中的纲常伦理、封建道德处处与时下的民主宪法相违背，"盖今之宪法，无非采用欧制，而欧洲法制之精神，无不以平等人权为基础。"而三纲五常是君主专制统治的理论基础，宗法家族制度是君主专制统治的社会基础。换言之，孔教文化最应被批判的原因就在于它无视平等人权，危及了国家民主宪法的根基。中国之所以积贫积弱，根本原因在于科学和民主不兴；而科学和民主之所以不兴，则是由于"三纲五常"等封建伦理道德以及建立在这一理论基础之上的封建制度，束缚了人们的思想，剥夺了人们的独立自主，扼杀了人们的生命力和创造力，因而阻碍了社会的进步。陈独秀指出："儒者三纲之说，为一切道德政治之大原。君为臣纲，则臣于君为附属品，而无独立自主之人格矣；父为子纲，则子于父为附属品，而无独立自主之人格矣；夫为妻纲，则妻于夫为附属品，而无独立自主之人格矣。率天下之男女为臣、为子、为妻，而不见有一独立自主之人。"[②]因此他认为，不解除维系宗法社会的礼教对人们的精神奴役，专制制度和家族制度不改变，中国就谈不上更新富强。

③提出了"文学革命"的口号，提倡新文学，反对旧文学。

新文化运动对封建思想的批判必然的转向对封建主义文学的攻击，反对文言，提倡白话，反对旧文学，提倡新文学。1917年形成了一场文学革命运动。作为新文化运动的一个重要组成部分，文学革命是晚清文学改良运动在新的历史条件下的发展，是适应以思想革命为主要内容的新文化运动而发生的。

蔡元培说过，"民元前十年左右，白话文也颇流行一时。但那时候作白话文的缘故，是专为通俗易解，可以普及常识，并非取文言而代之。主张以白话代文言，而高揭文学革命的旗帜，这是从《新青年》时代开始

---

① 易白沙：《孔子评议》《新青年》第 1 卷第 6 号，1916 年 2 月 15 日。

② 陈独秀：《一九一六》，《新青年》，第 1 卷第 5 号，1916 年 1 月 15 日。

的。"①1917年1月1日胡适在《新青年》第2卷第5号上发表《文学改良刍议》，首先提倡白话文："今日之文学当以白话文学为正宗"，应"用白话作各种文学"，倡导"八不主义"（一不用典；二不用套话；三不讲对仗；四不避俗字俗语；五须讲求文法之结构；六不作无病之呻吟；七不模仿古人；八须言之有物。），对严重束缚人们头脑的旧文学进行了大胆的挑战。陈独秀读后即作《读胡适<文学改良刍议>有感》予以响应，称：②"白话文学，将为中国文学之正宗。余亦笃信而渴望之。吾生倘亲见其成，则大幸也。"接着，他又撰写了《文学革命论》并发表在《新青年》第2卷第6号上，为声援"吾友胡适"而亮出"文化革命军"的大旗。在这篇文章中指出，纵观近代欧洲文明史，政治界、宗教界、伦理界以及文学艺术界都有革命发生，我国"政治界虽经三次革命，而黑暗未尝稍减"，③大部分原因是"盘踞吾人精神界根深蒂固之伦理道德文学艺术诸端，莫不黑幕层张，垢污深积"。④为此，陈独秀表示"甘冒全国学究之敌，高张'文学革命军'大旗……旗上大书特书吾革命军三大主义……推倒雕琢的阿谀的贵族文学，建设平易的抒情的国民文学……推倒陈腐的铺张的古典文学，建设新鲜的立诚的写实文学……推倒迂晦的艰涩的山林文学，建设明了的通俗的社会文学"⑤并认为"今欲革新政治，势不得不革新盘踞于运用此政治者精神界之文学"。⑥他所强调的，乃文学革命是"开发文明"、改变"国民性"和"革新政治"的"利器"。"……改良中国文学，当以白话为文学正宗之说，其是非甚明，必不容反对者有讨论之余地，必以吾辈所主张者为绝对之是，而不容他人之匡正也。"⑦中国欲求进步，欲求"革新政治，势不得不革新盘踞于运用此政治者精神界之文学"。⑧陈独秀倡导文学革命，就如同他发动批孔一样，是在清除国民头脑中的封建思想以推动民主制在中国的真正实现，凸显了一批急进的民主主义者意在通过文学革命之途径，将民主与科学的知识

---

① 蔡元培：《中国新文学大系 > 总序》，赵家璧编《中国新文学大系·理论建设集》，上海文艺出版社1935年版，第10页。

② 《胡适往来书信选》（上）转引自任建树等编：《陈独秀著作选》（第一卷）上海人民出版社1993年版，第257页。

③ 陈独秀：《文学革命论》，《陈独秀著作选》第1卷，上海人民出版社1993年版，第260页。

④ 陈独秀：《文学革命论》，《陈独秀著作选》第1卷，上海人民出版社1993年版，第260页。

⑤ 陈独秀：《文学革命论》，《陈独秀著作选》第1卷，上海人民出版社1993年版，第263页。

⑥ 《陈独秀文章选编》（上册），生活·读书·新知三联书店1984年版，第172页。

⑦ 陈独秀：《答林琴南》《新青年》第3卷第3号，1917年5月1日。

⑧ 陈独秀：《文学革命论》《新青年》第2卷第6号。1917年2月1日。

普及到广大民众之中。

新文化运动中，胡适、陈独秀等以《新青年》为阵地，高举"文学革命"的大旗，提倡"言文一致"，将白话的提倡与对制度的批判互为表里，把白话文的推广看作是反封建专制主义文化的一个实际的斗争手段，是普及文化、宣传科学知识、消除旧文化旧思想对人的束缚的手段，是改变国民素质的进路。白话文真正地颠覆了文言文，真正地实现了"取而代之"。

总之，自1915年《青年杂志》创刊开始，就高举民主和科学的大旗，批判封建专制，积极宣传达尔文的进化论和资产阶级的民主、自由、平等思想，提倡民主和科学，主张革新政治，实现民主共和。在《新青年》上刊出的一系列文章带给中国思想界的震撼，以及对于思想解放所起的重大作用，是当时其他报刊所不能比拟的。《新青年》成为新文化运动的主要阵地，它促进了近代中国实现由封建文化到包含现代科技、现代教育、现代文艺、现代传媒在内的现代文化的重大转型，推进了中国文化现代化的历史进程，并且为其他方面的现代化奠定了坚实的文化基础。

2.《每周评论》

1918年12月22日，《每周评论》创刊于北京，办刊宗旨是"主张公理，反对强权"。为了宣传和平与民主，《每周评论》用了7期刊载陈独秀的《我的国内和平意见》，就"废督问题""裁兵问题""国防问题""国会问题""宪法问题"等一一论列，希望中国成为一个民主、统一、和平的现代国家。

发表在《每周评论》第2期上的《欧战后东洋民族之觉悟及要求》一文，认为："最要紧的是对内对外两件大事，对外是要欧美抛弃人种偏见，求得人类平等，对内是要抛弃军阀主义，不许军阀把持政权。"[1]尤其极力反对军人干政。他说："军人是对外用的，是保卫国土和人民生命财产不受侵犯的，对国内政治，无权干涉。"[2]因此他主张废督裁兵，要求和平民主、自由平等。陈独秀公开反对军阀专政，并呼吁人民应有觉悟起来铲除军阀政权。

李大钊的"随感录"也是极有锋芒与棱角，他在随感录里鞭笞专制独裁，倡导自由民主。他的《宰猪场式的政治》一文单刀直入，揭露北洋军阀政府屠杀人民的血腥本质说："日本人说他们的政治是动物园式的政治，把人民用铁栅栏牢牢的关住，给他们一片肉吃，说是什么'温情主义'。我说

---

① 陈独秀：《欧战后东洋民族之觉悟及要求》，《每周评论》第2期，1918年12月19日。

② 陈独秀：《欧战后东洋民族之觉悟及要求》，《每周评论》第2期，1918年12月19日。

我们的政治是宰猪场式的政治，把我们人民当作猪宰，拿我们的血肉骨头喂饱了那些文武豺狼。"①《我与世界》高呼："我们现在所要求的是个解放自由的我和一个人人相爱的世界。介在我与世界中间的家国、阶级、族界，都是进化的阻障，生活的烦累，应该逐渐废除。"②李大钊的《真正的解放》呼吁人民行动起来，依靠自己争取自由民主，文章指出："真正的解放不是央求人家'网开三面'，把我们解放出来。是要靠自由的力量抗拒冲决，使他们不得不任我们自己解放自己。不是仰赖那权威的恩典给我们把头上的铁锁解开，是要靠自己的努力把他打破，从那黑暗的牢狱中打出一道光明来"。③

张申府在《每周评论》的《社论》专栏上共发表了《问救世军》《结婚与妇人》《嫁娶有理据吗》《数之哲理》四篇文章。《问救世军》指出"就说救世，也是不帖实。什么是世界？世界也是别人可以救得的？世界人没有罪恶不用说，就有罪恶也应自己想法子，自己救自己，别人是无用的，自己不想救自己，别人就有拔山倒海的力量有什么相干？"④并且发出了强烈地质问"不用说没有上帝，就有上帝，能把这个世界怎样？也曾能怎样他过？你们这些打着救世军旗子的男男女女，敲敲打打招摇过市，到底是为什么？到底是为那个？"⑤《结婚与妇人》说道："吾且问问你们中国女子，你们为什么不能自生，为什么一离开男子就要饿死？难道你们是甘于这样子？还是真实没有能力？你们若有能力为什么不让他发展？为什么情愿受人压制被人剥夺？凡事总要自觉自谋自反。"进一步指出"你们一定不肯奋斗，一定要依傍他人，那就被人抛弃，饿死也是当然！"⑥《嫁娶有理据吗》指明"你们当了历史的奴隶，可就在名学上因明上逻辑上要当背叛，你们还怎称得起是有理性的动物？"⑦《数之哲理》说："一个大国想统一，不可不改成联邦。想合，不可不分。想着世界大同，不可不并行圆满发展个人，个人纯粹独立，占据的事业破灭以后，在创造的事业上个人绝对自由的、个人主义。"⑧张申府在《每周评论》上发表的社论文章，宣传革新思想，抨击了社会的愚昧和黑暗，呼

① 李大钊：《宰猪场式的政治》，《每周评论》第 18 期，1919 年 4 月 20 日。
② 李大钊：《我与世界》，《每周评论》第 29 期，1919 年 7 月 6 日。
③ 李大钊：《真正的解放》，《每周评论》第 30 期，1919 年 7 月 13 日。
④ 张申府：《问救世军》，《每周评论》第 2 期，1918 年 12 月 29 日。
⑤ 张申府：《问救世军》，《每周评论》第 2 期，1918 年 12 月 29 日。
⑥ 张申府：《结婚与妇人》，《每周评论》第 7 期，1919 年 2 月 2 日。
⑦ 张申府：《嫁娶有理据吗》，《每周评论》第 8 期，1919 年 2 月 9 日。
⑧ 张申府：《数之哲理》，《每周评论》第 11 期，1919 年 3 月 2 日。

吁社会的改革和创新，大胆提倡科学精神和科学方法，造就改造中国的青年人才，对建立民主自由的中国充满了厚望。

《每周评论》从创刊号到第25号，其《国内大事述评》栏目进行反对封建旧文化、旧思想；反对尊孔设教、反对儒家独尊、反对封建专制等思想。1919年4月13、27日，《每周评论》把在全国各地报刊上发表的抨击北京政府与林琴南企图镇压新文化运动的文章，用八个整版，分两次发表选辑题为《对于新旧思潮的舆论》的"特别附录"（刊载于《每周评论》的第17期、第19期上）。"对于新旧思潮的舆论"特别附录集中北京、天津、上海、浙江等地报刊论述，形成了有声有色的舆论力量。《每周评论》发动"新旧思潮激战"，对孔教的进行批判，重点是揭露与批判"旧派"在共和时代仍要保存孔教的反动企图与种种谬论，警告顽固守旧派说：拼命想"保有国粹""维持礼教"，然而，"国粹""礼教"，"根本早已失却地盘，而归于天演淘汰之公例。"这种"欲保存此已成死灰之旧物，因而欲与口进无疆之时势为顽强之抵抗"的顽固态度，既为客观规律所不允许，又禁锢思想的发展；既危害于全体国民，又桎梏自己。"旧派诸人，适自蹈于此弊而不自觉也。"①死抱住旧事物不放，必然要被时代的潮流席卷而去。同时，新文化派还指出：定孔子之道为一尊，也是违背科学的。由于定为一尊，孔子就批评不得；谁胆敢批判或反对孔子学说，即以"离经叛道，非圣诬法"斥之。新文化派大胆地提出："古代圣哲的议论，未必句句都是，就算句句都是，也还因时变迁，未必一成不变。"②"若谓数千年之道统，必不容稍有所更改，则今日何时，岂容闭门独尊，故步自封乎？"③这是对孔子偶像崇拜的大胆挑战，比新文化运动初期的批判孔子本人及其学说更深入了一步。《每周评论》的"社论""随感录""新文艺""文艺时评"等栏目也都猛烈地抨击封建主义文化。

陈独秀的《除三害》是反对封建主义的名篇，在当时影响极大。文中认为军阀、官僚、政客是中国人民的三害，如不除去，中国政治永远不能进步。指出，中国的军阀政治是"三害"，即"军人害""官僚害""政客害"，并向国民提出除"三害"的要求："第一，一般国民要有参预政治的觉悟，对于这三害，要有相当的示威运动。第二，社会中坚分子，应该挺身

---

①　遗生：《时代潮流中之新文学》，《每周评论》第19期"第二次特别附录"，1919年4月2日。

②　毋忘：《最近新旧思潮冲突之杂感》，《每周评论》第17期"特别附录"，1919年4月13日。

③　鲁逊：《学界新思想之潮流》，《每周评论》第19期"第二次特别附录"，1919年4月27日。

出头，组织有政见的有良心的依赖国民为后援的政党，来扫荡无政见的无良心的依赖特殊势力为后援的狗党。"①陈独秀抨击封建专制："古时专制国，皇帝就是家长，百姓就是弟子。此时共和国总统算是公仆，国民算是主人。家长式的皇帝下一道上谕，拿那道德不道德的话来教训百姓，原不算希奇。现在公仆式的总统也要下一道命令来教训国民，这是怎么一回事?"②

五四新文化运动中的精英们都不约而同地依赖传媒的力量，利用传媒以扩大影响，提出了文学的种种改革。他们认为，时代在前进、发展、变化，文化也需要发展变化，要表现新思想、新事物，就需要新的文学；要使新思想为"最大多数人所能接受"，而不是为少数文人所私有，就必须提倡白话文。《每周评论》与《新青年》一样，提倡白话文，倡导新文学，开辟新园地，积极宣传文学革命。《每周评论》通过开辟极富新文学特色的《新文艺》和《文艺时评》专栏，走在文学革命的前列，通过反对旧文学与文言文，来反对封建的旧思想、旧道德、旧礼教，具有极其强烈的反传统性质，为五四新文化运动中的激进民主主义推波助澜。

1919年1月，在《每周评论》第五号的《文艺时评》专栏上发表了周作人的《平民文学》一文，正式提出"平民文学"的口号。他认为，"平民的文学与贵族的文学相反"，"只应记载世间普通男女的悲欢成败"，两种文学的主要区别在于："第一，平民文学应以普通的文体，记普通的思想与事实"；"第二，平民文学应以真挚的文体，记真挚的思想与事实"。他还主张文学作品"自然应有艺术的美"，但反对"以美为主的唯艺术派"的享乐的、游戏的态度。同时要求文学家应成为"先知或引路人"，要"研究平民生活"，"关注人类的命运"。③

综上所述，陈独秀、李大钊、胡适等激进民主主义者以《每周评论》为阵地，以"改造国民性"和"唤起民众之最后觉悟"为宗旨，对民主和科学思想的弘扬，对封建专制主义、蒙昧主义及其所依托的传统文化进行了全面、彻底的清算，动摇了封建思想的统治地位，使人们的思想尤其是青年的思想得到空前的解放，将中国近代启蒙思潮推向了最高峰。

3.《湘江评论》

《湘江评论》是湖南学生联合会的机关刊物，由毛泽东等人于1919年7月

---

① 陈独秀：《除三害》，《每周评论》第3期，1919年1月19日。
② 陈独秀：《公仆变了家长》，《每周评论》第1期，1918年12月22日。
③ 周作人：《平民文学》，《每周评论》第5期，1919年1月19日。

14日创办，毛泽东在《创刊宣言》中谈到《湘江评论》的主要任务是"宣传最新思潮"。

《湘江评论》对在思想文化领域里兴起的尊孔复古逆流展开反击，对封建主义的复辟进行了彻底地批判，呼唤科学与民主，主要表现在以下几个方面：

①用科学理念抵制封建迷信

《湘江评论》为了唤醒更多的民众，其文章多以日常生活中发生的普通事件为例，从科学的角度进行分析，来对群众进行宣传教育。

如一次大雷雨时，数人因触电而死，有人说这是"五百蛮雷，上天降罚"，毛泽东便抓住这一极普通的事件在《湘江评论》第三号上发表了一篇《不信科学便死》的短文，说明大树下容易触电的原因，并以此号召群众多学点科学常识，自觉抵制迷信思想。

在《中国的特色》一文中，作者首先肯定"静坐"这一日常的修身养性方法是有益身心健康的，但是国人却将静坐的作用传得神乎其神，认为静坐能够使人"'耳可闻隔十里路的声音'，且饿不死，冻不死。"[①]作者对此提出了严厉的批评。《孔子与观音菩萨》一文从生活中人们拜孔子、为观音菩萨过生日等事件，对"迷信家"们的荒唐行为进行批判。

②呼唤民主

"但不知世界上究竟那个应该劳心?那个应该劳力?那个应该治人?那个应该治于人?"[②]"富贵人才吃不了的饭，穿不了的衣，贫穷者饿极了肚子，寒极了肌肤，还不肯给他们一点。"[③]《湘江评论》指出了社会制度的不合理性，抨击了封建等级制度，为了实现民主平等，"除了生活革命，还有什么法子。"[④]

③呼吁男女平等、解放女性

在呼吁男女平等、解放女性的文章中，毛泽东的《女子革命军》一文极具代表性："或问女子的头和男子的头，实在是一样。女子的腰和男子的腰实在是一样。为什么女子头上偏要高竖那招摇畏风的髻?女子腰间偏要紧缚那拖泥带水的裙?我道，女子本来是罪人，高髻长裙，是男子加于他们的刑具。还有那脸上的脂粉，就是黔文。手上的饰物，就是佳桔。穿耳包脚为肉刑。

---

① 《中国的特色》《湘江评论》第 3 号，1919 年 7 月 28 日。
② 《不懂得》《湘江评论》第 3 号，1919 年 7 月 28 日。
③ 《生活革命》《湘江评论》第 2 号，1919 年 7 月 21 日。
④ 《生活革命》《湘江评论》第 2 号，1919 年 7 月 21 日。

学校家庭为牢狱。痛之不敢出声。闭之不敢出。或问如何脱离这罪?我道：惟有起女子革命军。"①文章由表及里分析了男女不平等、女子受折磨的原因，并提出了改变这一现状的途径，那就是要进行"女子革命"。

另外，《湘江评论》采用浅显易懂的白话文写作，完全抛弃了难懂和矫揉造作的文言文，贯彻了"见于文学方面，由贵族的文学，古典的文学，死形的文学，变成了平民的文学，现代的文学，有生命的文学"②的思想。

《湘江评论》热情赞颂五四新文化运动，传播新思潮，无情批判和揭露帝国主义和封建主义的真面目，指引民众联合起来推翻这不平等的社会。

第三节　报刊舆论与新文化运动

在"民主与科学"的大旗下，新文化运动时期报刊舆论大力鼓吹反对封建专制，提倡民主；反对旧道德，提倡新道德；反对旧文学，提倡新文学；所有这些，无疑都起到保护进步的学术思想、促进思想的解放的作用。它在政治上和思想上给封建主义以空前的打击与破坏，对中国人民特别是青年知识分子的觉醒起了巨大的作用。

一、"民主与科学"旗帜下的新文化运动时期报刊舆论的社会动员力

新文化运动高举民主和科学为旗帜对封建专制主义和封建蒙昧主义的思想文化进行了激烈的批判和抨击，使近代启蒙思潮得以空前高涨。

1.报刊舆论加速了新文化运动的启动

自国人自办报刊以来，近代中国知识分子充分利用报刊宣传自己的政治主张、传播西方科学文化知识，因而报刊不仅成为他们的舆论阵地，而且是中西文化交流的重要媒介。

新文化运动将西方"德先生"与"赛先生"引入中国传统文化，高唱"民主"与"科学"两大口号。该时期的激进民主主义分子大力宣传资产阶级民主思想，反对封建专制，指出辛亥革命没有建立起民主政治，倡导国

---

① 《女子革命军》《湘江评论》第 1 号，1919 年 7 月 14 日。
② 《创刊宣言》《湘江评论》第 1 号，1919 年 7 月 14 日。

人热情投入政治，不要对所谓的"善良政府、贤人政治"①寄予希望。一方面，报刊确实充当了对社会动态与民众心态反映的角色；另一方面，报刊也引导和塑造读者的心理与运动趋向。可以说，"从五四新文化运动开始，中国人才将民主与科学作为近代新文化的核心观念或基本价值加以追求和崇尚，民主与科学也从此才逐渐深入人心，成为促进思想解放、社会变革的有力武器。"②

1915年9月15日，《青年杂志》创刊，陈独秀在创刊号上发表了《敬告青年》一文，称："社会的新陈代谢要靠'新鲜活泼细胞'，青年至于社会，犹新鲜活泼细胞之在人身。新陈代谢，陈腐朽败者无时不在天然淘汰之途，与新鲜活泼者以空间之位置及时间之生命。"人身遵新陈代谢之道则健康，陈腐朽败之细胞充塞人身则人身死；"社会遵新陈代谢之道则隆盛，陈腐朽败之分子充塞社会则社会亡。"在陈独秀看来，青年担负起建立中国新社会的希望。他说："盖自认为独立自主之人格以上，一切操行，一切权利，一切信仰，唯有听命各自固有之智能，断无盲目从隶他人之理。"③这需要思想启蒙。并认为中国"固有之伦理，法律，学术，礼俗，无一非封建制度之遗，持较晰种之所为，以并世之人，而思想差迟，几及千载；尊重廿四朝之历史性，而不作改进之图；则驱吾民于二十世纪之世界以外，纳之奴隶牛马黑暗沟中而已，复何说哉！"④鉴于此，要想进行思想启蒙就必须要彻底批评封建专制。就青年来说，必须要做到"即自主的而非奴隶的、进步的而非保守的、进取的而非退隐的、世界的而非锁国的、实利的而非虚文的、科学的而非想象的。"这是对青年人提出的六方面要求，号召青年人自觉奋斗追求解放，以摆脱中国数千年封建思想文化的束缚。

可见，《青年杂志》作为《新青年》前身，在发刊词《敬告青年》一文中，阐述了要对青年一代进行思想启蒙，以达到改造国民性为目的。无独有偶，这一观点在同期以"记者"名义发表的《答王庸工》一文中也有此论，"盖改造青年之思想，辅导青年之修养，为本志之天职。批评时政，非其旨也。"⑤其时，陈独秀主持的《青年杂志》开启了思想启蒙的按钮，点燃了反封建思想的革命烈火，从此拉开了新文化运动的序幕。

---

① 陈独秀：《吾人最后之觉悟》《青年杂志》（6），1916.
② 郑大华：《民国思想史论》社会科学文献出版社 2006 年版，第 6 页。
③ 陈独秀：《陈独秀著作选》（第一卷）上海人民出版社，1993 年版，第 129 页。
④ 陈独秀：《陈独秀著作选》（第一卷）上海人民出版社，1993 年版，第 130—131 页。
⑤ 陈独秀：《陈独秀文章选编》（上卷）北京三联书店，1984 年版，第 82 页。

2.报刊舆论促进了新文化运动的发展

针对"尊孔"逆流，新文化运动喊出了响亮的战斗口号："打倒孔家店!"表明了新文化运动的斗争锋芒，不能不集中于封建专制主义势力极力保持的孔子权威。易白沙是该时期对"孔子"进行猛烈抨击的第一人。1916年他连续在《新青年》1卷6号和2卷1号上发表《孔子平议》上下两篇，认为孔教与封建专制主义存在着内在联系，公开批判孔子。《孔子平议》作为《新青年》上首篇反孔文章，点名批评"至圣先师"——孔子，指出了孔教的实质就是为封建专制服务的本质。这篇惊世骇俗的论文掀起了中国思想界的轩然大波，有助于新文化运动的发展。然后陈独秀顺势将"平议"推向"倒孔"。他在《孔子之道与现代生活》等文章中指出孔子学说的封建性质，是与民主思想和共和制度根本对立的，是维护封建专制主义制度，同现代生活格格不入。他说："三纲之根本意义，阶级制度是也。所谓礼教，皆以拥护此别尊卑明贵贱制度者也。……共和立宪制，以独立自由平等为原则，与纲常阶级制为绝对不相容之物，存其一必废其一。"[①]力主打倒孔子偶像，废弃旧的封建礼教，建立与资产阶级民主生活相适应的民主制度。接着，吴虞的《吃人与礼教》、鲁迅的《我之节烈观》、李大钊的《孔子与宪法》、胡适的《论贞操问题》等一系列论文揭示了中国封建伦理道德吃人的本质，向孔子和孔教发起了一轮又一轮的攻击。而作为新文化运动发起人的陈独秀从1916年10月起，在《新青年》上不断发表文章，如《孔子平议》《驳康有为致总统总理书》《宪法与孔教》《孔子之道与现代生活》《袁世凯复活》《旧思想与国体问题》《复辟与尊孔》《再论孔教问题》等，形成一场空前的批孔运动。

《每周评论》继续和发扬《新青年》作风，积极宣传民主、科学，反对封建文化和封建道德，甚至在"宣传新思潮，打击旧思潮，鼓动开展政治斗争"方面与《新青年》相比有过之而无不及。两种刊物相互补充，相得益彰，共同担负起宣传资产阶级民主思想，反封建思想文化的政治任务，是当时思想性、革命性和战斗性最强的报刊。仅从《每周评论》第17号、19号两次辑录的《对于新旧思潮的舆论》来看，全国至少有14家报纸，共发表了37篇评论文章，对以林纾为代表的封建势力及其反动倾向发动了全面进攻，舆论倒向了新文化派一边。

《每周评论》的特别附录——《对于新旧思潮之舆论》不仅有力地驳斥

---

① 陈独秀：《吾人最后之觉悟》，《新青年》第 1 卷第 5 号，1916 年 1 月 15 日。

了封建反动思想及其倾向，而且检阅了在"民主与科学"口号下，自《新青年》创刊以来所取得的成绩。（《新青年》对林琴南，叶德辉等人的一些谬论作了辑录，更树立起攻击的箭靶子，置于篇末《什么话?》一栏。《每周评论》《新青年》的这种做法对新旧思想矛盾的突出、对立面的形成，甚至于为深入斗争与进一步推动新文化运动的发展起了重要作用。）之后，全国掀起了一场"新旧思潮之激战"，为五四运动的爆发奠定了思想基础。

文学革命是新文化运动的重要内容之一。他们提倡白话文，反对文言文；提倡新文学，反对旧文学；企图将宣传封建思想的旧文学改造成传播民主与科学的新文学。1917年1月《新青年》上刊登了胡适的《文学改良刍议》一文，大力提倡白话文，取代文言文，并主张对中国旧文学体裁进行改革。同年2月，《新青年》继续刊登了陈独秀的《文学革命论》文章，提出要对文学进行内容上的革命。这一提议马上得到了钱玄同，刘半农等人的响应。于是乎，一场轰轰烈烈的文学革命运动在悄然兴起。

鉴于此，《每周评论》开辟的《新文艺》和《文艺时评》专栏在思想内容上和编写形式上采用了白话文，并加注标点符号，文章通俗易懂。《新文艺》栏目，发表了不少白话新诗、新小说和外国文学译本。如程生描写"五四"运动中各阶层人物政治态度的小说《白旗子》、抨击封建礼教的《名节》，胡适描写青年知识分子贫穷、彷徨生活的《一个问题》。翻译小说有南非须莱纳夫人著、周作人翻译的《欢乐的花园》《人生的礼物》，瑞典Strindberg著、胡适译的《爱情与面包》，意大利文豪Entico Casterlnuovo著、胡适译的《一封末寄的信》，伯恩苏著、涵庐译的《父亲》，仁译的《他们的儿子》等。《文艺时评》栏目载有关于文学与戏剧的改革的文章，例如涵庐的《我的戏剧革命观》，仲密的《论黑幕》《平民文学》《中国小说里的男女问题》以及苏曼殊等人批判林纾攻击新文化运动的小说《荆生》等一系列的文章。

《浙江教育周报》载文说："新旧之冲突，常为过渡时代所必经之阶级"。事物的发展，"常为曲线之状态"。又说："吾国今日之时代，新思想初萌，旧思想尚盛"。并鼓励新文化派，要树立必胜的信心，说："吾愿提倡革新诸君，自觉其责任之重，知旧势力之大，力与奋斗，百折不挠，具独立之志趣，有牺牲之精神，真理所在，生死以之，吾知最后之胜利，必属于革新之诸君矣!"[①]这些革新主张，有力地推动者新文化运动的进展。

---

① 平平：《北京大学暗潮之感想》，《每周评论》第 17 期"特别附录"，1919 年 4 月 13 日。

3.《湘江评论》成为湖南新文化运动的舆论中心

新文化运动逐渐波及全国，湖南也不例外。当陈独秀以《新青年》为阵地，开始"新旧思想大激战"时[①]，杨昌济与易白沙热烈欢迎，并成为《新青年》在湖南的最早的宣传者。杨昌济、易白沙等不仅积极宣传和推广《新青年》，使其在青年学子中传播开来，还为《新青年》积极撰稿。杨昌济在《新青年》上发表过《治生篇》《结婚篇》等论著和译文。易白沙则在《新青年》上连续发表《述墨》《孔子平议》《诸子无鬼论》《我》《战云中之青年》等文，大声疾呼，反对封建主义思想文化，并称"真理以辩证而明，学术由竞争而进"，为刚刚兴起的新文化运动摇旗呐喊，推波助澜，在社会上产生了一定的影响。

毛泽东于1919年主编的《湘江评论》是新文化运动时期具有一定影响力的报纸，其刊登的文章见解深刻、独到，能击中敌人的要害。《湘江评论》针对当时湖南的政界、教育界对新文化的传播还有很多不同的声音，展开了对"新"与"旧"的讨论，以引导人们正确认识新文化、新思潮、新事物，从而促进新文化运动的发展。对那些批评学生"过于新"的封建教育卫道士，有文章理直气壮地认为："我们生在这个时代，吃这个时代的饭，穿这个时代的衣，住这个时代的屋，就应当有这个时代的思想，做这个时代的事业。"[②]对那些既怕"新"又怕"旧"的官僚教育家，则提出质疑："什么是不新不旧？"[③]

所以，《湘江评论》一创刊就深受欢迎。"长沙和湖南各地的青年学生、许多中小学教师和社会上的进步人士，都成为报纸的好友，尤其是思想进步的学生，口袋里总放着一份。每一期送到各校阅览室，大家纷纷抢阅，先睹为快。武汉、广东、四川等地的青年学生中，也很快传播开来，外省订户也日有增加"[④]。

曾经高举变法旗帜的康有为，在新文化的浪潮中却成了封建卫道士。他对广州因修马路要拆毁明伦堂表示极力反对，认为这是"侮圣灭伦"的行为，"遍游各国，未之前闻"，"强要拆毁，非国民所宜"[⑤]。毛泽东通过《各国没有明伦堂》《什么是国民所宜》两篇文章反洁道："康先生的话真

---

① 陈独秀：《吾人最后之觉悟》，《新青年》第1卷第6号，1916年2月15日。
② 《古是个坏东西》，《湘江评论》第2号，1919年7月21日
③ 《不新不旧是什么》，《湘江评论》第3号，1919年7月28日。
④ 李锐：《五四运动中的青年毛泽东》《历史研究》，1979年第5期，第28页。
⑤ 《什么是国民所宜》，《湘江评论》第1号，1919年7月14日。

不错，遍游各国，那里寻得出什么孔子。更寻不出什么明伦堂。"① "难道定要留着那'君为臣纲''君君臣臣'的事，才算是'国民所宜'吗?"②通过这一事件对封建等级制度及妄图尊孔复辟的顽固派给予了有力的抨击。

《湘江评论》对当时湖南的新文化运动起了相当大的推动作用，积极引导了全国的爱国青年和革命知识分子。毛泽东自己回忆说："五四运动以后，我把大部分的时间专用在学生政治活动上，我是《湘江评论》的主编，这是湖南学生办的报纸，对于华南学生运动有很大的影响。"③据肖劲光回忆："我们在长沙读书的时候，也正是五四运动波及全国的时候，这时毛主席在湖南领导和开展了广泛的革命活动。毛主席主编的《湘江评论》传播了巨大的革命影响。我们正是在这个革命运动的影响下，开始了革命觉悟的。"④

唐耀章对《湘江评论》的回忆："在《湘江评论》创刊前后，传播新思潮的小型白话刊物纷纷出现……我在周刊第一期登载了《欢呼<湘江评论>出刊》一文，开头就称：'《湘江评论》出刊了，太阳升出来了，照亮了我们的眼睛；警钟响起来了，震动了我们的耳鼓；启聋发馈，指示了我们前进的方向。我们要向强权作斗争，我们要甩掉吃人的礼教的枷锁。奴隶般的教育，我们不要了。湖南的青年们站起来了，在《湘江评论》的启发下，做推动新文化、新思潮的先锋，一齐奔向反帝反封建的前线。'"⑤

总之，在同时期的湖南学生报刊中，《湘江评论》发挥了舆论领袖的作用，形成了湖南反帝、反封建、反军阀统治的新闻舆论，从而很好地引导了公众舆论，使五四新文化运动的主旨深入湖南人民心中，促进了湖南革命运动的发展。

此外，湖南《大公报》在接受新文化思潮的洗礼的同时也促进了湖南新文化运动的进一步发展，负起了宣传新思潮的先觉责任，正如其主笔龙兼公所说："报纸创造舆论""报纸代表舆论""报纸改革舆论"。⑥长沙《大公报》通过创造舆论、代表舆论、改革舆论，把新文化运动所提倡的内容传输给人们。长沙《大公报》成为传播新文化的重要阵地。各种各样的新思想在人们的头脑中相互碰撞、相互比较，这段时期，湖南人的思想异常活跃，有

① 《各国没有明伦堂》，《湘江评论》第 1 号，1919 年 7 月 14 日。
② 《什么是国民所宜》，《湘江评论》第 1 号，1919 年 7 月 14 日。
③ 斯诺：《西行漫记》生活·读书·新知三联书店 1979 年版，第 129 页。
④ 肖劲光：《悼弼时》，《人民日报》1950 年 10 月 31 日。
⑤ 湖南省政协文史资料研究委员会主编：《五四运动在湖南》岳麓书社 1997 年版，第 50 页。
⑥ 兼公：《报纸和舆论》，长沙《大公报》"评论"，1919 年 8 月 15 号。

人把它喻为"西洋、希腊的诡辩勃起时代"。① "大众媒介提升，延展了一些意识形态的观念。通过它们，这些意识形态变得非常合法，传播起来很有说服力，甚至是富有魔力的。在这个传播过程中，这些观念进一步确立了其重要性，强化了它们最初的意义，扩大了它们的社会影响。"② 无疑，在变革社会过程中，湖南《大公报》这种大众媒介起了"倍增器"的作用。因此，对于新文化运动在湖南的深入开展，湖南《大公报》所起的促进作用主要表现在为新文化运动制造舆论，对各种新思潮进行宣传，鼓动湖南民众奋起讨伐旧的思想文化，积极建立新的民主主义思想文化。

综上所述，新文化运动是在思想文化领域中的一次社会变革运动，是一次资产阶级新文化向封建旧文化发动的猛烈攻击。这是在新的历史条件下又一次思想解放的潮流，它促使人们更迫切地追求救国救民的真理。

二、新文化运动中报刊的发展与转变

新文化运动期间，报刊数量、报刊发行得到了空前的发展，并且报刊本身无论在形式上还是内容上都有所转变，具体如下：

1.运动中报刊得到了进一步发展

新文化运动时期，新文化知识分子创办的报刊数量有了空前的发展，尤其在五四运动后的一年里，报刊如雨后春笋，得到进一步发展。除《新青年》《每周评论》《新潮》等外，全国新出版的期刊猛增至400余种。其中影响较大的有：北京的《少年中国》《曙光》《新社会》；上海的《星期评论》《建设》《民国日报》副刊《觉悟》；天津的《天津学生联合会报》、湖南的《湘江评论》；成都的《星期日》；武汉的《武汉星期评论》；浙江的《浙江新潮》。据统计，全国中文报纸的总数，1919年达280家，比1915年增长16%③。不仅如此，而且发行量不断增大。胡适在《每周评论》第36号（1919年8月24日）中说："现在新出版的周报和小日报，数目很不少了。北自北京，南至广州，东从上海、苏州；西至四川，几乎没有一个城市没有这类新派的报纸"④。如：《新青年》，1915年《青年杂志》初发行时，只

---

① 四愁.无是非的标准，长沙《大公报》"时评"，1922 年 1 月 15 号。
② [美]詹姆斯·罗尔著、董洪川译：《媒介·传播·文化———一个全球性的途径》，上海商务印书馆 2005 年版，第 22 页。
③ 杨早：《清末民初北京舆论环境与新文化的登场》北京大学出版社 2008 年版，第 178 页。
④ 胡适：《介绍新出版物》《每周评论》第 36 号，1919 年 8 月 24 日。

有一千份的印数，其中还有部分属于增阅①；到1918年底1919年初，《新青年》的印数大幅上升，"销路均渐兴旺"，至五四运动前后，其销量居然达到一万五六千份！②又如《新潮》杂志。该杂志创刊于1919年1月。从它一开始出版，就深受读者欢迎。其创刊号在一个月之内印刷了三次："初版只印1000份，不到10天要再版印了3000份，三版又印了3000份。"③《新潮》各地的代销处也日渐增多，"个人、学校、报社、图书馆、教育会、学校附设的贩卖部等经售代销的居多数，甚至有绸缎庄代销的"④，"在南方的乡间都可看到"⑤。内地青年将《新潮》作为传播新文化的工具，"已经翻阅得破破碎碎了，还是邮寄来，邮寄去"⑥。到1919年10月，《新潮》全国代卖处竟达四十余处，以至于有书商"仿冒品牌"⑦。

在新文化运动的推动下，湖南的知识分子也意识到报刊舆论的伟大力量，利用报刊传播新思想、新文化，企图打开思想解放的大门。当时湖南也出现了一个有40多种报刊、杂志并存的办报局面，诸如《通俗教育报》《湖南通俗报》《民国日报》《正声日刊》《新湖南报》《华赢觉报》等等。"正像旧民主主义政治不能解决中国革命问题一样，旧民主主义的新闻界也并不能保证新闻事业的健全发展……改造旧中国需要有一个新的革命，也需要有一种新的新闻事业。⑧"

这些大量涌现的新文化报刊顺应历史的潮流，站到新文化运动一边，形成了宣传新文化的报刊新阵线，它们的涌现以及它们之间的舆论宣传是对新文化报刊的推动和反思，实际上也是对新文化运动本身的推动和反思。

2.新文化运动促使报刊形式由文言文转为白话文

"提倡白话文，反对文言文"是新文化运动的一个重要内容。首先，胡适以《文学改良刍议》为武器率先向旧文学发难，指出文章须"言之有

---

① 汪原放：《回忆亚东图书馆》，上海学林出版社1983年版，第30页。

② 李龙牧：《五四时期思想史论》，复旦大学出版社1990年版，第91页。

③ 罗家伦：《蔡元培时代的北京大学与五四运动》，台湾《传记文学》54卷5期，1978年5月。转引自《五四运动亲历记》中国文史出版社1990年版，第59页。

④ 李小峰：《新潮社的始末》，《五四运动回忆录》（续）中国社会科学出版社1979年版，第210页。

⑤ 顾颉刚：《回忆新潮社》，《五四时期的社团》（二）北京三联书店1979年版，第125页。

⑥ 钦文：《五四时期的学生生活》《五四运动回忆录》（下）中国社会科学出版社1979年版，第984页。

⑦ 《新潮》2卷4期上登出"特别启示"，谓"乃本年六月底上海泰东书局始另有所谓'新潮丛书'之广告发现，与本社《新潮丛书》名目虽混淆，其实并非一事。再另命名'上海新潮社'者，与本社毫无关系，其出版品当然与本社无涉"。

⑧ 李龙牧：《中国新闻事业史稿》上海人民出版社1985年版，第113页。

物""不作无病之呻吟"①等八项主张，开启了文学革命的大门。然后陈独秀以《文学革命论》遥相呼应，明确提出"推倒雕琢的阿谀的贵族文学，建设平易的抒情的国民文学；推倒陈腐的铺张的古典文学，建设新鲜的立诚的写实文学；推倒迂晦的艰涩的山林文学，建设明了通俗的社会文学"②，反对"文以载道"和"代圣贤立言"的为封建主义服务的旧文学。为了响应这种思想的号召，其他新文化运动的主将陈独秀、李大钊、蔡元培等毫无顾忌地用白话文来写作，一时我国报刊文风出现了一个崭新的局面。

同样，作为新文化运动的主战场《每周评论》也积极投入到五四新文化运动的文学革命之中去。《每周评论》进行的文学革命，不仅高呼"白话文"，而且在文体上直接采用白话文。《每周评论》同《新青年》一起为普及白话文做出了应有的贡献。新文化运动时期，全国各地都渐渐地白话化了，据估计至少有几百种白话报刊，如上海的《星期评论》、《建设》、《解放与改造》、《少年中国》等，北京的《晨报》副刊，上海《民国时报》的副刊《觉悟》《时事新报》的副刊《学灯》、《东方杂志》、《小说月报》等。大势所趋，受白话报刊的影响，北洋政府教育部于1920年规定，中小学生的语文教材一律使用白话文。

在断句形式上，《每周评论》效仿《新青年》改变中国古籍不标点断句的形式，加注新式的标点符号。如此一来，文章通俗易懂，方便了识字不多的老百姓认识和解读，使那些"种田的、做手艺的、当兵的、做苦力的等，个个能增进识见，增进学问。"这大大增强了其影响。

另外，《每周评论》在编辑方法、文体风格、栏目设置、出版发行等方面进行了一些有益的探索，大大影响了当时的许多刊物，对旧文化造成了极大地冲击。如《每周评论》采取小型报纸的形式，每周出4开4版，分栏为国外大事述评、国内大事述评、社论、文艺时评、随感录、新文艺等12类，每号必有五类以上。这种改进办法被《湘江评论》《星期评论》《浙江新潮》等仿效。五四运动前后，《每周评论》还专门增刊"特别附张"，有关时事政治的如："山东问题"等。如此集中、大规模地报道某一事件，能够形成强大的舆论冲击波，给读者以心理的震撼。同时还注意版面形式，每篇文章由题花相隔，提高了报纸的视觉效果。这些令人耳目一新的探索是旧报刊所

---

① 胡适：《文学改良刍议》，《新青年》第 2 卷第 5 号，1916 年 7 月 15 日。
② 陈独秀《文学革命论》，《新青年》，1917 年 2 月 15 日。

不及的，有力的冲击着旧文化的固有思维模式。①

可见，在文学革命中，白话文和新文学成为一种通俗易懂、平民化、大众化的思想潮流，毫无疑问地得到了广大民中的理解和支持，也成为他们思想解放的工具。

3.报刊内容的新变化

新文化运动开始后，报刊政论重新受到重视。具有初步共产主义思想知识分子以报刊为阵地，用手中的神来之笔书写着"冲破封建主义牢笼"循循善诱的文字，发表了大量的对社会现实进行批判的论说文章。如：陈独秀的《宪法与孔教》《袁世凯复活》《复辟与尊孔》《偶像破坏论》；吴虞的《吃人与礼教》《家族制度为专制主义之根据论》；胡适的《文学改良刍议》《建设的文学革命论》；鲁迅的《我之节烈观》《我们现在怎样做父亲》等，这些论说打破了民国以来报刊万马齐喑的局面，标志着近代中国"文人论政"传统的复兴。

与文人论政的萌芽期和发展期不同，复兴期的论政重点发生了变化。在王韬和梁启超时代，文人论政的重点始终围绕着政治，他们耿耿于怀的是中国的变法与改革。而到了五四时期，陈独秀、胡适等人的论政活动不再以政治为中心，他们将目光主要锁定在思想文化、伦理道德的变革上，正如《新青年》杂志创刊号和《社告》中所说，它的宗旨是"与青年诸君商榷将来所以修身治国之道"，在《通讯》栏里又说："改造青年之思想，辅导青年之修养，为本志之天职。批评时政，非其旨也。"②我们可以看出，《新青年》及其同仁"所朝向努力的方向就是要推到几千年来以旧文化、旧道德、旧伦理、文言文为核心的整个价值标准，引入以法兰西文明中自由、平等、博爱为核心的新文化、新价值、新观念"③正如胡适所说："在民国六年，大家办《新青年》的时候，本有一个理想，就是二十年不谈政治，二十年离开政治，而从教育思想文化等等非政治的因子上建设政治基础。"④

总而言之，为了适应新文化运动的需要，该时期的报刊在内容上、形式上都作了相应的调整和变化，使得新文化知识分子的报刊活动，在一个短时期内，得到了空前的发展。

---

① 周爱武：《<每周评论>的传播学意义》，《怀化学院学报》2007年第5期，第67页。
② 《通讯》，《新青年》杂志创刊号，1915年9月15日。
③ 傅国涌：《文人的底气——百年中国言论史剪影》云南人民出版社，2007年版，第10页。
④ 胡适：《陈独秀与文学革命》。陈晓东编：《陈独秀评论》北平东亚书局1933年版，第51页。

三、新文化运动时期报刊舆论社会动员力的缺失

新文化运动时期的报刊虽然对运动起了重要的推动作用，但报刊舆论所存在的局限性，大大削弱了报刊在进行政治动员、扩大社会基础等方面的影响力，致使运动主要停留在青年知识分子范围内，缺乏广泛的群众基础，成为新文化运动不彻底的重要因素之一。

1.报刊舆论回避对军阀政府的政治斗争，也没有正面提出反帝的任务。

陈独秀及其《新青年》同仁高举"民主"与"科学"的大旗，对封建思想文化思想和伦理道德进行了无情的批判（前有所述），可谓极其激进，也正中要害。但他却主张文人政治，重视一些表面文章，尤其对徐世昌当大总统还抱有较大希冀，足以表明他对军阀政权的反动性、阶级性还缺乏深刻的认识。

1918年12月22日，陈独秀在《每周评论》发刊词中说：

自从德国打了败仗，"公理战胜强权"，这句话几乎成了人人的口头禅。列位要晓得什么是公理，什么是强权呢?简单说起来，凡合乎平等自由的，就是公理；倚仗自家强力，侵害他人平等自由的，就是强权。德国倚仗着他的学问好，兵力强，专门侵害各国的平等自由，如今他打得大败，稍微懂得点公理的协约国，居然打胜了。这就叫做"公理战胜强权"。这"公理战胜强权"的结果，世界各国的人，都应该明白，无论对内对外，强权是靠不住的，公理是万万不能不讲的了。美国大总统威尔逊屡次的演说，都是光明正大，可算得现在世界上第一个好人。他说的话很多，其中顶要紧的是两主义：第一不许各国拿强权来侵害他们的平等自由。第二不许各国政府拿强权来侵害百姓的平等自由。这两个主义，不正是讲公理不讲强权吗?我所以说他是世界上第一个好人。我们发行这《每周评论》的宗旨，也就是"主张公理，反对强权"八个大字，只希望以后强权不战胜公理，便是人类万岁!本报万岁!

王光祈也在《每周评论》的创刊号发表社论《国际社会之改造》，他写道："如还要想谋世界永久的和平，人类切实的幸福，就应该动起手来，胆子不要太小了!须知道我们大多数平民的生活是我们大多数平民可以自己改造的，并不是天生就的，亦不是贵族给我们的，千万莫要信那贵族所造的命运谣言"。文章强调老百姓要摆脱国际强权的摆布，用自己的行动来掌控自己的命运。

在《湘江评论》的创刊宣言中以大无畏的革命气概写道："世界什么问题最大？吃饭问题最大。什么力量最强?民族联合的力量最强。什么不要怕？天不要怕，鬼不要怕，死人不要怕，官僚不要怕，军阀不要怕，资本家不要怕。"旗帜鲜明地宣扬彻底反封建迷信，反官僚军阀，反帝国主义的政治思想。"宗教的强权，文学的强权，政治的强权，社会的强权，教育的强权，经济的强权，思想的强权，国际的强权，丝毫没有存在的余地。都要借平民主义的高呼，将他们打倒。"①文章号召民众联合起来打倒所有的强权者。

五四新文化运动旗帜鲜明地批判和抨击对封建专制主义、蒙昧主义，使近代启蒙思潮得以空前高涨。但是，报刊舆论忽视对军阀政府的政治斗争，也没有正面提出反帝的任务，致使当时大多数人视野模糊，看不清前进的道路。例如，陈独秀这时虽然也懂得了对于反动政府"要有相当的示威运动"，要"组织依赖国民为后援的政党"，但他并没有找到具体实行的办法，甚至有时竟发出类似"用最后手段请外国干涉也未尝不可"的话，充满了对帝国主义国家的幻想；而这种幻想的存在，动摇了反封建主义的决心。甚至在《每周评论》创刊时，他欢呼第一次世界大战的结束是"公理战胜强权"；并称赞美国总统威尔逊是"世界上第一个大好人"；尤其是对威尔逊的十四条宣言，大加赞美，推崇不已。中国是一个半殖民地半封建的社会，要求得中国民族和中国人民的彻底解放，就不仅需要有反封建的坚决性，还需要有反帝的觉悟，需要把反封建主义的斗争和反帝国主义的斗争结合起来。②

2. 功利思想较为严重，新文化运动的实效欠佳。

五四新文化运动的掀起是先进的社会精英们开始从思想文化领域向西方寻求走向现代化的道路，把西方文化中的"科学"和"民主"，作为这场文化启蒙运动的旗帜。这些文化启蒙运动的先驱们把"科学"和"民主"用来作为推动社会现代化的手段。他们是从"功"和"利"的角度来对待"科学"和"民主"：他们强调的"科学"，更多的是作为愚昧、迷信对立面的科学精神和科学态度，而不是科学事业本身；他们强调的"民主"更多的是作为封建伦理对立面的人格独立、自主、平等、自由等民主主义的价值观，而并非民主制度建设本身。③对于激进派来说，他们显然忽视了社会大系统

---

① 《创刊宣言》《湘江评论》，第 1 号，1919 年 7 月 14 日。

② 丁守和、殷叙彝：《从五四启蒙运动到马克思主义的传播》，生活·读书·新知三联书店 1963 年版，第 87 页

③ 王跃：《变迁中的心态——五四时期社会心理变迁》湖南教育出版社 2000 年版，第 12 页。

中价值系统的多层结构与多重性。他们一而再，再而三地鼓吹中西、新旧不相容。面对严峻的国内外形势，激进派心忧如焚，急功近利，看着周围的一切都不顺眼，恨不能立马取得成效，一揽子解决近代中国固有问题。激进派的功利性追求，导致了他们在文化的民族性与时代性上失衡，以致造成了不可弥补的文化失范。

陈独秀曾经说过："要促进新文化运动，第一要从科学入手。"①科学思潮经过报刊等媒体的大力渲染，得以在中国社会产生了广泛的影响。在宣传科学思潮方面，报刊更多的是负起改革舆论和创造舆论的重任，改造人们头脑中的迷信思想，创造一种科学的思想观念和生活方式。

中国人素来缺乏科学思想，倡导科学思想观念成为近代报刊肩负的重要使命。"报刊的科学话语是百年中国报刊话语的灵魂，它功盖百年，纵贯百年，千曲百折，终成大川。它尽管与一时的政治、经济、民生、救亡的实际功利不都具有立竿见影的联系，但它在根底上建设、更新民族文化，给民族文化以脱胎换骨的基因改造，对国民进行一种现代价值观念的教化和陶冶，从而影响着左右着历史前进的航向。"②倡导和宣传科学是五四新文化运动时期一个重要主题，"由于《新青年》强大的话语力量的影响，风过草偃，形成一股巨大的时代潮流，进步报刊追随左右者众，倡科学成为报刊的一时风尚。"③

纵观中国近代思想史，知识分子介绍的理论学说，无论是进化论，还是人权说，或是其它种种主义和思潮，他们往往从现实需要出发去做抉择，往往以"工具"的意义对待西方文化中的"价值"与以"功利"的意义对待传统文化。当然，功利主义并不是万"恶"之源，其在社会进步中也能起到一定的作用，但是以功利主义对待文化则的确潜伏着危机——只要功利主义心态作祟，人们就无法公正评价文化中的人文价值。

综上所述，新文化运动时期的报刊舆论存在着严重不足，大大削弱了报刊在进行政治动员、扩大社会基础等方面的影响力，致使运动主要停留在青年知识分子范围内，缺乏广泛的群众基础，成为新文化运动不彻底的重要因素之一。

① 　陈独秀：《新文化运动是什么》《新青年》1920 年 4 月 1 日。

② 　田中阳：《蜕变的尴尬——对百年中国现代化与报刊话语嬗演关系的研究》，湖南教育出版社 2006 年版，第 58 页。

③ 　田中阳：《蜕变的尴尬——对百年中国现代化与报刊话语嬗演关系的研究》，湖南教育出版社 2006 年版，第 11 页。

结　论

中国近代报刊舆论的社会动员力

一、引言

　　"报刊既是信息传播的物质载体，也是促使传播者与受众得以交流的中介和纽带，更是形成、复制、扩散和放大社会舆论的社会工具。"①因此，它不仅仅是一种客观物质形态，也是传播者与传播载体紧密结合后的产物，更是反映社会内在要求、引领社会变化发展的利器；往往能通过聚集舆论而把人们粘聚在一起，促进相互间的认知沟通和情感交流，强化人们对特定事件的认同感和特定社会的归属感。报刊舆论，一方面反映大众的需求，反映社会关注的热点；另一方面，报刊舆论对于民众关注点也起着很大的引导作用。近代中国，随着在华外报的发展和近代西方新闻思想的传入，国人开始对报刊等大众传播工具舆论监督作用有了初步的认识，近代的报刊也逐渐发展成为一种重要的来自国家权力系统外部的舆论监督力量。先进的知识分子利用报刊所具有的舆论功能，将自己的观念和主张迅速、广泛地传递给社会各个阶层，推动社会变革。列宁曾说过"报刊是集体的组织者"也就是说在整个近代报业的兴起过程中，社会和报刊之间的发展是相辅相成的。报纸在中国近代历史舞台上扮演着异乎寻常的社会角色，它是社会变革的积极参与者，文化观念变迁的推动者，有力地促进着社会的演进。文人的报刊实践不仅记录和反映了近代中国社会变迁的历程，而且参与和推动了这个进程，促进了中国社会的转型。从1815年中国第一份中文报刊《察世俗每月统纪传》

---

① 蒋晓丽：《传者与传媒》，《湘潭大学社会科学学报》2003年第5期，第146页。

创刊到1915年《青年杂志》出版的100年间，近代中国经历了西学东渐、洋务运动、维新运动、辛亥革命和新文化运动的全部过程。

中国近代的这一系列的运动和革命，使人民思想觉悟逐渐提高，他们日益关注中国的命运，迫切需要通过报刊来了解纷繁复杂的社会信息和不断变化的国内外形势，以此加深他们对中国现状的认识，引发对中国前途的进一步思考。

二、报刊舆论促进了中国近代思想的萌芽与发展

鸦片战争前后，传媒话语权操纵在洋人手中，它们本身被创办，就是出于殖民主义的利益和发展教会势力的目的。因而充斥报纸版面大都无非是为帝国主义侵略中国摇旗呐喊，进行舆论准备或获取舆论支持，外国"或将兴大师动大役，必有一番名正言顺之词，既以强凌弱、以众暴寡，亦有一段理直词壮之概。"[1]外人在中国创办报刊，还有一个更为罪恶的目的就是要征服中国人的思想，"麻醉中国人民的精神"，"造就服从它们的知识干部和愚弄广大的中国人民"。[2]但外报客观上传播了西方文明，大量引入西方近代自然科学和社会科学知识，外报舆论中对世界地理历史知识的介绍，将西方的声、光、化、电等自然科学知识和一些社会政治制度、法律制度移植进来，给沉浸在"天朝上国"迷梦之中的中国人带来了新的知识和信息，让国人耳目一新，开拓了国人的视野，中国维持了几千年的封建传统思想开始从根本上发生动摇，中国人固有的思想、信仰和价值观念发生转变，促进了中国近代的思想解放。因此，外报启蒙了中国的思想界，适应了近代中国向西方学习的潮流，从而充当了促进中国社会变革的"不自觉的工具[3]"近代许多著名思想家如王韬、康有为、梁启超等人先进思想的启蒙都与传教士报刊的西学介绍有关。中国资产阶级的先进代表改良派和其后的革命派都把西学视为谋求民族振兴和祖国富强的精神武器，利用自己的报刊进行了更加广泛和深入的西学宣传。

维新运动中，以康有为、严复等为代表的向西方寻求真理的先进的中国

---

① 陈衍：《论中国宜设洋文报馆》，《求是报》第九册（光绪二十三年十一月二十五日），1897年12月16日。

② 毛泽东：《中国革命和中国共产党》，人民出版社，1952年版，第11页。

③ 《不列颠在印度的统治》，《马克思恩格斯全集》（第2卷）人民出版社1958年版，第68页。

人，按照资产阶级改良的需要，把他们接触到的西方资产阶级政治社会学说介绍到中国来，与中国的封建主义文化思想展开激烈的斗争，使后者遭受到了空前的挑战，使中国知识分子的思想得到了一次很大的解放。改良派介绍的西学，既包括西方资产阶级的社会政治学说，也包括近代自然科学方面的新知。《时务报》关于西学书目的介绍，关于西方资本主义国家发展历史和政治经济学说的介绍；《国闻报》关于达尔文的进化论和斯宾塞的社会学的介绍；《湘学报》"时务""算学""商学"等栏内的一些文章，所宣传的就是这一类东西。这种所谓西学，又称新学，或谈"西学格致之精微"，或谈"西正富强之本末"，是和以程朱理学、科举制度、八股文章、儒家经典为代表的中国旧学相对立的，是对封建主义文化的挑战，在一定程度上也是对封建主义文化的否定。同时，报刊舆论无情揭露了帝国主义巧取豪夺的可耻行径，发出了"叱咤英俄，鞭笞欧美，振我夏声，昌我华种"[①]的号召，明确提出了"明定国是"、"兴民权，开议院"的主张，向广大读者进行了资产阶级思想启蒙和救亡图存的宣传教育，使更多的知识分子从八股科举的桎梏中解放出来，开始大规模公开议论国事和公共事务，参与变革，公众舆论基本开始形成，成为中国社会舆论的一支最主要力量。

辛亥革命失败后，先进的中国知识分子认识到，革命失败的根源在于国民脑中缺乏民主共和意识，必须从文化思想上冲击封建思想和封建意识，通过普及共和思想来实现真正的共和政体。这样以《新青年》《每周评论》《晨报副刊》《新潮》这些民间自由报刊的舆论阵地为基础，掀起了一场轰轰烈烈的新文化运动。而作为运动的旗手和舆论大本营的《新青年》，高举民主与科学的旗帜，"国人而欲脱蒙昧时代，羞为浅化之民也，则急起直追，当以科学与人权并重。"[②]从政治观点、学术思想、伦理道德、文学艺术等方面向封建复古势力进行猛烈的冲击。他们集中打击作为维护封建专制统治思想基础的孔子学说，掀起"打倒孔家店"的潮流，动摇了封建思想的统治地位，号召人们用西方的自由、平等、独立的伦理观来取代儒家别尊卑、明贵贱的伦理观，实现民主自由和个性解放，建立真正的资产阶级民主共和国。新文化运动揭开了资产阶级思想启蒙，人们的思想受到了一次西方民主和科学思想的洗礼，许多年轻人，特别是青年学生集合在反帝反封建的旗帜下，为迎接一场彻底的反帝反封建的政治斗争作好了思想准备。

---

① 梁启超《论中国之将强》，《时务报》第三十一册，光绪二十三年六月初一日。
② 《敬告青年》，《新青年》，1915 年 9 月 15 日。

新文化运动不仅把学习西方从最初的物质层面、制度层面上升到思想文化层面，而且开创了探索中国现代化出路的百家争鸣局面，形成了中国思想奔涌的一大高峰，各种西方社会政治思潮竞相传入，出现了思想文化领域的大激战，东西文化的论争以及中国文化道路的探讨，成为这时期思想文化领域的热点，通过激烈论争和实践，马克思主义得到了广泛的传播，为中国现代化道路指明了方向。

在晚清社会思潮主导力量的变迁过程中，知识分子借助于近代新式报刊，即大众传媒这一载体，将他们各种各样的思想主张广泛加以传播，报刊言论"惊心动魄，一字千金，人人笔下所无，却为人人意中所有，虽铁石人亦应感动，从古至今文字之力之大，无过于此者矣。"[1]这种借助大众传媒所产生的社会影响力成为引领和推动社会思潮变迁流转的一个极其重要的因素，且"当此人心否塞，学识浅陋，四而楚歌，危在旦夕之时，有一报纸，即系数百万人之生命，使我四万万人，咸知振袂而起，毕万死于一生，救千钧于一发。"[2]

三、报刊舆论推动了中国近代化运动的逐步深入

首先，以林则徐、魏源为代表的一批地主阶级知识分子率先倡导放眼世界，"师夷长技"，向西方学习，牵引着中国近代化道路逐步走向正轨。接着，洋务派在"自强求富"的口号下，大量引进西方的科技，开展了一场轰轰烈烈的洋务运动。他们兴办了一批近代工矿、军事民用企业，迈开了中国近代化的步伐。再者，以"救亡图存、变法自强"为宗旨的维新运动，不仅主张学习西方先进的科技、文化，更要引进西方的民主政治制度，将中国近代化的进程由物质层面推向制度层面。

伴随着一个阶级的诞生和发展，需要有一场舆论上的呐喊。作为萌芽时期的中国民族资产阶级喉舌的报刊，承担的正是这样的一个历史任务。以《循环日报》为代表的最早的一批国人自办报刊，在政治立场上坚决站在中国人民一边，维护国家的主权和民族的尊严，谴责帝国主义的侵略活动，反映了反对外国资本主义侵略的爱国思想；内政上对洋务派所举办的"自强新

---

[1] 黄遵宪：《致饮冰主人书》《梁启超年谱长编》上海人民出版社，1983年版，第274页。

[2] 留日：《粤人因民吁报敬告各报馆及各团体》《中华民国五十年文献·革命之倡导与发展》（四）台湾，民国六十那版，第590页。

政"予以积极鼓吹，阐明学习西方科技、变改旧列、兴办新政实为时代潮流不可抗拒，对顽固守旧派提出"天下之大，不患无才，何必师事夷人"，"师事洋人，可耻熟甚"①等谬论进行了驳斥。如《循环日报》还特别刊载《崇尚西人之学辨》《论疑习西学》《论习西学宜知变通》《论宜变古以通今》等专文，对那些泥古腐迂之士进行批驳。报纸还提出要对学习教育、科举考试、用人等制度进行改革，主张废止时文，讲求实学，选拔有用真才以适应现实需要；经济上大力鼓吹"利便贸迁"，"行销货物"，"使初产之物，新制之器，均能不翼而飞，不胫而走"，发展民族资本主义，实现富民强国。报刊舆论反映了中国早期民族资产阶级及其知识分子能够放眼世界，"师夷长技"，向西方学习的愿望，探索自己的发展道路。"外须和戎，内须变法"，②以传播舆论为先声，促使国人兴起一股向西方学习、变法自强的舆论浪潮，对封建专制制度形成了猛烈的冲击，新兴中国资产阶级知识分子参政意识、民主意识得到了初步的确立，加速了具有资产阶级性质的中国社会变革的进程。洋务派在"自强求富"的口号下，大量引进西方的科技，兴办了一批近代工矿、军事民用企业，开展了一场轰轰烈烈的洋务运动，迈开了中国近代化的步伐。

在随后的数十年间，报刊舆论大放异彩，常常以其振聋发聩的呐喊，执掌社会舆论之牛耳，引领时代发展的潮流。发生在十九世纪末的维新运动，自始至终伴随着一场舆论斗争。维新派一开始便注意创办报刊，利用报刊这种反应敏捷、传递快速、针对性强、信息量大、覆盖面广泛而稳定的大众传媒形式，大力宣传维新思想，创通变法风气，力图形成变法维新的舆论场，一个国人自办报刊的新高潮出现在中国大地上，出现了"报馆之盛为四千年来未有之事"③的局面。"据不完全统计，从1895年到1898年，全国出版的中文报刊有120种左右，其中80%左右是中国人自办的"，"相当于甲午战争前40多年的三倍"。④维新政论报刊以其鲜明的时代性、新颖的思想性和丰富的知识性，大大提高了国人自办报刊的声誉和社会地位，从根本上打破了长期由外报垄断中国新闻界的局面，从外国人手里夺回了一定的说话权力。以康有为、梁启超、严复、谭嗣同等为代表的资产阶级改良派利用报刊所具有的

---

① 全汉升：《清末的"西学源出中国"说》，《岭南学报》第 4 卷，1935 年第 2 期，第 57 页。
② 李鸿章：《李鸿章全集》《朋僚函稿·复王壬秋山长》（卷十九），海南出版社，1997 年版，第 2770 页。
③ 《中外日报》1898 年 9 月 20 日。
④ 方汉奇编：《中国新闻事业通史》（第一卷），中国人民大学出版社，1992 年版，第 364 页。

舆论功能，将自己的观念和主张迅速、广泛地传递给社会各个阶层，充分利用舆论力量以影响政局，实现自己的政治理想和抱负，可以说是晚清中国知识分子所具有的一个重要行为特征。在变法的全过程中，他们始终抓住办报这一中心环节，毫不放松；也非常有效地运用了这个武器，通过这个武器，争取到了主宰社会思潮的公共话语权力，成为引领时代思潮的改良维新中心。可以这样说，没有这种大众传媒的发展，就没有维新派在全国上下的影响，就没有宣传改良、推进维新的武器，也就没有声势浩大的维新运动。正如汪康年所言："夫报者主持舆论者也，引导社会者也。善则大局蒙其福，不善则大局受其殃。"①以报刊这种近代大众传播媒介的方式宣传变法、议论时政、影响社会舆论的方式对之后半个多世纪的中国社会生活产生了极大的影响，为推进现代民族国家的建构过程，起到了十分重要的作用。

如果说维新时期的报刊言论风光无限，那么辛亥革命时期的报刊舆论则更上一层楼。面对民族危亡，清廷专制腐败，革命舆论勃兴，以其鲜明的立场、激烈的言词、高度的热情，震撼着每一个人，催其觉醒，促其战斗。"不兴必亡，不亡必兴，固我中国之前途也。……今日已二十世纪矣！我同胞之国民，当知一国之兴亡，其责任专在于国民。"②并用充满激情的话语呼唤中国青年："今日中国之学生，岂尽甘为奴隶，供外人之驱使，甘为牛马，待外人之鞭鞑者乎？吾愿登昆仑之巅，大声疾呼：中国之学生醒！中国之学生起！"③认为当前中国唯一的出路就是革命，迸发出"勉矣哉，努力乎，满珠王气今已无，君不革命非丈夫"。④的豪言壮语。孙中山、邹容、陈天华、章太炎、宋教仁等资产阶级革命派代表人物在《民报》《醒狮》《革命军报》等报刊上发表的言论，饱含着资产阶级上升时期的革命性和战斗性，将政治革命与社会革命"毕其功于一役"。⑤"驱除鞑虏，恢复中华，创立民国，平均地权"，恰似激越高亢的冲锋号角，传播着真知灼见，奏出了时代的最强音，成为宣传政治纲领和开展政治运动的武器，排满革命，推翻帝制，使几千年来的君主专制制度从此结束，使民主共和国的观念深入人心，从而推动了中国社会进步、促进了中国人民的思想解放，极大地鼓舞了

① 李里峰：《汪康年与近代报刊舆论》，《学术研究》，2001 年第 7 期，第 13 页。
② 《二十世纪之中国》，《国民报》第 1 期，1901 年 5 月 10 日。
③ 李书城：《学生之竞争》，《湖北学生界》，（二）1903 年 2 月。张枬、王忍之编：《辛亥革命前十年间时论选集》，（卷一）上，三联书店 1960 年版，第 459 页。
④ 陈去病：《革命其可免乎》，《江苏》第 4 期，光绪二十九年六月（1903 年 7 月）。
⑤ 张枬、王忍之编：《辛亥革命前十年间时论选集》（第 2 卷）上册，三联书店，1960 年版，第 81 页

中国人民和他们中的积极分子继续发挥首创精神，学习先进思想，不断地为探索中国的革命道路而英勇奋斗，将中国近代化事业推向高峰。

　　总之，在中国走向近代化进程中，报刊舆论显示了举足轻重的地位。它对中国近代化具有启动之功（包括思想和价值观念的改变、政治民主化的引进、近代科技文化知识的介绍与丰富等），将中国近代化进程由表及里、由浅入深，从物质层面推入制度层面，再深入到思想文化领域。可见，在近代社会转型带来的政治动荡中，报刊媒介在政治缝隙中存在更多的发展空间，更容易在公共领域形成有力量的话语权，报刊舆论起到了政治动员，吸引同盟军，扩大社会基础的作用，并转化成改造社会的物质力量，进而推动着中国跳跃式地跨过了西方国家历经数百年才能完成的近代化历程。

参考文献

一、论著

1. 徐培汀：《20世纪中国新闻学与传播学》（新闻史学史卷），复旦大学出版社，2001年版。

2. 胡太春：《中国近代新闻思想史》，山西教育出版社，1987年版。

3. 刘建明：《基础舆论学》，中国人民大学出版社，1988年版。

4. 喻国明：《中国民意研究》，中国人民大学出版社，1993年版。

5. 孟小平：《揭示公共关系的奥秘—舆论学》，中国新闻出版社，1989年版。

6. 陈力丹：《舆论学—舆论导向研究》，中国广播电视出版社，1999年版。

7. 张友渔：《报人生涯三十年》，重庆出版社，1982年版。

8. 王雄：《新闻舆论研究》，新华出版社，2002年版。

9. 方汉奇：《中国近代报刊史》，山西人民出版社，1981年版。

10. 龚德才：《中国新闻事业史》，湖南师范大学出版社，1997年版。

11. 毛泽东：《中国革命和中国共产党》，人民出版社，1952年版。

12. 方汉奇：《中国近代报刊史》，山西教育出版社，1991年版。

13. 汤志钧：《戊戌变法史》（修订本），上海社会科学院出版社，2003年版。

14. 赖光临：《梁启超与近代报业》，台湾商务印书馆发行，中华民国五十七年版。

15. 戈公振：《中国报学史》，中国新闻出版社，1985年版。

16. 梁启超：《清代学术概论·儒家哲学》，天津古籍出版社，2003年版。

17. 陈玉申：《晚清报业史》，山东画报出版社，2003年版。

18. 董方奎：《清末政体变革与国情之论争：梁启超与立宪政治》，华中师范大学，1991年版。

19. 李秀云：《中国学术史》（1834—1949），新华出版社，2004年版。

20. 郑观应：《盛世危言》，辽宁人民出版社，1994年版。

21. 李龙牧：《中国新闻事业史稿》，上海人民出版社，1985年版。

22. 郑观应：《盛世危言》（卷四），中州古籍出版社，1998年版。

23. 吴雁南等编：《中国近代社会思潮（1840—1949）》，湖南教育出版社，1998年版。

24. 赖光临：《中国新闻传播史》，三民书局，1983年版。

25. 汤志钧：《戊戌变法史论》，群联出版社，1955年版。

26. 赖光临：《中国近代报人与报业》，台湾商务印书馆发行，中华民国六十九年版。

27. 赖光临：《中国近代报人与报业》（上），台北商务印书有限公司，1987年版。

28. 汤志钧：《维新·保皇·知新报》，上海社会科学院出版社，2000年版。

29. 徐培汀：《中国传播思想史》（近代卷），上海交通大学出版社，2005年版。

30. 夏晓虹：《追忆梁启超》，中国广播电视出版社，1997年版。

31. 桑兵：《晚清学堂学生与社会变迁》，学林出版社，1995年版。

32. 张之洞：《劝学篇》，上海书店出版社，2002年版。

33. 包天笑：《钏影楼回忆录》，香港大华出版社，1971年版

34. 梁启超：《戊戌政变记》，中华书局，1954年版。

35. 黄瑚：《中国新闻事业发展史》，复旦大学出版社，2006年版。

36. 王栻：《维新运动》，上海人民出版社，1986年版。

37. 蔡乐苏等：《戊戌变法史述论稿》，清华大学出版社，2001年版。

38. 汤志钧：《康有为与戊戌变法》，中华书局，1984年版。

39. 刘禺生：《世载堂杂忆》，中华书局，1961年版。

40. 汤志钧：《戊戌时期的学会和报刊》，商务印书馆，1993年版。

41. 童兵、林涵：《理论新闻学卷》，复旦大学出版社，2001年版。

42. 荣孟源：《中国近百年革命史略》，三联书店，1954年版。

43. 钟珍维、万发石：《梁启超思想研究》，海南人民出版社，1986年版。

44. 朱传誉：《报人·报史·报学》，台湾商务印书馆，中华民国五十九年版。

45. 廖梅：《汪康年：从民权论到文化保守主义》，上海古籍出版社，2001年版。

46. 闾小波：《中国早期现代化的传播媒介》，上海三联书店，1995年版。

47. 胡绳：《从鸦片战争到五四运动》（下册），人民出版社，1999年版。

48. 列宁：《列宁选集》（第二卷），人民出版社，2004年版。

49. 朱英：《中国早期资产阶级概论》，河南大学出版社，1992年版。

50. 马敏：《过渡形态：中国早期资产阶级构成之谜》，中国社会科学出版社，1994年版。

51. 梁远生：《林乐知在华事业与〈万国公报〉》，中文大学出版社，1978年版。

52. 王树槐：《外人与戊戌变法》，上海书店出版社，1998年版。

53. 顾长声：《传教士与近代中国》，上海人民出版社，1981年版。

54. 秦绍德：《上海近代报刊史论》，复旦大学出版社，1993年版。

55. 马乾乐、程渭主编：《舆论学概论》，山西人民出版社，1991年版。

56. 梁漱溟：《记彭翼仲先生》，《忆往谈旧录》，中国文史出版社，1987年版。

57. （美）韦尔伯·施拉姆：《大众传播媒介与社会发展》，华夏出版社，1990年版。

58. 董丛林：《龙与上帝：基督教与中国传统文化》，三联书店，1992年版。

59. 夏邦：《晚清法制变革的历史考察》，华东师范大学出版社，2008年版。

60. （美）雷孜智著，尹文涓译：《千禧年的感召—美国第一位来华新教传教士裨治文传》，广西师范大学出版社，2008年版。

61. 李白坚、宋原放等：《中外出版史》，北京师范大学出版社，1993年版。

62. 袁军、哈艳秋：《中国新闻事业史教程》，中国播电视出版社，2001年版。

63. 邵志择：《近代中国报刊思想的起源与转折》，浙江大学出版社，2011年版。

64. 王立群：《国早期口岸知识分子形成的文化特征》，北京大学出版社，2009年版。

65. 王奎：《清末商部农工商部与社会经济转型研究》，华中师范大学，2007年版。

66. 方平：《晚清上海的公共领域（1895—1911）》，上海人民出版社，2007年版。

67. 姚公鹤：《上海闲话》，上海古籍出版社，1989年版。

68. 曾虚白：《中国新闻史》，台北三民书局，1966年版。

69. 龚书铎：《社会变革与文化趋向》，北京师范大学出版社，2005年版。

70. 单波：《20世纪中国新闻学与传播学·应用新闻学卷》，复旦大学出版社，2001年版。

71. 王建辉：《出版与近代文明》，河南大学出版社，2006年版。

72. 汤志均编：《章太炎政论选集》（上册），中华书局，1977年版。

73. 吴玉章：《辛亥革命》，人民出版社，1974年版。

74. 郑大华：《民国思想史论》，社会科学文献出版社，2006年版。

75. 斯诺：《西行漫记》，生活·读书·新知三联书店，1979年版。

76. [美]詹姆斯·罗尔著、董洪川译：《媒介·传播·文化——一个全球性的途径》，上海商务印书馆，2005年版。

77. 杨早：《清末民初北京舆论环境与新文化的登场》，北京大学出版社，2008年版。

78. 汪原放：《回忆亚东图书馆》，海学林出版社，1983年版。

79. 李龙牧：《五四时期思想史论》，复旦大学出版社，1990年版。

80. 《清末政论报刊与民众动员：一种政治文化的视角》，清华大学出版社，2007年版。

81. 丁守和：《从五四启蒙运动到马克思主义的传播》，生活·读书·新知三联书店，1963年版。

82. 王跃：《变迁中的心态——五四时期社会心理变迁》，湖南教育出版社，2000年版。

83. 田中阳：《蜕变的尴尬——对百年中国现代化与报刊话语嬗演关系的研究》，湖南教育出版社，2006年版。

84. 沈毅：《论政与启蒙——近代同人报刊研究》，中国传媒大学出版社，2011年版。

85. 吴义雄：《在华英文报刊与近代早期的中西关系》，社会科学文献出版社，2012年版。

86. 黄林：《近代湖南报刊史略》，湖南师范大学出版社，2013年版。

87. 王天根：《清末民初报刊与革命舆论的媒介建构》，合肥工业大学出版社，2010年版。

88. 田中阳、李滨：《中国近代报刊角色观念的发展》，岳麓书社，2011年版。

二、论文

1. 蒋晓丽：《传者与传媒》《湘潭大学社会科学学报》，2003年第5期。

2. 王炎龙：《西学东渐：中国近代报业发展的历史阐释》《广西师范大学学报》（哲社版），2003年第4期。

3. 屈永华：《宪政视野中的清末报刊与报律》《法学评论》，2004年第4期。

4. 徐新平：《论严复的新闻思想》《新闻三味》，2006年第4期。

5. 李开军：《论黄遵宪的报刊思想》《东岳论丛》，2005年第2期。

6. 曾建雄：《论王韬和梁启超对报刊政论的贡献》《新闻大学》，1996年春。

7. 沈继成：《试论19世纪在华传教士的报刊活动》《华中师范大学学报》（社科版），2002年第6期。

8. 刘晓多：《近代来华传教士创办报刊的活动及其影响》《山东大学学报》（哲社版），1999年第2期。

9. 普进：《梁启超：近代报刊与民主启蒙》，中国优秀硕博士论文期刊网2005年。

10. 卢刚：《〈湘报〉与湖南维新运动》《湖南社会科学》，2003年第2期。

11. 刘自立：《重复历史上的一个老问题》《新闻记者》，2003年第3期。

12. 徐柳凡：《戊戌维新时期报刊勃兴之原因及其特点》《安庆师范学院学报》，1994年第4期。

13. 周爱武：《〈每周评论〉的传播学意义》，《怀化学院学报》，2007年第5期。

14. 王金珊：《严复：先进的中国人？时代的落伍者？》《语文学刊》，2007年第2期。

15. 李里峰：《汪康年与近代报刊舆论》《学术研究》，2001年第7期。

16. 张力群：《张之洞与〈时务报〉》《复旦学报》（社会科学版），2001年第2期。

17. 卫玲：《<东西洋考每月统记传>的经济学编辑特色》《河北农业大学学报》，2005年第4期。

18. 王创业：《中美新闻客观性的进与退——一种基于历史维度的思考》，《浙江传媒学院学报》，2011年第6期。

19. 谭泽明：《试论中国新闻史研究方法的创新路径》《浙江传媒学院学报》，2011年第6期。

20. 全汉升：《清末的"西学源出中国"说》，《岭南学报》（第4卷），1935第2期。

21. 谷长岭：《清代报刊的发展轨迹和总体状况》，《国际新闻界》，2009年12期。

22. 黄顺力：《孙中山与章太炎民族主义思想之比较》《厦门大学学报》，2001年第3期。

23. 李锐：《五四运动中的青年毛泽东》《历史研究》，1979年第5期。

三、文献、文史资料

1. 《晋书·王沉传》，上海古籍出版社，1985年点校本。

2. 《梁启超全集》，北京出版社，1999年版。

3. （美）费正清编：《剑桥中国晚清史》（下卷），中国社会科学出版社，1985年版。

4. 郑观应：《郑观应集》（上册），人民出版社，1982年版。

5. 王韬：《弢园文录外编》，辽宁人民出版社，1994年版。

6. 夏东元编：《郑观应集·日报上》（上册），上海人民出版社，1982年版。

7. 王韬：《弢园尺牍·代上丁中丞书》，中华书局，1959年版。

8. 中国人民大学新闻系编：《中国近代报刊史参考资料》（上册），1982年校内出版。

9. 方汉奇编：《中国新闻事业通史》（第一卷），中国人民大学出版社，1992年版。

10. 蔡尚思等编：《谭嗣同全集》（上、下册），中华书局，1981年版。

11. 十四所高等院校合编：《中国新闻史》，中央民族出版社，1988年版。

12. 《张文襄公全集》，台北文海出版社，1966年版。

13. 中国近代史料丛刊：《戊戌变法》（第1册），神州国光社1953年版，第249页。

14. 李忠兴评注：《中体西用的强国策》，中州古籍出版社，1998年版。

15. 丁文江、赵丰田编：《梁启超年谱长编》，上海人民出版社，1983年版。

16. 梁启超：《饮冰室文集》，广智书局，1902年出版。

17. 梁启超：《饮冰室合集·文集》，中华书局，1941年版。

18. 汤志钧编：《康有为政论集》（上册），中华书局，1981年版。

19. 康有为：《康南海自编年谱》，中华书局，1992年版。

20. 谢遐龄：《变法以致升平——康有为文选》，上海远东出版社，1997年版。

21. 《戊戌丛刊》（四），上海人民出版社，1961年版。

22. 周振甫选注：《严复选集》，人民文学出版社，2004年版。

23. 翦伯赞等编：《戊戌变法》（第4卷），上海人民出版社，1961年版。

24. 吴相湘编：《中国现代史丛刊》（六），正中书局，1960年版。

25. 《皇朝蓄艾文编》（卷一），上海官书局印，台湾学生书局重印，中华民国54年版。

26. 李天刚编校：《万国公报文选》，三联书店，1998年版。

27. 林乐知、蔡尔康等编：《中东战纪本末》卷八（清末线装本），1896年出版。

28. 严复：《严复集》，中华书局，1986年版。

29. 梁启超：《饮冰室合集·文集之一》，中华书局，1989年版。

30. 中国近代史资料丛刊：《戊戌变法》（1—4册），上海人民出版社，1957年版。

31. 范文澜编：《中国近代史》，人民出版社，1955年版。

32. 张仲礼编：《近代上海城市研究》，上海人民出版社，1990年版。

33. 李瞻编：《中国新闻史》台湾学生书局，中华民国六十八年版。

34. 《汪穰卿先生师友手札》，上海古籍出版社，1986年版。

35. 《张元济书札》，商务印书馆，1981年版。

36. 《汪康年师友书札》，上海古籍出版社，1986年版

37. 冯迈：《〈湘报〉——戊戌维新运动中一张激进的报纸》《新闻学论集》（第六辑），中国人民大学出版社，1981年版。

38. 刘泱泱等编：《湖南通史》（近代卷），湖南出版社，1994年版。

39. 杨光辉等编：《中国近代报刊发展概况》，新华出版社，1986年版。

40. 《德宗景皇帝实录》卷421，中华书局，1987年影印版。

41. 《谭嗣同全集》，三联书店，1954年版。

42. 吴其昌：《梁启超》，胜利出版社，民国三十三年版。

43. 李华兴、吴嘉勋编：《梁启超选集》，上海人民出版社，1984年版。

44. 王晓秋编：《戊戌维新与近代中国的改革——戊戌维新一百周年国际学术讨论会论文集》，社会科学文献出版社，2000年版。

45. 《国闻报汇编》（上卷），台北文海出版社影本，1987年版。

46. 朱维铮校注：《梁启超论清学史二种》，复旦大学出版社，1985年版。

47. 王蘧常：《严几道年谱》，商务印书馆，1936年版。

48. 顾亚编：《近代稗海》（第十二辑），四川人民出版社，1988年版。

49. 《张之洞全集》（第12册），河北教育出版社，1998年版。

50. 章伯锋编：《近代稗海》（十二册），四川人民出版社，1988年版。

51. 苏舆编：《翼教丛编》，上海古籍出版社，1984年版。

52. 中国社会科学院近代史所编：《中国近代史稿》（第3册），人民出版

社，1984年版。

53. 吴玉章编：《戊戌变法六十周年纪念论文集》，中华书局，1958年版。

54. 张品兴编：《梁启超全集》（第一册），北京出版社，1999年版。

55. 陈学恂编：《中国近代教育史文选》，人民教育出版社，1996年版。

56. 汤志钧、陈祖恩编：《中国近代教育史资料汇编·戊戌时期教育》，上海教育出版社，1993年版。

57. 国家档案局明清档案馆编：《戊戌变法档案史料》，中华书局，1958年版。

58. 姜义华等编：《康有为全集》（第3集），上海古籍出版社，1992年版。

59. 《翁文恭公日记》第34册，商务印书馆，1925年影印本。

60. 爱汉者等编，黄时鉴整理：《东西洋考每月统记传》，中华书局影印本，1997年版。

61. 徐继畬：《瀛寰志略》，上海书店出版社，2001年版。

62. 中央研究院近代史研究所编：《近代中国对西方及列强认识资料汇编》（第一辑）（第一分册），1972年版。

63. 魏源：《海国图志》，岳麓书社，2011年版。

64. 魏源：《魏源集》，中华书局，1976年版。

65. 梁漱溟：《记彭翼仲先生》，《忆往谈旧录》，中国文史出版社，1987年版。

66. 沈国威、内田庆市、松浦章编著：《遐迩贯珍：附解题·索引》，上海辞书出版社，2005年版。

67. 魏源：《圣武记》（卷十四），中华书局，1984年版。

68. 冯桂芬：《校邠庐抗议》，辽宁人民出版社，1994年版。

69. 郑观应：《盛世危言》，1994年版。

70. 方行：《王韬日记》，中华书局，1987年版。

71. 王韬：《弢园老民自传》，江苏人民出版社，1999年版。

72. 沈国威编著：《六合丛谈—附题解·索引》，上海辞书出版社，2006年版。

73. 谢俊美：《醒狮丛书》，中州古籍出版社，1998年版。

74. 李鸿章：《李鸿章全集》（卷十九），海南出版社，1997年版。

75. 文庆　贾桢　宝鋆　等：《筹办夷务始末》（同治朝）卷25，光绪六年（1880年）。

76. 阮元：《畴人传》（三编卷六），上海商务印书馆，1955年版。

77. 薛福成：《薛福成选集》，上海人民出版社，1987年版。

78. 李鸿章：《李文忠公全书》朋僚函稿（卷19），上海古籍出版社，1995年版。

79. 伍廷芳：《伍廷芳集》下，中华书局，1993年版。

80. 何启、胡礼垣：《新政论议》，辽宁人民出版社，1994年版。

81. 李鸿章撰、吴汝纶编：《李文忠公全书》奏稿卷39。

82. 戈公振：《中国报学史》，上海古籍出版社，2003年版。

84. 《马克思恩格斯选集》（第二卷），人民出版社，1972年版。

85. 钱钟书：《弢园文新编》，生活·读书·新知三联书店，1998年版。

86. 梁启超：《梁启超全集》，北京出版社，1999年版。

87. 黄天鹏：《中国新闻事业》，上海书店据上海联合书店1930年版影印。

88. 冯自由：《革命逸史》第三集，中华书局，1981年版。

89. 孙中山：《孙中山全集》第2卷，中华书局，1982年版。

90. 中国史学会编：《辛亥革命》第1册，上海人民出版社，1957年版。

91. 史和、姚福申、叶翠娣编：《中国近代报刊名录》，福建人民出版社，1991年版。

92. 孙中山：《孙中山选集》上卷，人民出版社，1956年版。

93. 孙中山：《中山全集》第三集，台湾三民图书公司，1935年版。

94. 《于右任辛亥革命文集》，复旦大学出版社，1984年版。

95. 傅德华编：《于右任辛亥文集》，复旦大学出版社，1986年版。

96. 宋教仁：《宋教仁集》（上），中华书局，1981年版。

97. 《中国近代期刊汇刊·民报》，中华书局，2006年版。

98. 《辛亥革命前十年间时论选集》第2卷（下册）上海三联书店，1963年版。

99. 梁启超：《中国近三百年学术史》，中国书店影印本，1985年版。

100. 邹容：《革命军》（单行本），上海的大同书局印行，1903年版。

101. 丁文江编：《梁任公先生年谱长编初稿》，台北：世界书局，1958年版。

102. 湖北省政协主编：《辛亥首义回忆录》（第一辑）。

103. 《辛亥革命回忆录》（一），中国文史出版社，2012年版。

104. 丁守和编：《辛亥革命时期期刊介绍》第三集，人民出版社，1983年版。

105. 陈赐祺主编：《孙中山年谱长编》（第1卷），中华书局，1991年版。

106. 萧一山：《清代通史·卷下》中华书局，1986年版。

107. 《东方博物》，第25辑，浙江省博物馆编2007年。

108. 邹鲁：《中国国民党党史稿》，商务印书馆，1944年版。

109. 中国革命博物馆编：《磨剑室文录》（下册），上海人民出版社，1993年版。

110. 上海市社会科学界联合会等编：《"辛亥革命与中国近代化"学术讨论会文集》，上海人民出版社，2012年版。

111. 《中华民国史档案资料汇编》（第三辑），江苏古籍出版社，1991年版。

112. 舒新城：《中国近代教育史资料》（上册），人民教育出版社，1981年版。

113. 《毛泽东选集》（四卷合订本），人民出版社，1969年版。

114. 《辛亥革命与20世纪中国》，湖北人民出版社，2001年版。

115. 方汉奇：《中国新闻事业编年史》（上册），福建人民出版社，2000年版。

116. 《陈独秀著作选》（第一卷），上海人民出版社，1993年版。

117. 李大钊：《李大钊选集》，人民出版社，1959年版。

118. 鲁迅：《鲁迅全集》第3卷，人民文学出版社，1957年版。

119. 《陈独秀著作选》第1卷，上海人民出版社，1993年版。

120. 《陈独秀文章选编》（上册），生活·读书·新知三联书店，1984年版。

121. 湖南省政协文史资料研究委员会主编：《五四运动在湖南》，岳麓书社，1997年版。

122. 《五四运动亲历记》，中国文史出版社，1990年版。

123. 李小峰：《五四运动回忆录》，中国社会科学出版社，1979年版。

124. 顾颉刚：《五四时期的社团》（二），北京三联书店，1979年版。

125. 傅国涌：《文人的底气——百年中国言论史剪影》，云南人民出版社，2007年版。

126. 陈晓东编：《陈独秀评论》，北平东亚书局，1933年版。

127. 《中华民国五十年文献·革命之倡导与发展》（四）台湾，民国六十年版。

128. 傅国涌：《文人的底气——百年中国言论史剪影》，云南人民出版社，2007年版。

129. 陈晓东编：《陈独秀评论》，北平东亚书局，1933年版。

130. 《中国近代政治思想论著选辑》（下），中华书局，1986年版。

131.《辛亥革命回忆录》（四），中国文史出版社，2012年版。

132. 马光仁编：《上海新闻史（一八五0——一九四九）》，复旦大学出版社，1996年版。

四、报刊、杂志

1. 《申报》
2. 《汇报》
3. 《中外日报》
4. 《时务报》
5. 《知新报》
6. 《无锡白话报》
7. 《循环日报》
8. 《万国公报》
9. 《强学报》
10. 《国闻报》
11. 《湘报》
12. 《天南新报》
13. 《无锡白话报》
14. 《湘学报》
15. 《中外纪闻》
16. 《湘学新报》
17. 《国闻汇编》
18. 《直报》
19. 《人民日报》
20. 《东西洋考每月统记传》
21. 《遐迩贯珍》
22. 《六合丛谈》
23. 《华字日报》
24. 《述报》
25. 《闽报》
26. 《民立报》
27. 《民报》
28. 《庸言》
29. 《汉帜》
30. 《浙江潮》

31. 《苏报》

32. 《有所谓报》

33. 《民呼日报》

34. 《中国旬报》

35. 《中国日报》

36. 《中国白话报》

37. 《大江报》

38. 《汉民日报》

39. 《中国女报》

40. 《时报》

41. 《小说月报》

42. 《二十一世纪》（香港）

43. 《新青年》

44. 《每周评论》

45. 《湘江评论》

46. 《青年杂志》

47. 长沙《大公报》

48. 《求是报》

49. 《国民报》

50. 《江苏》

51. 《湖北学生界》

后 记

历时五载，《报刊舆论与中国近代化进程》终于要出版了，欣慰之至！

记得2011年8月初，我在老家度假，一同事打电话告诉我，说我申报的教育部项目获得立项。高兴之余，心里却不十分痛快。因为那时我调离邵阳学院的手续基本上办好了，估计项目很难带走。也有好友建议我不要离开，但我还是义无反顾地走了。此后两、三年间，仍抱着幻想、希望与原单位交涉、纠缠，最后徒劳无功。在此期间，我也没法安心去研究课题，以致于延期了二年才最后完稿。

在这不长也不短的时间内能够完稿，得益于该课题研究的前期基础较为扎实。2005年12月进入中国传媒大学新闻传播学博士后流动站之初，本打算将"中国近代报刊与中国近代化运动"作为研究课题，但对于一个刚入新闻传播学学科的新手来说，该课题的研究范畴较为庞大，就列出所要查找对中国近代化进程产生过影响的近代报刊不下百余种，而且中国近代化的时间跨度较大，所涉内容也比较复杂，不易归纳和总结。鉴于此，不得不将范围缩小，而维新运动时期是国人自办报刊的第一次高潮，也是中国近代化进程中最重要的一环。就这样，将课题确定为只探讨报刊与维新运动之间的关系，力图从报刊舆论的角度来考察维新运动，所以将博士后研究报告定格为"清末报刊舆论与维新运动"。虽只研究了中国近代化进程中的一个阶段——维新运动时期，但为中国近代化的整体研究提供了基本的思路与范式。

"师恩难忘"。拙著中流露出老师的教诲，凝结着老师的心血。在此，得首先向我的博士后导师中国传媒大学赵玉明教授致以崇高的敬意。

拙著能够出版，当然得感谢我的家人。家人的鼓励与支持，是我潜心攻读的强大动力，尤其是爱人颜小琼女士这么多年来的默默奉献，让我心无旁骛，努力耕耘，终有收获。

　　最后还得感谢我的老友北京人文在线文化艺术有限公司总经理潘萌先生、编辑范继义先生为本书出版所做的努力。